浙江省普通高校"十三五"新形态教材

中国（杭州）跨境电子商务综合试验区立项资助教材　中国（杭州）跨境电商人才联盟推荐教材　国家电子商务虚拟仿真实验教学中心推荐教材

**跨境电子商务新形态立体化教材**

多元化商务大数据采集方法
多维度分析跨境电商运营状态

# BIG DATA
# ACQUISITION
## AND ANALYSIS FOR BUSINESS

# 商务大数据采集与分析

吴功兴　佘　莉　刘　闯　孙兆洋 / 编著

ZHEJIANG UNIVERSITY PRESS
浙江大学出版社

图书在版编目（CIP）数据

商务大数据采集与分析/吴功兴等编著. —杭州：浙江大学出版社，2020.12（2025.1 重印）

ISBN 978-7-308-20659-4

Ⅰ.①商… Ⅱ.①吴… Ⅲ.①电子商务—数据处理—教材 Ⅳ.①F713.36 ②TP274

中国版本图书馆 CIP 数据核字（2020）第 196877 号

## 商务大数据采集与分析

吴功兴　佘　莉　刘　闯　孙兆洋　编著

| | |
|---|---|
| 策划编辑 | 曾　熙 |
| 责任编辑 | 曾　熙 |
| 责任校对 | 张　睿　杨利军 |
| 封面设计 | 春天书装 |
| 出版发行 | 浙江大学出版社 |
| | （杭州市天目山路 148 号　邮政编码 310007） |
| | （网址：http://www.zjupress.com） |
| 排　　版 | 杭州林智广告有限公司 |
| 印　　刷 | 广东虎彩云印刷有限公司绍兴分公司 |
| 开　　本 | 787mm×1092mm　1/16 |
| 印　　张 | 16 |
| 字　　数 | 380 千 |
| 版 印 次 | 2020 年 12 月第 1 版　2025 年 1 月第 2 次印刷 |
| 书　　号 | ISBN 978-7-308-20659-4 |
| 定　　价 | 49.00 元 |

## "跨境电子商务新形态立体化教材"

丛书编写委员会

### 编写委员会成员

| | | | | |
|---|---|---|---|---|
| 施黄凯 | 陈卫菁 | 柴跃廷 | 陈德人 | 章剑林 |
| 陈永强 | 琚春华 | 华 迎 | 武长虹 | 梅雪峰 |
| 马述忠 | 张玉林 | 张洪胜 | 方美玉 | 金贵朝 |
| 蒋长兵 | 吴功兴 | 赵浩兴 | 柯丽敏 | 邹益民 |
| 任建华 | 刘 伟 | 戴小红 | 张枝军 | 林菡密 |

### 支持单位

中国(杭州)跨境电子商务综合试验区

阿里巴巴集团

亚马逊全球开店

Wish 电商学院

eBay(中国)

Shopee 东南亚电商平台

中国(杭州)跨境电商人才联盟

国家电子商务虚拟仿真实验教学中心

# "跨境电子商务新形态立体化教材"

## 丛书编写说明

"世界电子商务看中国,中国电子商务看浙江,浙江电子商务看杭州。"浙江是经济强省,也是电子商务大省,杭州是"中国电子商务之都",浙江专业电子商务网站数量占全国专业电子商务网站数量的1/3,浙江电子商务的发展与应用水平全国领先。浙江电子商务的成就,主要归功于政府开放式创新创业氛围的营造和大量电子商务专业人才的贡献。

自2015年3月7日国务院批复同意设立中国(杭州)跨境电子商务综合试验区以来,杭州积极探索,先行先试,跨境电商生态体系不断完善、产业发展势头强劲,以"六体系两平台"为核心的跨境电商杭州经验被复制推广到全国。截至2018年年底,杭州累计实现跨境电商进出口总额达324.61亿美元,年均增长48.6%,13个跨境电商产业园区差异化发展,全球知名跨境电商平台集聚杭州,总部位于杭州的跨境电商B2C平台交易额近1700亿元,杭州跨境电商活跃网店数量增加至15000家,杭州外贸实绩企业数量增加至12000家,杭州跨境电商领域直接创造近10万个工作岗位、间接带动上百万人就业。跨境电商正在成为杭州外贸稳增长的新动能、大众创业万众创新的新热土,推动杭州由中国电子商务之都向全球电子商务之都迈进。

对外经济贸易大学国际商务研究中心联合阿里研究院发布的《中国跨境电商人才研究报告》中的数据显示,高达85.9%的企业认为跨境电子商务"严重存在"人才缺口,而各高等院校、培训机构对跨境电子商务人才培养标准不一,所使用的教材、培训资料参差不齐,也严重制约了跨境电子商务人才的培养。

为提升跨境电子商务人才的培养质量,开展多层次跨境电子商务人才培训,提高跨境电子商务研究水平,加快推进人才建设的战略部署,创建具有中国(杭州)跨境电子商务综合试验区特色的人才服务,浙江省教育厅、中国(杭州)跨境电子商务综合试验区建设领导小组办公室领导,协同浙江大学、浙江工商大学、杭州师范大学、浙江外国语学院、杭州师范大学钱江学院、浙江金融职业学院、浙江经济职业技术学院、浙江商业职业技术学院、阿里巴巴、亚马逊、Wish、谷歌、深圳市海猫跨境科技有限公司、浙江乌课网络科技有限公司、深圳科极达盛投资有限公司、杭州众智跨境电商人才港有限公司、浙江执御信息技术有限公司、杭州跨境电子商务协会联合编写"跨境电子商务新形态立体化教材"丛书。该丛书的出版发行,必将引起跨境电子商务行业的广泛关注,并将进一步推动我国跨境电子商务产业不断向前发展,也为广大跨境电子商务从业者、跨境电子商务科研工作者、跨境电子商务爱好者学习研究跨境电子商务提供了必要的参考。

　　"跨境电子商务新形态立体化教材"丛书的编写,是中国(杭州)跨境电子商务综合试验区的重要工作,也是浙江省教育工作服务浙江经济、培养创新人才的一项重要工程。教材编写整合了浙江省内外高校、知名企业、科研院所的专家资源,突出强调教材的国际化、网络化和立体化,使"跨境电子商务新形态立体化教材"丛书成为推进浙江省乃至全国教材改革的示范。

浙江省教育厅

中国(杭州)跨境电子商务综合试验区

中国(杭州)跨境电商人才联盟

浙江工商大学管理工程与电子商务学院

国家电子商务虚拟仿真实验教学中心

2019 年 1 月

# 前　言

党的二十大报告指出,"高质量发展是全面建设社会主义现代化国家的首要任务","必须完整、准确、全面贯彻新发展理念,坚持社会主义市场经济改革方向,坚持高水平对外开放,加快构建以国内大循环为主体、国内国际双循环相互促进的新发展格局"。[①]

随着大数据时代的到来,数据分析在各个行业的重要性日益凸显。大数据时代要求人才具有极强的数据视野、数据意识和数据能力,即对所处行业数据的形式、种类要能够详尽把握,对数据的作用有深刻的理解,对数据分析方法和分析软件能够熟练运用。其中,数据能力是数据视野、数据意识的基础,是实现大数据所有思想和理念的基本保证,是现代经济管理人才的重要素养和技能。在大数据时代,社会对于经济管理类高级人才在商务数据分析方面的能力要求越来越高,行业发展趋势也体现出越来越重视数据分析的特点。

本书由引言、理论部分、应用部分、实践部分四部分组成,以商业中的问题为背景,重点讲解商务数据采集和分析的实际应用。引言从整体上介绍了大数据时代,商务大数据的定义、应用领域、作用,以及大数据的安全风险、政策与法规及相关标准,可使读者了解数据分析技术在商业领域的重要性;理论部分介绍了商务数据采集、商务数据分析的思路、商务数据分析的方法及商务数据可视化;应用部分从用户画像、推荐系统、社交商务分析等三方面介绍商务场景应用;实践部分包括平台店铺数据分析、平台营销推广数据分析、商务模型综合案例等三方面内容。通过对本书的学习,学生既能学到数据分析的理论,了解其应用场景,又能熟悉掌握在第三方电商平台进行商务数据分析的方法,还能懂得如何通过大数据分析工具对商务数据进行分析并以可视化方式展示。

该教材联合了中国(杭州)跨境电商人才联盟部分高校的老师参与编写工作。具体分工如下:孙兆洋编写了引言,佘莉、吴功兴编写了理论部分,刘闯、佘莉编写了应用部分,吴功兴、刘闯编写了实践部分。在本书的写作过程中,编者借鉴了国内外许多专家学者的学术观点,参阅了许多报刊和专业站点的资料,同时,得到了浙江工商大学学校领导和同事的大力支持,在此一并表示衷心的感谢!

---

① 习近平.高举中国特色社会主义伟大旗帜 为全面建设社会主义现代化国家而团结奋斗:在中国共产党第二十次全国代表大会上的报告[N].人民日报,2022-10-26(01).

成书仓促,谬误难免,敬请各位专家和读者斧正。我们的联系邮箱是 ywwgx@ mail. zjgsu. edu. cn,欢迎读者与我们交流、分享。

吴功兴

2025 年 1 月

# 目录

## 第一编 引 言

### 第一章 商务大数据时代

## 第二编 理论部分

### 第二章 商务数据采集

### 第三章 商务数据分析的思路

# 第三编　应用部分

# 第八章　社交商务分析

# 第四编　实践部分

# 第九章　平台店铺数据分析

# 第十章　平台营销推广数据分析

# 第十一章　商务模型综合案例

第一编

PART 1

# 引　言

# 第一章

# 商务大数据时代

　　在 PRADA（普拉达）位于纽约的旗舰店，每件衣服上都有 RFID（Radio Frequency Identification，射频识别）码。每当一个顾客拿起一件 PRADA 的衣服走进试衣间时，RFID 码就会被自动识别，试衣间里的屏幕会自动播放模特穿着这件衣服走台步的视频。顾客一看见模特，就会下意识代入自己。同时，每一件衣服在哪个时刻、在哪个城市的哪个旗舰店被拿进试衣间，停留了多长时间，这些数据都会被传至 PRADA 总部存储起来加以分析。如果有一款衣服销量很低，以往的做法是直接停产。但如果 RFID 码传回的数据显示这款衣服虽然销量低，但被拿进试衣间的次数多，说明这款衣服还是有市场空间的，对这款衣服的处理结果就会截然不同。

## 一、大数据时代

　　最早指出"大数据"时代到来的是全球知名咨询公司麦肯锡，麦肯锡称："数据已经渗透到当今每一个行业和业务职能领域，成为重要的生产因素。人们对于海量数据的挖掘和运用预示着新一波生产率增长和消费者盈余浪潮的到来。"大数据在物理学、生物学、环境生态学等领域，以及军事、金融、通信等行业存在已有数年，却因为近年来互联网和信息行业的发展才引起人们关注。《纽约时报》在 2012 年 2 月的专栏中称，"大数据"时代已经来临，在商业、经济及其他领域，已开始基于数据和分析而做出适当的决策而并非依赖经验和直觉。哈佛大学社会学教授加里·金说："这是一场革命，庞大的数据资源使得各个领域开始了量化进程，无论学术界、商界还是政府，所有领域都将开始这种进程。"

　　大数据给公民、政府、社会带来了种种挑战和变革。近几十年来，信息的产生、组织和流通方式正在发生革命性的变化，其中个人用户第一次成为信息产生和流通的主体。我们上传一张照片需要约一兆流量，上传一个视频需要数十兆流量，我们还通过电子邮件把这些照片和视频发给我们的朋友，用 QQ 和 MSN 聊天，用手机打电话发短信，在电子商务网站浏览和购物，用信用卡支付商品和服务，发微博，打联网游戏……这一切都将转化为数据存储在信息世界的各个角落。不论是产生的信息量、可以获取的信息量，还是流通交换的信息量，都一直呈指数增长。仅仅十余年，我们走过 MB（MByte 的简称，是一种计算机存储容量单位，读作兆字节）阶段，走过 GB（Gigabyte 的简写，是一种计算机存储容量单位，读作吉字节）阶段，现在正被赶着跑过 TB（Terabyte 的简写，是一种计算机存储容量单位,读作太字节)阶段,去迎接 PB(Petabyte 的简写,是一种计算机存储容量单位,读作拍字节)阶段。事实上,人类每一天可以创建 2.5 PB 的数据,而且今天世界上 90% 的数据创建于过去两年,这些数据来自世界各个地方和领域,如来自收集气候信息的传感器、社交媒体网站的帖子、数码照片和视频、买卖交易记录、手机的 GPS 信号等。

在 2014 年的"两会"上,很多代表、委员在议案或者提案中提到大数据业务。百度董事长兼 CEO(chief executive officer,首席执行官)李彦宏在政协记者会上表示,政府应该把更多和人民生活有关的数据资料公开地放到网络上;小米科技董事长雷军则直接建议将大数据纳入国家战略,推动大数据的切实使用;科大讯飞董事长刘庆峰建议国家建设声纹数据库进行大数据反恐。苏宁控股集团董事长张近东、腾讯公司创始人马化腾、联想集团董事兼 CEO 杨元庆的提案也与数据应用有着紧密联系。更为可贵的是,在 2014 年《政府工作报告》关于产业结构调整的论述中,大数据首次出现,与新一代移动通信、集成电路、先进制造、新能源、新材料等一起,成为引领未来产业发展的新兴产业。而随着各种基于数据的软件的开发和应用,大数据还将更多地走入寻常百姓的生活。中国社会科学院信息化研究中心主任姜奇平表示,在大数据之前,对数据的利用都是抽样调查,而大数据则采用全样本进行调查。在大数据中,人们可以非常精确地看出哪一种事实最有代表性,从而使新闻报道更接近事实的真相。

当前,需要充分利用大数据的群体正在从科研机构转向政府决策部门,政府应该成为大数据产业的规划指导者及实践者。大数据对于政府部门的适用性同对商业实体是一样的,大部分的数据价值都是潜在的,需要通过创新性的分析来释放,必须从数据本身挖掘其价值所在。因此,政府可以利用大数据做更多的事:一方面,政府在管理国家的过程中不断收集到海量数据并存档在案;而另一方面,政府又需要不断去统计、分析、预测这个国家的一些宏观情况,辅助决策。公共安全、媒体、金融、卫生、教育、贸易等领域都在不断积累数据,政府因为监管的需要又会对这些数据进行汇总。统计局、测绘局、气象局等部门则直接是数据的收集者、分析者甚至运用者。政府掌握的海量数据如果能进行适度的开放,加上互联网便捷的查询能力和挖掘能力,将会释放出巨大的价值能量。一些原本未曾被主动收集的数据,政府如果推动其被收集,也将爆发巨大的能量。总之,政府拥有的大数据规模非常重要,也就是说政府需要掌握大量的数据而且要有能力轻松地获得更多的数据。随着拥有的数据越来越多,大数据对政府的决策将非常有益:第一,可以通过对数据的管理提高决策能力;第二,基于大数据应用,逐步开放公共数据,打造透明政府,提高政府公信力;第三,基于大数据分析,监控重大社会事件,构建科学预警监控体系,能够更好地服务民生。

大数据在两个方面表现出最重要的价值:一是促进信息消费,加快经济转型升级;二是关注社会民生,带动社会管理创新。

## 二、商务大数据的定义

大数据已经成为我们个人生活业务和工作中越来越重要的一个组成部分。既然说到数据,那么我们要清楚数据、信息和大数据这三者的含义及其相互关系。首先我们来了解一下什么是数据。有人曾经做过一个调查：在下面五个选项（一本图书、一张图片、一段视频、一份报表、一条短信）当中，哪些属于数据概念的范畴。大部分人都会选择报表，但是很少有人知道上面五个选项其实都属于数据概念的范畴。这反映了一个很普遍的现象：很多人都会先入为主地认为数据就是各种表格、各种数字，如 Excel 报表及各种数据库。这是一种错误或者说是有偏差的认识，它会使得我们对数据的认识变得很狭隘。

那么，到底什么是数据呢？数据是对客观事件进行记录并可以鉴别的符号，是对客观事物的性质状态及相互关系等进行记载的物理符号，或者是这些物理符号的组合，是构成信息或者知识的原始材料。也就是说，数据不仅指狭义上的数字，还可以是具有一定意义的文字、数字符号的组合，比如说图形、图像、视频、音频等。当然，不同数据的获取途径、分析方法和分析目的都不尽相同，不同行业、不同企业在实际分析中也都各有偏好，其中商务数据主要指的是记载商业、经济等活动内容的数据符号。

信息与数据既有联系又有区别，它们是不可分离的，信息依赖于数据来表达，数据则生动具体地表达出信息。数据是符号，信息是对数据进行加工之后所得到的并对决策产生影响的内容。数据具有逻辑性和关键性的特点，数据是信息的表现形式，信息则是数据有意义的表示。数据是信息的表达载体，信息是数据的内涵，两者是形式与实质的关系。数据本身是没有意义的，只有对实体行为产生影响时才成为信息，例如电话号码就是一组11 位的数字而已。没有应用场景的话，其本身体现不出来任何有价值的信息，只有在打电话的时候，人们要用到这组数字拨号时它的价值才体现出来。因此数据是信息的表现形式和载体，而信息是数据的内涵，是加载于数据之上并对数据做出具有含义的解释的内容。马云提出的从信息技术 IT（information technology）转变为数据技术 DT（data technology）的发展战略，反映的就是去繁从简的理念。从本身没有含义的数据出发，挖掘出有意义的信息，并支持业务经营和管理决策，简单来说就是让数据说话。

大数据到底"大"在哪里？首先，体现在数据量上，大数据是海量数据，一般的传统的技术是处理不了的，而至于"海量"具体是多少，目前没有标准说法；其次，体现在数据的范围上，大数据不仅仅有机构内部的数据，还有很多外部的数据；最后，体现在数据涉及的类型上，它不仅仅是结构化的数据，还有非结构化的数据。一般情况下，计算机处理的是标准化的结构化数据，但还有很多文本、视频、语音、图片等非标准化的数据。当然，我们可以通过一定的技术手段把非结构化数据转化为结构化数据进行处理。以上就是我们对数据的含义及其范围进行的界定，其中需要我们注意的是，千万不要被大数据的"大"所迷惑而一味追求对大数据的分析和运用，甚至非要用海量的、外部的、非结构化的数据。事实上，只要数据能支持经营管理决策，不管它是大数据还是一般数据，都是好数据。

### 三、商务大数据的应用领域

数据是反映产品和用户状态最真实的一种方式，数据化运营已被广泛应用于电子商务、互联网金融、视频直播、在线游戏、教育、医疗健康等行业和领域。通过数据指导运营、决策，驱动业务增长，这才是数据运营的精髓。常见的商务数据应用有以下几个领域：第一，勾勒用户画像，通过数据分析打造用户行为和业务数据之间的关系，还原用户全貌；第二,提升营销转化,分析用户流量和付费转化,甄别优质投放渠道;第三,精细化运营,分群筛选特定用户群精准运营,提升留存;第四,优化产品,数据指引核心流程优化,版本迭代验证最佳效果。

既然商务数据如此实用,那么应该如何合理有效地利用企业内外部产生的海量数据,合理有效地进行全面的数据分析呢?

我们可以从人、货、场三个维度出发,对商务数据的应用领域进行分析。

第一是以"人"为维度的用户分析,它基于用户在站内的各项浏览行为数据来分析用户对什么感兴趣,分析用户的偏好,进而为其提供偏爱的产品和服务,最终实现用户转化。用户分析被很多企业所重视,它通过数据分析揣摩用户的心理和习惯,让用户呈现最真实的需求。比如了解用户的新增活跃情况、时段分布、渠道来源、地域分布及启动激活的情况等。通过对用户的行为进行分析,研究用户的访问焦点,挖掘用户的潜在需求。如果是以交易为导向的电子商务网站,就要研究如何高效地促成交易、是否能出现连单。

第二是以"货"为维度的产品分析,通过产品分析了解产品的浏览量、点击量、订单量、购买用户数等信息。帮助企业了解产品的点击是否顺畅,功能展现是否完美,以及用户对不同产品、不同品牌的关注度、购买力等信息,为企业研究产品生命周期、调整产品推广策略提供有利的数据支撑。比如酒类行业分析了酒类产品的特性数据就能够精准推荐给有需求的用户。

第三是以"场"为维度的场景运营分析,它从用户体验的角度对各个营销场景进行优化,提升用户的体验,增强用户联系。例如,营销场景中的购物场景,对其进行的分析旨在优化产品的购买流程,让用户对产品产生使用黏性和高频购买意愿,并提升用户的购物体验等。

场景分析角度又涵盖了以下五个方面:页面项目、内容检索、专题页面、站内广告、页面流量。第一是页面项目分析,即对每一个页面做详细统计,了解页面的流量、用户数、页面点击热点等指标,根据这些数据对页面的流量、质量、页面布局的调整提供数据支撑。第二是内部检索分析,即通过内部搜索用户行为,根据访客搜索最多的内容、搜索的频率,以及对搜索结果的点击情况,为运营人员补充小程序内容或品类、优化搜索结果页结构及展示相应搜索词的搜索情况,提供数据支持。第三是专题页面分析,即通过分析促销活动页面的浏览量、点击量、转化率等数据了解专题活动的效果。分析用户对哪些活动感兴趣、对哪些商品感兴趣,充分了解用户的喜好。根据这些数据可以对活动页面进行调整和优化。第四是站内广告分析,通过站内广告了解站内重点活动的用户参与度,通过广告的点击率和转化率分析,了解用户对站内广告是否感兴趣,从而分析广告的效果,进而为优化站内广告位及创意展现位置提供数据支撑。第五是页面流量分析,它旨在展现网站所有页面的流量、点击率及退出率等指标,通过这些数据,运营人员可以了解网站流量集中的页面,以及访问退出率集中的页面,从而充分了解相关页面的设计质量,发现重点页面或异常情况。

总之对于有线上销售业务的企业来说,全面的数据分析是提升销量的关键;对于企业运营人员来说,做好数据分析工作,使得企业可以利用数据驱动决策,这是运营工作的重中之重。

## 四、商务数据的作用

在数据时代,什么是最珍贵的?当然是各种各样的数据。由于网络的普及,数据呈现井喷式增长态势。例如社交软件 Facebook,该社交软件在全球 APP 中综合排名第三,1分钟内浏览量超过 160 多万次;微博在全球 APP 中排名第十二,平均一条新发的微博的浏览量会超过 10 万次。这些庞大的数字意味着我们已经进入了大数据时代。以下几个案例将说明商务数据的作用。

第一个是"啤酒与尿布"的案件。20 世纪 90 年代,美国一家沃尔玛超市的管理人员分析销售数据时发现了一个令人难以理解的现象:在某些特定的情况下,啤酒与尿布这两件看上去毫无关系的商品会出现在同一个购物篮中,经过后续的调查发现,这种现象出现在年轻的父亲身上。在美国有婴儿的家庭中,一般是母亲留在家中照看婴儿,年轻的父亲前去超市购买尿布。丈夫购买尿布的同时往往会顺便为自己购买啤酒,这样就出现了啤酒与尿布这两件看上去不相干的商品经常会出现在同一个购物篮的现象。如果这些年轻的父亲在一家超市只能买到两件商品之一,他会走到另一家超市,直到能够买全这两种商品为止。根据这种独特的现象,沃尔玛超市尝试将啤酒和尿布摆放在相同的区域,让年轻的父亲可以同时找到这两件商品,并很快地完成购物行为。沃尔玛超市此举也可以推动这些客户一次性购买两件商品,从而获得很好的商品销售收入。当然,啤酒与尿布的故事必须具有技术方面的支持。1993 年,美国学者艾格拉沃提出了通过分析购物篮中的商品集合,从而找出商品之间的关联关系,进而分析客户购买行为的关联算法,并根据商品之间的关系,找出客户的购买行为背后的思想源头。沃尔玛从 20 世纪 90 年代就尝试将该算法引入 POS(point of sales,销售点情报管理系统)机的数据分析当中,并获得成功,于是就产生了"啤酒与尿布"的故事。

第二个是电子邮件营销中注册转化率骤降的案例。相对于传统零售业来说,网络营销最大的特点就是一切都可以通过数据化来进行监控和改进。通过分析数据我们可以看到用户从哪里来,投放广告的效率如何,从而解决提高产品转化率等问题。当用户在电子商务网站上发生购买行为之后就从潜在客户变成了网站的价值客户。电子商务网站一般都会将用户的交易信息,包括购买时间、购买商品数量、支付金额等信息保存在自己的数据库中,所以对于这些客户,我们可以基于网站的运营数据对他们的交易行为进行分析,估计每位客户的价值,并分析针对每位客户进行扩展营销的可能性。电子邮件营销是网络营销的一种,现在很多企业仍在采用。某社交平台推出付费高级功能并且以电子邮件营销的形式,向目标用户推送。用户可以直接点击邮件中的链接完成注册。一直以来,该渠道的注册转化率维持在 10%～20%,但如果某一时间段这个注册转化率急剧下降到不足 5%,如果你是该公司的数据分析师,你会如何分析这个问题?你认为哪些因素可能造成电子邮件营销中注册转化率的骤降?可能的因素有三个方面:第一是技术因素,由于数据的抽取转化及载入的过程延迟或者故障造成的前端注册数据缺失,使得后端数据没有及时呈现在报表中,从而导致邮箱的注册转化率急剧下降。第二是外部因素,如季节性因素或者其他邮件的冲击,从而导致邮件转换率降低。第三是内部因素,如邮件的标题、文案、排版设计是否有所改变,邮件的到达率、打开率和点击率是否正常,是否合理,邮件的注册流程是否顺畅等。经过对数据的逐一排查和分析,最终将原因锁定在注册流程上,产品经理在注册环节中添加了绑定信用卡的环节,导致用户的注册提交意愿大幅度下降,转化率暴跌。

第三个是雷曼兄弟公司员工突然频繁访问 LinkedIn(国外的一个社交网站)的案例。该网站有一天发现来自雷曼兄弟公司的访问者忽然增多,但是他们当时并没有深究其原因。第二天雷曼兄弟公司就宣布了公司倒闭的消息。后来 LinkedIn 网站才发现雷曼兄弟公司的员工频繁访问该网站的原因是他们都到 LinkedIn 网站上找工作来了!谷歌公司宣布退出中国的前一个月,在 LinkedIn 上同样发现了一些平时很少见的谷歌产品经理在线,这也是相同的道理。这些都是貌似简单的网站访问行为,但对于这样数据异常增加或减少的现象,我们一定要分析其产生的原因,从而掌握市场时机。试想,如果我们针对某家上市公司分析某些数据,将是非常具有商业价值的。大数据时代中,数据最珍贵,也最能创造商业价值。

## 五、大数据的安全风险、政策与法规及相关标准

### (一)大数据的安全风险

关于大数据,可以从两个方面分析:一是从内涵看,大数据与数据相比,主要体现"大"这一特点,比如极大的数目、繁杂的结构、广阔的领域等,可以说,大数据是具有这些特点的海量数据的结合体。二是从外延上看,其涵盖的范围很广,体现为语言文字、影音图像、表格图形等。大数据是社会高度信息化的必然产物,其安全风险也是信息安全的组成部分。人们所熟悉的安全问题,如计算机病毒、网络黑客、技术性故障、个人隐私被侵犯或大规模数据泄露等,在大数据时代依然存在。由于大数据主要来源于信息技术的社会应用,它将网络空间与现实社会结合在一起,将传统安全与非传统安全融为一体,将信息安全带入一个全新的、复杂的和综合的时代。前瞻产业研究院发布的《2018—2023 年中国信息安全行业发展前景预测与投资战略规划分析报告》显示,2019 年中国信息安全行业规模会达到千亿量级。其中,与大数据安全相关的数据的规模占比越来越大。

我们了解一下大数据的交易类型。主要分为四种:第一种是大数据交易所(中心)内的大数据交易。这也是当前建设的主要交易模式,比如,中关村数海大数据交易平台、贵阳大数据交易所、长江大数据交易所、上海数据交易中心等。第二种是基于行业数据的大数据交易。交通、金融、电商等行业类型的数据交易起步相对较早,由于领域范围小,数据流动更方便。第三种是数据资源企业推动的大数据交易。国内数据资源企业渐具市场规模和影响力。区别于政府主导下的大数据交易模式,数据资源企业推动的大数据交易更多的是以盈利为目的的,数据变现意愿较其他类型交易平台更强烈。第四种是互联网企业"派生"出的大数据交易。以百度、腾讯、阿里巴巴等为代表的互联网企业凭借其拥有的数据规模优势和技术优势在大数据交易领域占有一席之地,并派生出数据交易平台。

大数据由于具有数据量大、类型多样、价值密度低等特点,给信息安全带来了新的威

胁和挑战,也对传统网络安全技术提出了全新的要求。如何对大数据资源进行有效的安全保护,成为现阶段社会各界共同关注的问题。

1. 大数据处理过程的风险

大数据处理过程的风险主要体现在以下几方面。

第一,非结构化带来的隐患。随着数据生成方式的多样化,非结构化数据已成为大数据的主流形式。但目前已经成熟的关系型数据库无法支持非结构化的大数据信息存储,关系型数据库中的隐私保护和用户访问控制等技术也无法在大数据管理中应用。如何从这些无用信息中分析出有价值的信息并进行存储管理,是一个亟待解决的问题。

第二,数据来源多样化带来的隐患。在传统的数据库管理中,数据多由特定人员进行编辑和管理。但是在大数据时代,数据的来源多种多样,这些分散在世界各地的数据具有很强的开放性,管理员很难逐一对其进行跟踪保护。而这些海量信息又会因为监管不力,造成用户隐私如企业运营数据、个人生活习惯信息、客户身份信息、理财信息等的泄露。

第三,传输安全方面的隐患。如何保证网络数据传输过程中的安全性,避免来自第三方的攻击,一直是网络安全的重点议题。在大数据时代,一方面,在使用传统传输协议的情况下,急速增加的海量数据可能会遭到黑客利用协议漏洞进行的攻击,发生传输过程中的数据窃取。另一方面,大数据时代的网络更加注重无线传输,具有更强的开放性,数据在这种传输环境中更易遭到拦截。

第四,存储和使用安全方面的隐患。在大数据时代,大量数据(来自政府、企业和个人)每时每刻都会通过网络汇聚在一起,传统的数据存储和管理方式将会无法适应需求,容易导致数据管理混乱,甚至造成应用程序使用异常。更多的数据必然需要更多的设备来存储,这些设备的管理、防电磁干扰、规划布局等都需要新的设计。面对存储的海量数据,必须通过整体分析才可能找出其中有价值的信息。但是在这个过程中,碰触到某些个人的隐私数据是难以避免的,这就给大数据的管理者提供了窃取用户隐私的机会。因此,如何确保用户的数据存储安全及个人隐私安全,成为大数据时代的焦点问题。

2. 个人隐私泄露的风险

目前,大数据的发展仍然面临着许多问题,安全与隐私问题就是人们公认的关键问题之一。大量事实表明,大数据如果未被妥善处理就会对用户的隐私造成极大的侵害。根据需要保护的内容的不同,隐私保护又可以进一步细分为位置隐私保护、标识符匿名保护、连接关系匿名保护等。人们面临的威胁并不仅仅在于个人隐私的泄漏,还在于大数据对人们状态和行为的预测,一个典型的例子是某零售商通过历史记录分析,比一位女士的父母更早知道了其怀孕的事实,并向其邮寄相关产品的广告信息。而社交网络分析研究也表明,可以通过其中的群组特性发现用户的属性,例如通过分析用户的推特信息,可以发现用户的政治倾向、消费习惯及喜好的球队等。

而在商业化场景中,用户应有权决定自己的信息如何被利用,实现可控的隐私保护。例如用户可以决定自己的信息何时以何种形式被披露,何时被销毁。包括:①数据采集时的隐私保护,如数据精度处理;②数据共享、发布时的隐私保护,如数据的匿名处理、人工加扰等;③数据分析时的隐私保护;④数据生命周期的隐私保护;⑤隐私数据可信销毁等。个人隐私保护是一个复杂的社会问题,除了需要先进的保护技术外,还需要结合国家制定的相关政策法规及行业间形成的行业规范来保护好用户的个人隐私,确保其个人免遭人身安全的威胁及财产损失。

早在大数据时代到来之前,一些政策专家就看到了信息化给人们的隐私所带来的威胁,社会也已经建立起了庞大的规则体系来保证个人的信息安全。然而在大数据时代,对原有规范进行修修补补已经不能满足个人隐私保护的需求,也不足以抑制大数据所带来的风险,因此,这些规则都不再适用,需要重新定义规则来满足现今的需求。数据提供者、企业及政府需要对隐私保护高度重视,做到让数据使用者为其行为承担责任、建立完善的个人隐私保护的法律法规、加强行业的自律性建设及制定行业隐私法。

3.大数据成为国家信息安全的"双刃剑"

当前,信息已经渗透到社会生活的每个角落,与各个领域的结合日益密切。然而,在互联网改变世界的同时,其给个人信息安全及国家信息安全也带来了前所未有的挑战。具体体现在以下几个方面。

第一,大数据成为网络攻击的显著目标。一方面,大数据意味着海量的数据,也意味着更复杂、更敏感的数据,这些数据会吸引更多的潜在攻击者,成为更具吸引力的攻击目标。另一方面,数据的大量汇集使得黑客能够在一次成功的攻击后就获得更多的数据,无形中降低了黑客的进攻成本,增加了"收益率"。从近两年发生的一些互联网公司用户信息泄露案件中可以发现,被泄露的数据量都是非常庞大的。

第二,大数据增加了信息泄露的风险。网络空间中的数据来源涵盖范围广阔,例如传感器、社交网络、记录存档、电子邮件等,大量数据的汇集不可避免地提高了用户隐私泄露的风险。一方面,因为数据的集中存储增加了数据泄露的风险,所以确保这些数据不被滥用,也成为维护公共安全的一部分。另一方面,一些敏感数据的所有权和使用权并没有明确的界定,很多基于大数据的分析都未考虑到其中涉及的个体隐私问题。此外,过分依赖国外的大数据分析技术与平台,也难以回避信息泄露的风险,他国可以获得相关情报进而摸清国家经济和社会脉搏,从而威胁到国家安全。

第三,大数据威胁现有的存储和安防措施。一方面,数据大量集中的后果是复杂多样的,数据被存储在一起,但重要数据混杂交叉的存储,很可能会使数据的安全管理不合规,造成信息在无意间被泄露。另一方面,大数据的大小影响到安全控制措施能否有效运行,对于海量数据,常规的安全扫描手段需要耗费过多的时间,已经无法满足安全需求;安全防护手段的更新升级速度无法跟上数据量非线性增长的步伐,大数据安全防护存在漏洞。

第四,大数据技术被应用到攻击手段中。数据挖掘和数据分析等大数据技术在带来商业价值的同时,也被黑客用来发起攻击。黑客最大限度地收集更多有用信息,比如社交网络、电子商务、邮件、电话、微博和家庭住址等信息,为发起攻击做准备,大数据分析让黑客的攻击更精准。此外,大数据为黑客发起攻击提供了更多机会。黑客利用大数据发起僵尸网络攻击,可能会同时控制上百万台傀儡机一并发起攻击,这个数量级是传统单点攻击所不具备的。

第五,大数据成为高级可持续攻击的载体。黑客利用大数据将攻击很好地隐藏起来,使之难以被传统的防护策略检测出来。传统的检测只是基于单个时间点进行的基于威胁特征的实时匹配检测,而高级可持续攻击(APT,advanced persistent threat)是一个实施过程,无法被实时检测。此外,大数据的低价值密度性,让安全分析工具很难聚焦在价值点上,黑客将APT攻击代码隐藏在大数据中,给安全服务提供商的分析制造了很大的困难。黑客设置的任何一个会误导安全厂商目标信息提取和检索的攻击,都会导致安全监测偏离应有的方向。

作为"未来世界新石油"的大数据更是新一轮科技竞争的战略制高点,将直接影响国家安全和社会稳定。为把握住第三次浪潮的新引擎,我国国家信息安全战略的制定需要充分考虑大数据给信息安全带来的机遇和挑战,从战略上重视大数据的开发利用,多层次、多维度、多方位地维护国家信息安全,捍卫"信息边疆",从而全面提升我国未来的信息安全战略优势。

### (二)大数据的政策与法规

随着大数据应用范围越来越广泛,各领域都离不开数据和数字基础设施,各类大数据平台承载着海量的数据资源,对大量敏感资源和重要数据的安全保护尤为重要。而在大数据环境下,作为生产资料的数据资源具有数据量巨大、数据变化快等特征,会导致大数据分析及应用场景更为复杂,因此必须遵守一定的法律法规及道德标准,同时政府部门需要进一步完善法律法规,保障数据不被窃取、破坏和滥用,确保大数据系统的安全可靠运行,并发挥大数据的最大作用和价值。

国家和各行业对网络空间安全性的重视正在不断升级。自2017年《网络安全法》颁布以来,信息安全的立法进程越来越紧凑,国家在积极推动大数据产业发展的过程中,非常关注大数据安全问题,相继出台和发布了一系列与大数据产业发展和安全保护相关的法律法规和政策。

(1)2012年12月,针对数据应用过程中的个人信息保护问题,第十一届全国人民代表大会常务委员会第三十次会议通过了《全国人民代表大会常务委员会关于加强网络信息保护的决定》(以下简称《关于加强网络信息保护的决定》),决定提出:国家保护能够识别公民个人身份和涉及公民个人隐私的电子信息。网络服务提供者和其他企业事业单位应当采取技术措施和其他必要措施,确保信息安全,防止在业务活动中收集的公民个人电子信息泄露、毁损、丢失。在发生或者可能发生信息泄露、毁损、丢失的情况时,应当立即采取补救措施。

(2)2013年7月16日中华人民共和国工业和信息化部令第24号公布的《电信和互联网用户个人信息保护规定》(以下简称《规定》)自2013年9月1日起施行。《规定》的出台,进一步完善了电信和互联网行业个人信息保护制度。目前,部分电信业务经营者、互联网信息服务提供者对用户个人信息安全重视不够,安全防护措施不完善,管理制度不健全,信息安全责任落实不到位,需要进一步完善用户个人信息保护法律制度,规范电信服务、互联网信息服务过程中收集、使用用户个人信息的活动。该《规定》的出台,也是贯彻落实全国人大常委会《关于加强网络信息保护的决定》的需要。贯彻执行好《关于加强网络信息保护的决定》有关收集、使用个人信息的制度,需要出台相关配套规定。制定《规定》,进一步明确电信业务经营者、互联网信息服务提供者收集、使用用户个人信息的规则和信息安全保障措施等,是落实全国人大常委会《决定》规定的制度和措施,切实保护用户合法权益的要求。

(3)2015年8月31日,国务院以国发〔2015〕50号印发《促进大数据发展行动纲要》(以下简称《纲要》)。该《纲要》分为发展形势和重要意义、指导思想和总体目标、主要任务、政策机制四部分。主要任务是:加快政府数据开放共享,推动资源整合,提升治理能力;推动产业创新发展,培育新兴业态,助力经济转型;强化安全保障,提高管理水平,促进健康发展。政策机制是:完善组织实施机制,加快法规制度建设,健全市场发展机制,建立标准规范体系,加大财政金融支持,加强专业人才培养,促进国际交流合作。

(4)《中华人民共和国网络安全法》(以下简称《网络安全法》)由全国人民代表大会常务委员会于2016年11月7日发布,自2017年6月1日起施行。中华人民共和国主席令(第五十三号)公布。《网络安全法》定义网络数据为通过网络收集、存储、传输、处理和产生的各种电子数据。并鼓励开发网络数据安全保护和利用技术,促进公共数据资源开放,推动技术创新和经济社会发展。关于网络数据安全保障方面,《网络安全法》规定,要求网络运营者采取数据分类、重要数据备份和加密等措施,防止网络数据被窃取或者篡改,加强对公民个人信息的保护,防止公民个人信息被非法获取、泄露或者非法使用,要求关键信息基础设施的运营者在境内存储公民个人信息等重要数据,或网络数据确实需要跨境传输时,需要经过安全评估和审批。

(5)2016年12月27日,国家互联网信息办公室发布《国家网络空间安全战略》,提出要实施国家大数据战略,建立大数据安全管理制度,支持大数据、云计算等新一代信息技术创新和应用,为保障国家网络安全夯实产业基础。

(6)习总书记在2017年12月8日强调,要制定数据资源确权、开放、流通、交易相关制度,完善数据产权保护制度。我国加快了制定数据交易等制度的步伐,尤其是在安全领域。国家标准化管理委员会在2018年1月9日下达制定国家标准计划《信息安全技术 数据交易服务安全要求》的任务,该标准于2019年8月30日发布,2020年3月1日起实施。后由中国电子技术标准化研究院组织修订,并于2020年10月1日施行,替代2017年的版本。该标准成为我国首个大数据交易安全国家标准,有助于厘清数据交易安全界限,促进数据交易行为合法合规。其出台势必会推动我国数据交易机构的安全建设,使得全国数据要素有序流通,充分释放数据红利,助力"数字中国"建设。

(7)2017年,全国信息安全标准化技术委员会秘书处发布《信息安全技术 数据出境安全评估指南》(以下简称《指南》)、《信息安全技术 网络产品和服务安全通用要求》等国家标准,并完成征询意见反馈。该《指南》规定了数据出境安全评估流程、评估要点、评估方法等内容,适用于网络运营者开展的个人信息和重要数据出境安全自评估,以及国家网信部门、行业主管部门组织开展的个人信息和重要数据出境安全评估。一旦发现存在的安全问题和风险,将及时采取措施,防止个人信息未经用户同意流向境外,损害个人信息主体合法利益;防止国家重要数据未经安全评估和相应主管部门批准存储在境外,给国家安全造成不利影响。这是我国的数据出境安全管理办法之中非常重要的文件。

(8)除了以上国家层面的大数据安全政策外,《贵阳市大数据安全管理条例》(以下简称《条例》)作为全国首部大数据地方法规,也明确措施防范数据泄露。作为全国首部大数据安全管理的地方法规,该《条例》于 2018 年 10 月 1 日正式施行,分别对大数据安全定义、防风险安全保障措施、监测预警与应急处置、投诉举报等方面做出了规定。

### (三)大数据的相关标准

(1)全国信息安全标准化技术委员会 2017 年 12 月 29 日正式发布的规范《信息安全技术　个人信息安全规范》已于 2018 年 5 月 1 日正式实施。后由中国电子技术标准化研究院组织修订,并于 2020 年 10 月 1 日施行,本标准针对个人信息面临的安全问题,规范个人信息控制者在收集、保存、使用、共享、转让、公开披露等信息处理环节中的相关行为,旨在遏制个人信息非法收集、滥用、泄漏等乱象,最大限度地保障个人的合法权益和社会公共利益。对标准中的具体事项,法律法规另有规定的,需遵照其规定执行。本规范针对个人信息和个人敏感信息加以定义,其中个人敏感信息(personal sensitive information)是指其一旦被泄露、非法提供或滥用则可能危害人身和财产安全,极易导致个人名誉、身心健康受到损害或歧视性待遇等的个人信息。个人敏感信息包括身份证件号码、个人生物识别信息、银行账号、通信记录和内容、财产信息、征信信息、行踪轨迹、住宿信息、健康生理信息、交易信息、14 岁以下(含)儿童的个人信息等。

(2)2017 年 5 月 24 日,全国信息安全标准化技术委员会秘书处发布了国家标准《信息安全技术　大数据安全管理指南》征求意见稿公开征求意见。该征求意见稿规定了大数据安全管理原则,大数据安全管理基本概念,制定大数据安全目标、战略和策略;明确了大数据安全管理角色与责任,指明了管理大数据的安全风险,提出增强大数据平台的运行安全。同时,征求意见稿附录部分还就电信行业数据分类分级、国家基础数据、生命科学大数据风险分析及大数据安全风险给出了示例和说明。

(3)《信息安全技术　大数据服务安全能力要求》于 2017 年 12 月 29 日发布,2018 年 7 月 1 日实施,其中规定了大数据服务提供者应具有的与组织相关基础安全能力和与数据生命周期相关的数据服务安全能力,有利于政府部门和企事业单位建设大数据服务安全能力,也适用于第三方机构对大数据服务提供者的大数据服务安全能力进行审查和评估。

(4)2018 年 6 月 13 日,全国信息安全标准化技术委员会发布国家标准《信息安全技术　个人信息安全影响评估指南》征求意见稿征求意见的通知,其中规定了个人信息安全影响评估的基本概念、框架、方法和流程,并提出了特定场景下进行评估的具体方法,适用于各类组织自行开展个人信息安全影响的评估工作,同时也为国家主管部门、第三方测评机构等开展个人信息安全监管、检查、评估等工作提供了指导和依据。

### 习题

1. 试列举出你身边的与大数据相关的例子。
2. 简述商务大数据的定义和应用场景。
3. 阐述大数据的安全风险表现在哪些方面。

## 第二编

PART 2

# 理论部分

第二章

# 商务数据采集

商务数据采集

## 一、商务数据的来源与形式

### （一）公开的数据库数据

1. 国家数据（http://data.stats.gov.cn）

数据来源于中国国家统计局，包含了我国经济民生等多个方面的数据，并且有月度、季度、年度数据，较为全面和权威，对于社会科学的研究有非常大的帮助。网站简洁美观，还有专门的可视化读物，如图 2-1 所示。

**图 2-1　国家数据网站首页**

2. CEIC（http://www.ceicdata.com/zh-hans）

CEIC（司尔亚司数据信息有限公司）包含超过 128 个国家（地区）的经济数据，能够精确查找 GDP(gross domestic products，国内生产总值)、CPI(consumer price index，消费者物价指数)、进口、出口、外资直接投资、零售、销售、国际利率等深度数据。其中的"中国经济数据库"收编了 30 多万条时间序列数据，数据内容涵盖宏观经济数据、行业经济数据和地区经济数据。

3. 万得网(http://www.wind.com.cn)

万得(Wind)被誉为中国的"彭博资讯公司"(Bloomberg)，在金融业数据覆盖广泛全面，金融数据的类目更新非常快，很受国内的商业分析者和投资人的青睐，如图 2-2 所示。

**图 2-2　Wind 网站首页**

4. 搜数网(http://www.soshoo.com)

搜数网(SOSHOO)汇集了中国资讯行业自 1992 年以来收集的所有统计和调查数据，并提供多样化的搜索功能，如图 2-3 所示。

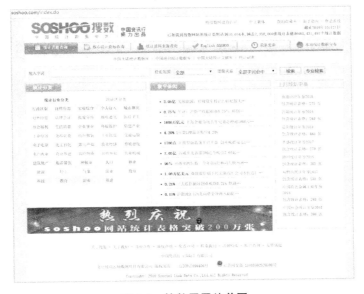

**图 2-3　搜数网网站首页**

5. 中国统计信息网(http://www.tjcn.org)

中国统计信息网是国家统计局的官方网站,汇集了海量的全国各级政府各年度的国民经济和社会发展统计信息,建立了以统计公报为主,包含统计年鉴、阶段发展数据、统计分析、经济新闻、主要统计指标排行等在内的数据资源系统,如图 2-4 所示。

**图 2-4　中国统计信息网网站首页**

6. 亚马逊 AWS(http://aws.amazon.com/cn/datasets/? nc1＝h_ls)

亚马逊 AWS(Amazon Web Services,亚马逊云服务)是来自亚马逊的跨学科云数据平台,包含化学、生物、经济等多个领域的数据集,如图 2-5 所示。

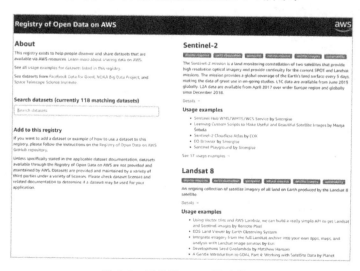

**图 2-5　亚马逊 AWS 网站首页**

**7. figshare 网站(https://figshare.com)**

figshare 是一个基于云计算技术的在线知识数据库,在这里你会发现来自世界数据分析大师们的研究成果,其中的研究数据、内容很有启发性,网站颇具设计感,如图 2-6 所示。

**图 2-6　figshare 网站首页**

**8. GitHub 网站(https://github.com)**

GitHub 是一个面向开源及私有软件项目的托管平台,它已整理好了一个非常全面的数据获取渠道,包含各个细分领域的数据库资源,自然科学和社会科学领域覆盖都很全面,是做研究和数据分析的利器,如图 2-7 所示。

**图 2-7　GitHub 数据下载页**

### （二）基于电商平台的基础数据

电商平台是指为企业或个人提供网上洽谈及交易的平台。企业、商家可充分利用电子商务平台提供的网络基础设施、支付平台、安全平台、管理平台等共享资源，有效地、低成本地开展自己的商业活动。电商平台是电子商务数据产生的基本载体，主要包括商品数据、客户基本信息数据、交易数据、评价数据等。

**1. 商品数据**

在进行电子商务活动之前，各企业、商家将商品的相关数据录入电商平台数据库中，进而将其在网页中呈现出来，一般地，商品数据在一定时期内是相对稳定的。商品数据主要包括商品分类、商品品牌、商品价格、商品规格、商品展示，主要有文字描述、具体数值、图片等数据格式。对商品数据的采集主要是获取不同类目、颜色、型号等对销售量和销售额产生影响的数据，以便调整运营策略、实施销售计划。

**2. 客户基本信息数据**

目前，各大电子商务平台的访问均需客户进行注册，注册信息中不乏用户的隐私信息，如用户联系电话、电子邮件和通信地址等。同时通过线上交易、线下物流，可以获取更完整的客户数据，主要包括姓名、性别、年龄等内在属性数据，城市、教育程度、工作单位等外在属性数据，首次注册时间、VIP 等级、消费频率、购物金额等业务属性数据。了解客户的过程，实际上是一个为用户打上不同标签并分群的过程，对这些数据的采集，有利于分析客户的消费行为和消费倾向等特征。

**3. 交易数据**

当客户在电子商务平台上产生购买行为之后，其交易数据包括购买时间、购买商品、购买数量、支付金额、支付方式等。对交易数据的采集是通过数据分析评估客户价值、将潜在客户变为价值客户来实现的。电子商务网络营销最主要的目的是促进商品销售，因此按照客户对商品的购买情况，可对当前和这个商品相关的营销策略及其实施效果进行评价，以便进行相应的调整。

**4. 评价数据**

《21 世纪经济报道》发布的《2017 年电商消费十大趋势》显示，"80 后""90 后""00 后"的消费者更愿意在互联网上分享自己的真实购物体验，并且消费评价成为其产生购买行为的重要影响因素。这些评价数据主要以文本的形式体现，包含商品品质、客户服务、物流服务等方面的内容。对评价数据的采集可以帮助平台商家更好地跟消费者沟通，了解需求、完善产品、提高服务。

### （三）基于电商专业网站的研究数据

随着电子商务的发展，国内电子商务研究性网站也随之增多，比较典型的有 Quest Mobile（北京贵士信息科技有限公司）、阿里研究院、艾瑞咨询等。

QuestMobile 旗下多条数据服务产品线，覆盖数据统计、数据分析、数据挖掘等领域，可以为企业提供完整的移动大数据解决方案，完善企业内部数据运营，绘制移动产品生命周期全貌,建立移动用户全视角画像,推演行业竞品行进轨迹。

阿里研究院依托阿里巴巴集团海量数据,聚焦电子商务生态、产业升级、宏观经济等研究领域,面向公众媒体,结合开放的国家统计数据、区域经济数据、电子商务行业数据及阿里集团数据,共同推出阿里巴巴网购核心商品价格指数 aSPI core、阿里巴巴全网网购价格指数 aSPI、阿里巴巴电子商务发展指数 aEDI、阿里巴巴消费者信心指数 aCCI、阿里巴巴小企业活跃指数 aBAI。

艾瑞咨询专注于互联网相关领域的数据研究、数据调研、数据分析、互联网咨询数据等互联网研究及报告,电子商务是其研究领域的重要组成部分。其主要通过形象化的表格、图片,提炼出电子商务历年发展情况、阶段性发展情况及专项内容发展情况,为电子商务提供了丰富的数据信息。

### (四)基于电商媒体的报道、评论数据

电商媒体是指对电子商务的动态进行实时报道、评论的介质平台。国内典型的电商媒体主要包括新闻和社交两大类型:新闻网站主要有腾讯网、新浪网、凤凰网、网易、搜狐网及电子商务专业新闻网站。社交网站主要包括微博、博客、百度贴吧等。各大新闻网站对于各地区电子商务的发展合作动态有着准确、及时的把握,并使用专业性的语言发布在网络平台,对于国家电商政策、重大电商会议、论坛等宏观信息还原度高且及时,同时对于地方电子商务发展的微小事件也有提及,地域度和事件范围较广。

社交网站中的电子商务数据主要体现为微博中的电子商务话题及用户评论数据,博客中的电子商务政策解读、技术分析、事件讨论等文章性数据,贴吧中的电子商务问题、话题的讨论数据等,这些数据多以文本形式呈现。

## 二、商务数据采集方法

数据采集就是搜集符合数据挖掘研究要求的原始数据。原始数据是研究者拿到的一手或者二手资源。数据采集既可以从现有、可用的无尽数据中搜集提取你想要的二手数据,也可以通过问卷调查、采访、沟通等方式获得一手资料。不管是用哪种方法得到数据,其过程都可以叫作数据采集。数据采集是数据挖掘的基础。如果把数据挖掘比作建房子,那么数据采集就是准备砖跟水泥等基础材料的过程,它是数据分析工作的第一步。

在数据采集的工作中,包含着选择样本等知识,本节只说明以何种方法进行数据采集。世界上有海量的数据,如何知道自己要用的数据能不能采集?怎么采集?用什么方法采集?要解决这三个问题,数据采集者需要进行完善的项目调研,并且明确项目的需求。这些靠的是数据采集者对业务及模型的理解。

数据采集的方法可以分成以下两类。

### (一)直接来源: 一手数据

一手数据的正式定义是:通过研究者实施的调查或实验活动获得的数据。所以,要想获得一手数据,有两种方法:调查或实验。

通过调查得到的一手数据叫作调查数据。调查数据是针对社会现象的。比如,调查现在的经济形势、人的心理、工厂效率等。调查的形式分为两类:普查和抽样。普查是要对一个总体内部的所有个体进行调查,国家进行的人口普查就是最典型的普查形式。普查的结果是最贴近总体的真实表现,是无偏见的估测。但是普查的成本太大,鲜有项目采用这种方式。抽样则在生活中有更加广泛的应用。由于数据挖掘涉及的总体数据量一般很大,如果要做普查,没有大规模的时间与金钱几乎是不可能的。所以,会从总体中抽取部分有代表性的个体进行调查,并用这部分个体的数据去反映整体,这就是抽样。

通过实验得到的一手数据叫作实验数据。实验方法需要研究者真正设计实验,并记录结果,整合为数据,服务于后期的数据分析与挖掘工作。实验的设计需要满足一个大原则:有实验组与对照组。实验组是只有要研究的变量发生变化的组;对照组是保持变量不变的组。这样,通过控制变量的方法,便能得到观测数据。

### (二)间接来源: 二手数据

二手数据的正式定义是:数据原本已经存在,由别人收集,使用者通过重新加工或整理得到的数据。所以,要想获得二手数据,有两种方法:系统内部采集或系统外部采集。

1. 系统内部采集

系统内部采集数据是工作中最常见的数据采集方法。要进行数据分析的公司肯定会有自己的数据,这些数据一般会保存在数据库中,例如甲骨文(Oracle)等。在数据库中,会保存公司内部的生产数据,公司的业务、渠道、成本、收益等生产过程也会以数字化的形式固定存储在机器中。数据挖掘工程师可以通过结构化查询语言 SQL(structured query language)提取想要的数据表,并进行数据的收集。

系统内部数据一般都与企业的生产相关,涉及用户信息的保密与商业机密等问题。所以一般都是有项目或者有研究课题的时候才能够获取。

2. 系统外部采集

系统外部采集的数据是更加宏观、更加公开的数据。这些数据大部分不是针对某一家公司自己的运营与生产情况,而是更加偏重于社会的外部环境及行业的经济形势的。

下列是系统外部采集数据常用的渠道。

(1)统计部门或政府的公开资料、统计年鉴。

(2)调查机构、行会、经济信息中心发布的数据情报。

(3)专业期刊。

(4)图书。

(5)博览会。

(6)互联网。

### 三、商务数据采集工具

#### （一）网络采集器

网络采集器是通过软件的形式实现简单、快捷地采集网络上分散内容的工具，具有很好的内容收集作用，而且不需要技术成本，被很多用户作为初级的采集工具。

1. 火车采集器（http://www.locoy.com）

这是一款专业的互联网数据抓取、处理、分析、挖掘软件，可以灵活迅速地抓取网页上散乱分布的数据信息，并通过一系列的分析处理，准确挖掘出所需数据，最常用的就是采集某些网站的文字、图片、数据等在线资源。接口比较齐全，支持的扩展比较好用，可以使用 PHP（hypertext preprocessor，超文本预处理器）或 C♯（由微软公司发布的一种面向对象的，运行于.NET Framwork 之上的高级程序设计语言）任意功能进行开发和扩展。

2. 八爪鱼（http://www.bazhuayu.com）

这是一款简单实用的采集器，功能齐全，操作简单，不用写规则。特有的云采集功能，即便关机也可以在云服务器上运行采集任务。

3. 集搜客（http://www.gooseeker.com）

这是一款简单易用的网页信息抓取软件，能够抓取网页文字、图表、超链接等多种网页元素，提供好用的网页抓取软件、数据挖掘攻略、行业资讯和前沿科技等。

#### （二）网络爬虫

作为极客们最喜欢的数据采集方式，爬虫高度的自由性、自主性都使其成为数据挖掘的必备技能，利用爬虫可以做很多有意思的事情，当然也可以获取一些从其他渠道获取不到的数据资源，更重要的是打开寻找和搜集数据的思路。

1. 利用爬虫爬取网络图片

利用爬虫可以快速地抓取网络图片，并可以根据标签、特征、颜色等信息进行分类储存。

2. 利用爬虫爬取高质量资源

比如爬取知乎点赞最多的文章列表，爬取网易云音乐评论最多的音乐，爬取豆瓣网高评分的电影或图书等。

3. 利用爬虫获取舆情数据

比如，批量爬取社交平台的数据资源，爬取网站的交易数据，爬取招聘网站的职位信息等，可以用于个性化的分析研究。

#### （三）数据导航

采集数据是一种能力，学习收集数据也是一种能力，以下是一些常用的收集数据的网站。

(1)199IT 大数据导航(http://hao.199it.com)。

(2)数据分析网(http://www.afenxi.com)。

(3)大数据人(http://www.bigdata.ren)。

## 四、业界常用的数据采集平台

### (一)大数据平台数据采集的一般流程

任何完整的大数据平台,一般包括以下的几个数据采集的过程:①数据采集;②数据存储;③数据处理;④数据展现(可视化、报表和监控)。

其中,数据采集是所有数据系统必不可少的,随着大数据越来越被重视,数据采集的挑战也变得尤为突出。这其中包括:①如何从多种多样的数据源获取信息;②如何应对数据量大、变化快的情况;③如何保证数据采集的可靠性;④如何避免重复数据;⑤如何保证数据的质量。

### (二)数据采集平台

接下来分析当前业界常用的六款数据采集的平台,重点关注它们是如何做到可靠性高、性能高和扩展性高的。

1. Apache Flume(https://flume.apache.org)

Flume 是 Apache(阿帕奇,Web 服务器软件)旗下的一款开源、可靠性高、扩展性高、容易管理、支持客户扩展的数据采集系统。Flume 使用 JRuby(面向 Ruby、基于 Java 虚拟机的一种解释程序,其中,Ruby 为一种简单快捷的面向对象的脚本语言,Java 为一种面向对象的编程语言)来构建,所以依赖 Java 运行环境。Flume 最初是由 Cloudera 的工程师设计用于合并日志数据的系统,后来逐渐发展到用于处理流数据事件。

2. Fluentd(http://docs.fluentd.org/articles/quickstart)

Fluentd 是另一个开源的数据收集框架。Fluentd 使用 C/Ruby 开发,使用 JSON(Java Script Object Notation,是一种轻量级的数据交换格式)文件来统一日志数据。它的可插拔架构,支持各种不同种类和格式的数据源和数据输出。它同时也提供了高可靠性和较好的扩展性。Treasure Data,Inc(美国一家数据分析)对该产品提供支持和维护。

3. Logstash(https://github.com/elastic/logstash)

Logstash 是著名的开源数据分析框架 ELK(ElasticSearch,Logstash,Kibana)中的那个 L。Logstash 用 JRuby 开发,运行时依赖 Java 虚拟机(JVM,Java Virtual Machine)。

4. Chukwa(https://chukwa.apache.org)

Apache Chukwa 是 Apache 旗下另一个开源的数据收集平台,它远没有其他几个有名。Chukwa 基于 Hadoop(由 Apache 基金会所开发的分布式系统基础架构)的 HDFS(Hadoop 分布式文件系统)和 Map Reduce(一种编程模型,用于大规模数据集的并行运算)来构建,提供扩展性和可靠性。Chukwa 同时提供对数据的展示、分析和监视。

5. Splunk Forwarder(http://www.splunk.com)

在商业化的大数据平台产品中,Splunk 提供完整的数据采集、数据存储、数据分析和处理服务,数据展现能力强。Splunk 是一个分布式的机器数据平台,主要有以下三个角色。

(1)Search Head 负责数据的搜索和处理,提供搜索时的信息抽取服务。

(2)Indexer 负责数据的存储和索引。

(3)Forwarder 负责数据的收集、清洗、变形,并将其发送给 Indexer。

它们大都提供高可靠性和高扩展性的数据收集设计。大多平台都抽象设计出了输入、输出和中间缓冲的架构。利用分布式的网络连接,大多数平台都能实现一定程度的扩展性和高可靠性。Flume、Fluentd 是两个被使用较多的产品。Logstash 和 Chukwa 由于项目的不活跃,不推荐使用。Splunk 是一款优秀的商业产品,但它的数据采集还存在一定的限制,相信 Splunk 很快会开发出更好的数据收集的解决方案。

## 习题

1. 在网上公开数据库中搜索近 10 年来你家乡的 GDP 数据,并绘制成图表。

2. 试用网络采集器采集你所在城市的奶茶店数据,并按照城区、口味进行分类和数据统计。

3. 思考大数据带来的影响:在思维方式方面,大数据完全颠覆了传统的思维方式,它表现出全样而非抽样、效率而非精确、相关而非因果的特点。你身边有这样的案例吗?

# 第三章

# 商务数据分析的思路

商务分析的目
标和指标体系

　　每一次工业(科技)革命都有其标志产物。如第一次工业革命是以蒸汽机作为动力机被广泛使用为标志的,第二次工业革命是以电力的广泛应用为标志的,第三次工业革命则是以原子能、电子计算机的广泛应用为标志的。如今,新一轮的科技革命浪潮则是以互联网产业化、工业智能化等为标志。企业已经身处商务大数据时代。因此,通过整合互联网和工厂技术,发现数据价值的商业智能和数据挖掘技术则显得十分重要。日本学者城田真琴在《大数据的冲击》一书中,对大数据给出了这样的定义:"大数据指的是无法使用传统流程或工具处理或分析的信息。它定义了那些超出正常处理范围和大小、迫使用户采用非传统处理方法的数据集。"目前业界用 4 个 V 概括大数据的特征,即数据体量巨大(volume)、数据类型繁多(variety)、价值密度低(value)、处理速度快(velocity)。

　　可以想见,当下能够真正拥有商务大数据的,必然是各种大型企业,而一些没有拥有足够量级数据的小型企业,则无须对"大数据"的概念过于敏感,做好自身核心业务数据的理性分析也是一种成功。当前,依靠各种技术手段挖掘大数据商业价值的主要应用场景有如下四种。

　　第一,客户群体细分,为特定群体提供定制化服务。

　　第二,模拟竞争环境,发掘新需求,提高投资回报率。

　　第三,加强部门联系,提升管理、产业链条运作效率。

　　第四,降低服务成本,发现潜在机会对产品和服务进行创新。

　　对于大型企业而言,对商业智能和数据挖掘的部署已经成为大势所趋;而对于中小型企业而言,部署相较于 Excel 业务报表更智能、效率更高的 BI(business intelligence,商业智能)报表也成为它们青睐的选择,如 Microstrategy Dossier、Tableau、Qlik 等产品。一般而言,商业智能更侧重于智能报表带来的数据清洗、数据展示和业务分析支持(侧重于已有事实);而数据挖掘要求的数据量更大,深度建模能力更高,运算层更为复杂(侧重于预测分析)。

　　正如著名数据技术专家埃里克·西格尔所说:"大数据时代下的核心,预测分析已在商业和社会中得到广泛应用。随着越来越多的数据被记录和整理,未来预测分析必定会成为所有领域的关键技术。"数据本身不产生价值,如何分析和利用大数据对业务产生帮助才是关键。无论以何种形式挖掘数据,数据蕴含的最大价值都在于其通过建模后形成的强大的预测能力和决策支持能力。这既是各类组织最想得到的答案,也是诸多数据技术公司努力的方向。在大数据时代,无论组织是否拥有真正的"大数据",成为"数据驱动型组织"都是它们建设和奋斗的目标。

## 一、商务数据分析的目标

做商务数据分析必须要有一个明确的目的,知道自己为什么要做商务数据分析,想要达到什么效果。比如,为了评估产品改版后的效果比之前有所提升,或通过商务数据分析找到产品迭代的方向等。明确了商务数据分析的目的,接下来需要确定应该收集的商务数据都有哪些。做商务数据分析的目的是从商务数据中获取有价值的商业信息,而评判该信息是否有价值的标准在于该信息是否对业务的发展起到了积极正面的作用。

商务数据分析的主要目标如下。

(1)数据监控与诊断:帮助企业快速发现经营问题,早发现早解决,最怕拖到最后才暴露出问题。

(2)市场分析:帮助企业占领市场、掌握市场并预测市场行情,及时有效地调整市场或品牌战略。了解市场结构,随势而动,最大概率获得经济收益。

(3)竞争分析:帮助企业打赢竞争战,掌握市场竞争情况及产品与市场的差异,优化企业在竞争策略方面的决策。

(4)货品分析:帮助企业提高产品销售额,针对产品的销售、渠道、时间、结构等维度对产品的销售情况进行分析,更好地优化产品营销策略。

(5)客户分析:帮助企业盘活客户群体,让客户产生价值,避免客户流失,提高客户留存率。

(6)营销及广告分析:帮助企业降低营销及广告成本,充分了解营销及广告效果,调整营销及广告策略,提高投资回报率。

(7)库存分析:帮助企业减少不良库存,针对库存的动销分析、补货预测分析等,避免库存堆积或产生不良库存。

(8)流量渠道分析:帮助企业提高流量获取能力,通过对各个流量渠道的特征分析有效分配渠道资源。

(9)财务分析:帮助企业梳理各种财务数据,为财务决策提供支持。

(10)其他:帮助企业解决各种数据需求,如客服人员分析、视觉分析、品牌舆情分析等。

总之,商务数据分析就是通过技术手段,结合业务帮助企业解决现实经营问题,降低企业经营成本,提高企业经营收入的一系列过程,这个过程需要分析师和决策者的共同努力,才可以让数据产生价值。分析师需要具有很强的业务能力,熟悉数据分析方法并能熟练运用数据分析工具,否则无法完成任何一个任务;决策者则要能客观对待数据分析结果,基于分析结果做出决策,并落地执行。

## 二、电子商务平台指标体系

越成熟的电子商务平台,越需要以大数据能力驱动电子商务运营的精细化,更好地提升运营效果,提升业绩。构建系统的电子商务数据分析指标体系是数据电商精细化运营的重要前提。

电商数据分析指标体系分为八大类指标,包括总体运营指标、网站流量指标、销售转化指标、客户价值指标、商品类指标、营销活动指标、风险控制指标和市场竞争指标。不同类别指标对应电商运营的不同环节,如图 3-1 所示。

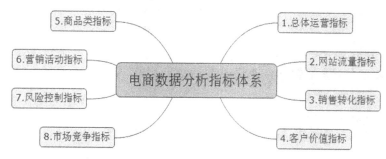

**图 3-1　电商数据分析指标体系**

### （一）总体运营指标

总体运营指标的细分指标如图 3-2 所示。

**图 3-2　总体运营指标的细分指标**

1. 流量类指标

独立访客数(unique visitor,UV)是指访问电商网站的不重复用户数。对于 PC 网站,在每个访问网站的用户浏览器上"植入"一个 cookie(储存在用户本地终端上的数据)来标记这个用户,利用消重技术,对同一 cookie 在一天内多次访问网站的用户仅记录为一个用户。而在移动终端区分独立用户的方式则是按独立设备计算独立用户。页面访问数(page view,PV),即页面浏览量,用户每一次对电商网站或者移动电商应用中的每个网页的访问均被记录一次,用户对同一页面的多次访问按访问量累计。人均页面访问数,即PV/UV,该指标反映的是网站访客的黏性。

### 2. 订单产生效率指标

总订单数量，即访客完成网上下单的订单数之和。访问到下单的转化率，即电商网站下单的次数与访问该网站的次数之比。

### 3. 销售业绩指标

网站成交额（gross merchandise volume，GMV），电商成交金额，即只要下单，生成订单号，便计算在 GMV 里面。销售金额是指货品出售的金额总额。特别地，这个订单无论最终是否成交，有些订单下单未付款或取消，都算进 GMV 里，而销售金额一般只指实际成交金额，所以，GMV 的数字一般比销售金额大。客单价，即订单金额与订单数量的比值。

### 4. 整体指标

销售毛利是销售收入与成本的差值。销售毛利中只扣除了商品原始成本，不扣除没有计入成本的期间费用（管理费用、财务费用、营业费用）。毛利率是衡量电商企业盈利能力的指标，是销售毛利与销售收入的比值。

## （二）网站流量指标

网站流量指标的细分指标如图 3-3 所示。

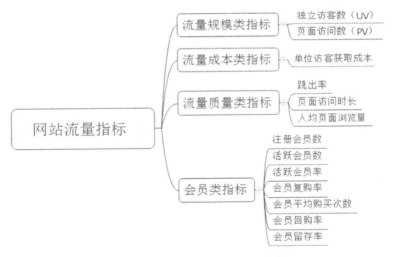

**图 3-3　网站流量指标的细分指标**

### 1. 流量规模类指标

流量规模类指标主要有 UV 和 PV。

### 2. 流量成本类指标

单位访客获取成本，该指标指在流量推广中，广告活动产生的投放费用与该活动带来的独立访客数的比值。单位访客获取成本一般与平均每个访客带来的收入及这些访客带来的转化率进行关联分析。若单位访客获取成本上升，但访客转化率和单位访客收入不变或下降，则很可能是流量推广出现问题，尤其要关注渠道推广的作弊问题。

### 3.流量质量类指标

跳出率(bounce rate)也被称为蹦失率,为浏览单页退出的次数/该页总访问次数,跳出率只能衡量该页作为着陆页(landing page)的访问。如果花钱做推广,着陆页的跳出率高,一部分原因可能是推广渠道选择出现失误,推广渠道目标人群和被推广网站目标人群不够匹配,导致大部分访客来了访问一次就离开。页面访问时长是指单个页面被访问的时间。页面访问时长并不是越长越好,要视情况而定。对于电商网站,页面访问时间要结合转化率来看,如果页面访问时间长,但转化率低,则页面体验出现问题的可能性很大。人均页面浏览量是指在统计周期内,平均每个访客所浏览的页面量,人均页面浏览量反应的是网站的黏性。

### 4.会员类指标

注册会员数,即注册会员数量。活跃会员数是指在一定时期内有消费或登录行为的会员总数。活跃会员率,即活跃会员占注册会员总数的比重。会员复购率是指在统计周期内产生二次及二次以上购买的会员占购买会员的总数的比值。会员平均购买次数是指在统计周期内每个会员平均购买的次数,即订单总数/购买用户总数。会员复购率高的电商网站平均购买次数也高。会员回购率是指上一期末活跃会员在下一期内有购买行为的会员占会员总数的比率。会员在某段时间内开始访问你的网站,经过一段时间后,仍然会继续访问你的网站就被认作是留存会员,这部分会员占当时新增会员的比例就是新会员留存率。这种留存的计算方法是按照会员的活跃度来计算的。另外一种计算留存的方法按消费来计算,即某段时间新增的消费用户在往后一段时间周期(时间周期可以是日、周、月、季度和半年度)还继续消费,这类会员占会员总数的比率也即会员留存率。会员留存率反映的是电商平台留住会员的能力。

### (三)销售转化指标

销售转化指标的细分指标如图 3-4 所示。

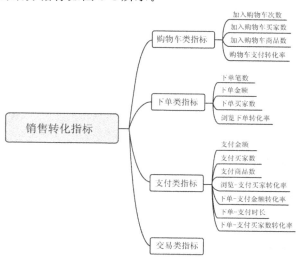

**图 3-4　销售转化指标的细分指标**

1. 购物车类指标

购物车类指标包括一定统计周期内的加入购物车次数、加入购物车买家数及加入购物车商品数。转化类指标主要有购物车支付转化率，即一定周期内将商品加入购物车并支付的买家数与将商品加入购物车的买家数的比值。

2. 下单类指标

下单类指标包括一定统计周期内的下单笔数、下单金额及下单买家数。转化类指标主要有浏览下单转化率，即下单买家数与独立访客数（UV）的比值。

3. 支付类指标

支付类指标包括一定统计周期内的支付金额、支付买家数和支付商品数。转化类指标包括浏览－支付买家转化率（支付买家数/独立访客数）、下单－支付金额转化率（支付金额/下单金额）、下单－支付时长（下单时间到支付时间的差值）和下单－支付买家数转化率（支付买家数/下单买家数）。

4. 交易类指标

交易类指标的基础统计类指标，包括一定统计周期内的交易成功订单数、交易成功金额、交易成功买家数、交易成功商品数、交易失败订单数、交易失败订单金额、交易失败订单买家数、交易失败商品数、退款总订单量、退款金额和退款率。退款率等于一定统计周期内成功退款笔数/一定统计周期内的交易总笔数。

### （四）客户价值指标

客户价值指标的细分指标如图 3-5 所示。

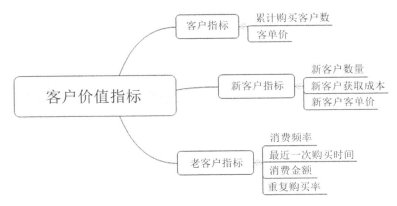

**图 3-5　客户价值指标的细分指标**

1. 客户指标

常见客户指标包括一定统计周期内的累计购买客户数和客单价。客单价是指每一个客户平均购买商品的金额，也即是平均交易金额，即成交金额与成交用户数的比值。

2. 新客户指标

常见新客户指标包括一定统计周期内的新客户数量、新客户获取成本和新客户客单价。

其中,新客户客单价是指第一次在店铺中产生消费行为的客户所产生交易额与新客户数量的比值。影响新客户客单价的因素除了推广渠道的质量外,还有电商店铺活动及关联销售。

3. 老客户指标

常见老客户指标包括消费频率、最近一次购买时间、消费金额和重复购买率。消费频率是指客户在一定期间内所购买的次数;最近一次购买时间表示客户最近一次购买的时间离现在有多远;消费金额是指客户在最近一段时间内购买商品的金额。消费频率越高,最近一次购买时间离现在越近,消费金额越高的客户越有价值。重复购买率则是指消费者对该产品或者服务的重复购买次数,重复购买率越高,则消费者对品牌的忠诚度就越高,反之则越低。重复购买率可以按两种口径来统计:第一种,从客户数角度,重复购买率是指在一定周期内下单次数在两次及两次以上的人数与总下单人数之比,如某个月内,有100个客户成交,其中有20个是购买两次及两次以上的,则重复购买率为20%;第二种,按交易计算,即重复购买交易次数与总交易次数的比值,如某个月内,一共产生了100笔交易,其中有20个人有了二次购买,这20个人中有10个人又有了三次购买,则重复购买次数为30次,重复购买率为30%。

**（五）商品类指标**

商品类指标的细分指标如图3-6所示。

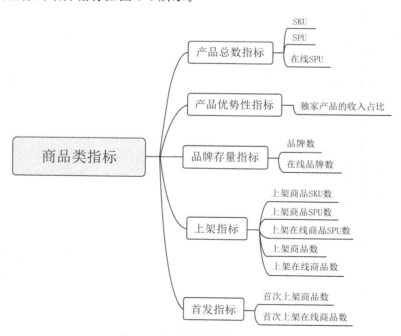

**图3-6　商品类指标的细分指标**

1. 产品总数指标

产品总数指标包括SKU、SPU和在线SPU。SKU(stock keeping unit)是物理上不可分割的最小存货单位。一款商品有多种颜色,就有多个SKU,如一件衣服有红色、白色、蓝色,则 SKU 编码也各不相同,如相同则会出现混淆,发错货。SPU(standard product unit)即标准化产品单元,SPU 是商品信息聚合的最小单位,是一组可复用、易检索的标准化信息的集合,该集合描述了一个产品的特性。通俗点讲,属性值、特性相同的商品就可以称为一个 SPU。手机"小米 10"就是一个独立的 SPU,而小米 10 的不同颜色、不同配置的产品,都算作不同的 SKU。统计销售数据,通常用到的是 SPU,比如想知道"小米 10"卖了多少台,就通过 SPU 来查看;但分析客户和市场,通常用 SKU 更多,比如想知道"小米 10"哪个颜色和配置更受买家欢迎,就需要使用 SKU。在线 SPU 则是在线商品的 SPU 数。

2. 产品优势性指标

产品优势性指标主要指独家产品的收入占比,即独家销售的产品收入占总销售收入的比例。

3. 品牌存量指标

品牌存量指标包括品牌数和在线品牌数指标。品牌数是指商品的品牌总数量。在线品牌数则是指在线商品的品牌总数量。

4. 上架指标

上架指标包括上架商品 SKU 数、上架商品商品 SPU 数、上架在线商品 SPU 数、上架商品数和上架在线商品数。

5. 首发指标

首发指标包括首次上架商品数和首次上架在线商品数。

### (六)营销活动指标

营销活动指标包括市场营销活动指标和广告投放指标。市场营销活动指标包括新增访问人数、新增注册人数、总访问次数、订单数量、下单转化率及投资回报率(ROI)。其中,下单转化率是指活动期间,某活动所带来的下单的次数与访问该活动的次数之比。投资回报率是指某一活动期间,产生的交易金额与活动投放成本金额的比值,即(收入－成本)/成本。营销活动指标的细分指标如图 3-7 所示。

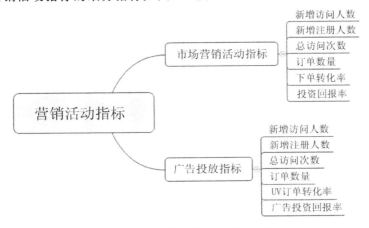

图 3-7　营销活动指标的细分指标

广告投放指标,包括新增访问人数、新增注册人数、总访问次数、订单数量、UV 订单转化率、广告投资回报率。其中,UV 订单转化率是指某广告所带来的下单的次数与访问该活动的次数之比。广告投资回报率是指某广告产生的交易金额与广告投放成本金额的比值。

## (七)风险控制指标

风险控制指标包括买家评价指标和投诉指标。该指标引导客户评价,及时监控发现问题,及时进行优化。风险控制指标的细分指标如图 3-8 所示。

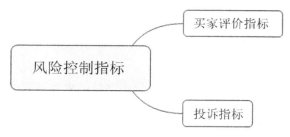

**图 3-8　风险控制指标的细分指标**

## (八)市场竞争指标

市场竞争指标由市场份额相关指标和网站排名组成。市场份额相关指标包括市场占有率、市场扩大率和用户份额。市场占有率是指电商网站交易额占同期所有同类型电商网站整体交易额的比重;市场扩大率是指购物网站占有率较上一个统计周期增长的百分比;用户份额是指购物网站独立访问用户数占同期所有 B2C 购物网站合计独立访问用户数的比例。网站排名包括交易额排名和流量排名。交易额排名是指电商网站交易额在所有同类电商网站中的排名,流量排名是指电商网站独立访客数量在所有同类电商网站中的排名。市场竞争指标的细分指标如图 3-9 所示。

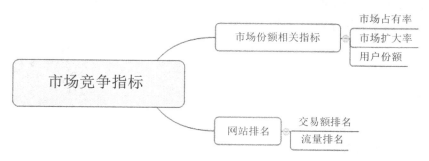

**图 3-9　市场竞争指标的细分指标**

## 三、商务数据产品及市场分析

### （一）数据交易平台

1. 优易数据（http://www.youedata.com）

优易数据是由国家信息中心发起的、拥有国家级信息资源的数据平台，也是国内领先的数据交易平台。平台有 B2B、B2C 两种交易模式，包含政务、社会、社交、教育、消费、交通、能源、金融、健康等多个领域的数据资源，如图 3-10 所示。

**图 3-10　优易数据网站首页**

2. 数据堂（http://www.datatang.com）

数据堂专注于互联网综合数据交易，提供数据交易、处理和数据 API（application programming interface，应用程序接口）服务，包含语音识别、医疗健康、交通地理、电子商务、社交网络、图像识别等方面的数据，如图 3-11 所示。

**图 3-11　数据堂网站首页**

## （二）网络指数

### 1. 百度指数（http://index.baidu.com）

百度指数为指数查询平台，可以根据指数的变化查看某个主题在各个时间段受关注的情况，对趋势分析、舆情预测有很好的指导作用。除了关注趋势之外，它还有需求分析、人群画像等精准分析的工具，对市场调研具有很好的参考意义，如图 3-12 所示。

**图 3-12　百度指数舆情搜索页面**

### 2. 阿里指数（https://alizs.taobao.com）

阿里指数是国内权威的商品交易分析工具，可以按地域、按行业查看商品搜索情况和交易数据，基于淘宝、天猫和 1688 平台的交易数据基本能够看出国内商品交易的概况。

### 3. 艾瑞咨询（http://www.iresearch.com.cn）

艾瑞咨询作为老牌的互联网研究机构，在数据的沉淀和数据分析上都有得天独厚的优势，在互联网的趋势和行业发展数据分析上面比较权威。

### 4. 友盟指数（http://www.umeng.com）

友盟指数在移动互联网应用数据统计和分析上较为全面，在研究移动端产品、市场调研及用户行为分析等方面有较好的参考价值。

### 5. 爱奇艺指数（http://index.iqiyi.com）

爱奇艺指数是专门对视频的播放行为及趋势进行分析的平台，对于互联网视频的播放有着全面的统计和分析，涉及播放趋势、播放设备、用户画像、地域分布等多个方面。

### 6. 猫眼专业版（http://piaofang.maoyan.com）

猫眼专业版电影票房统计分析平台，包含实时的票房统计、影片的排盘情况、上座率和影院数据等。

## 四、商务数据清洗

### （一）基本概念

数据清洗是发现并纠正数据文件中可识别错误的最后一道程序，包括检查数据一致性、处理无效值和缺失值等。因为数据库中的数据是面向某一主题的数据的集合，这些数据从多个业务系统中抽取而来而且包含历史数据，这样就避免不了有的数据是错误数据，有的数据相互之间有冲突，这些错误的或有冲突的数据显然是不需要的，称为"脏数据"。

按照一定的规则把"脏数据""洗掉"，这就是数据清洗。而数据清洗的任务是过滤那些不符合要求的数据，将过滤的结果交给业务主管部门，确认是过滤掉还是由业务单位修正之后再进行抽取。不符合要求的数据主要有残缺数据、错误数据、重复数据三大类。数据清洗与问卷审核不同，录入后的数据清理一般由计算机而不是人工完成。

需要清洗的数据的主要类型如下。

#### 1. 残缺数据

这一类数据主要是应该有的信息缺失，如供应商的名称、分公司的名称、客户的区域信息缺失，业务系统中主表与明细表不能匹配等。这一类数据过滤出来后，应按缺失的内容分别写入不同文件向客户提交，并应在规定的时间内补全，补全后再写入数据库。

#### 2. 错误数据

这一类数据产生的原因是业务系统不够健全，在接收输入后没有进行判断就直接写入后台数据库，比如数值数据输成全角数字字符，字符串数据后面有一个回车操作，日期格式不正确，日期越界等。这一类数据也要分类，对类似于全角字符、数据前后有不可见字符的问题，只能通过写 SQL 语句的方式找出来，然后要求客户在业务系统中修正之后再抽取。日期格式不正确的或者是日期越界这类错误会导致运行失败，这一类错误需要在业务系统数据库中用 SQL 的方式将其挑出来，交给业务主管部门要求其限期修正，修正之后再抽取。

#### 3. 重复数据

对于这一类数据（特别是维表中会出现这种情况），应将重复数据记录的所有字段导出来，让客户确认并整理。

数据清洗是一个反复的过程，不可能在短时间内完成，需要不断发现问题、解决问题。对于这些数据是否过滤、是否修正，一般要求客户确认，对于过滤掉的数据，应写入文件或者将过滤数据写入数据表。在系统开发的初期可以每天向业务单位发送过滤数据的邮件，促使他们尽快地修正错误，同时也可以作为将来验证数据的依据。数据清洗需要注意的是不要将有用的数据过滤掉，对于每个过滤规则认真进行验证，要求用户确认。

### （二）数据清洗的内容

#### 1. 一致性检查

一致性检查（consistency check）根据每个变量的合理取值范围和相互关系，检查数据是否合乎要求,旨在发现超出正常范围、逻辑上不合理或者相互矛盾的数据。例如用 7 级李克特量表测量的变量出现了 0 值,体重出现了负数,都应视为超出正常值域范围。SPSS、SAS 和 Excel 等计算机软件都能够根据定义的取值范围,自动识别每个超出范围的变量值。具有逻辑上不一致性的答案可能以多种形式出现,例如:许多调查对象说自己开车上班,又报告没有汽车;或者调查对象报告自己是某品牌的重度购买者和使用者,但同时又在熟悉程度量表上给了很低的分值。发现不一致时,要列出问卷序号、记录序号、变量名称、错误类别等,便于进一步核对和纠正。

**2. 无效值和缺失值的处理**

由于调查、编码和录入误差,数据中可能存在一些无效值和缺失值,需要给予适当的处理。常用的处理方法有:估算、整例删除、变量删除和成对删除。

**(1)估算**

最简单的办法就是用某个变量的样本均值、中位数或众数代替无效值或缺失值。这种办法简单,但没有充分考虑数据中已有的信息,误差可能较大。另一种办法就是根据调查对象对其他问题的答案,通过变量之间的相关分析或逻辑推论进行估计。例如,某一产品的拥有情况可能与家庭收入有关,可以根据调查对象的家庭收入推算拥有这一产品的可能性。

**(2)整例删除**

这是指直接剔除含有缺失值的样本,由于很多问卷都可能存在缺失值,这种做法可能导致有效样本量大大减少,无法充分利用已经收集到的数据。因此,它只适合关键变量缺失,或者含有无效值或缺失值的样本比重很小的情况。

**(3)变量删除**

如果某一变量的无效值和缺失值很多,而且该变量对于所研究的问题不是特别重要,则可以考虑将该变量删除。这种做法减少了供分析用的变量数目,但没有改变样本量。

**(4)成对删除**

成对删除是用一个特殊码(通常是 9、99、999 等)代表无效值和缺失值,同时保留数据集中的全部变量和样本。但是,在具体计算时只采用有完整答案的样本,因而不同的分析因涉及的变量不同,其有效样本量也会有所不同。这是一种保守的处理方法,最大限度地保留了数据集中的可用信息。

采用不同的处理方法可能对分析结果产生影响,尤其是当缺失值的出现并非随机且变量之间明显相关时。因此,在调查中应当尽量避免出现无效值和缺失值,保证数据的完整性。

**3. 数据清洗的实现方式与范围**

**(1)数据清洗的实现方式**

①手工实现,通过人工检查,只要投入足够的人力、物力、财力,也能发现所有错误,但效率低下。在数据量大的情况下,这几乎是不可能的。

②通过专门编写的应用程序进行清洗,这种方法能解决某个特定的问题,但不够灵活,特别是在清理过程需要反复进行(一般来说,数据清洗一遍就达到要求的很少)、程序

复杂，或清洗过程变化时，工作量较大，而且这种方法也没有充分利用目前数据库提供的强大数据处理能力。

③解决某类特定应用域的问题，如根据概率统计学原理查找数值异常的记录，对姓名、地址、邮政编码等进行清洗，这是目前研究得较多的领域，也是应用最成功的一类。如商用系统：Trillium、Match Maker 等。

④与特定应用领域无关的数据清洗，这一部分的研究主要集中在清洗重复的记录上，如 Data Cleanser、Data Blade Module、Integrity 系统等。

这四种实现方式，由于后两种具有某种通用性、较大的实用性，引起了越来越多的注意。但是不管用哪种方式，大致都经历了三个发展阶段。

第一阶段：尽管已有一些数据分析工具，但仍以人工分析为主。将错误类型分为两大类：单数据源与多数据源，并将它们又各分为结构级与记录级错误。这种分类非常适合于解决数据仓库中的数据清洗问题。

第二阶段：有两种基本的思路用于识别错误：一种是发掘数据中存在的模式，然后利用这些模式清洗数据；另一种是基于数据的，根据预定义的清洗规则，查找不匹配的记录。后者用得更多。

第三阶段：某些特定领域能够根据发现的错误模式，编制程序或借助于外部标准源文件、数据字典等在一定程度上修正错误。对数值字段，有时能根据数理统计知识自动修正，但经常需编制复杂的程序或借助于人工干预完成。

绝大部分数据清洗方案提供接口用于编制清洗程序。它们一般来说包括很多耗时的排序、比较、匹配过程，且这些过程多次重复，用户必须等待较长时间。在一个交互式的数据清洗方案中，系统将错误检测与清洗紧密结合起来，用户能通过直观的图形化界面一步步地指定清洗操作，且能立即看到此时的清洗结果（仅仅在所见的数据上进行清洗，所以速度很快），不满意清洗效果时还能撤销上一步的操作，最后将所有清洗操作编译执行。这种方案对清洗循环错误非常有效。

许多数据清洗工具提供了描述性语言解决用户友好性的问题，降低用户编程的复杂度。这些描述性语言都在一定程度上减轻了用户的编程难度，但各系统一般不具有互操作性，不能通用。

数据清洗属于一个较新的研究领域，直接针对这方面的研究并不多，中文数据清洗更少。现在的研究主要为解决两个问题：发现异常和清洗重复记录。

## （三）数据清洗的方法

一般来说，数据清洗是将数据库精简以除去重复记录，并使剩余部分转换成标准可接收格式的过程。数据清洗标准模型是将数据输入到数据清洗处理器，通过一系列步骤"清洗"数据，然后以期望的格式输出清洗过的数据。数据清洗从数据的准确性、完整性、一致性、唯一性、适时性、有效性几个方面来处理数据的丢失值、越界值、不一致代码、重复数据等问题。

数据清洗一般针对具体应用，因而难以归纳统一的方法和步骤，但是根据数据类型的不同可以给出相应的数据清洗方法。

1. 不完整数据(值缺失数据)的检测及解决方法

大多数情况下,缺失的值必须手工填入(手工清洗)。当然,某些缺失值可以从本数据源或其他数据源推导出来,这就可以用平均值、最大值、最小值或更为复杂的概率估计代替缺失的值,从而达到清洗的目的。

2. 错误值的检测及解决方法

用统计分析的方法识别可能的错误值或异常值,如偏差分析、识别不遵守分布或回归方程的值,也可以用简单规则库(常识性规则、业务特定规则等)检查数据值,或使用不同属性间的约束、外部的数据来检测和清洗数据。

3. 重复记录的检测及解决方法

数据库中属性值相同的记录被认为是重复记录,可通过判断记录间的属性值是否相等来检测记录是否相等,相等的记录合并为一条记录(即合并/清除)。合并/清除是消重的基本方法。

4. 不一致性(数据源内部及数据源之间)的检测及解决方法

从多数据源集成的数据可能有语义冲突,可定义完整性约束用于检测不一致性,也可通过分析数据发现联系,从而使得数据保持一致。目前开发的数据清洗工具大致可分为三类。

数据迁移工具允许指定简单的转换规则,如将字符串 gender 替换成 sex。PrismWarehouse 是一个流行的工具,就属于这类。

数据清洗工具使用领域特有的知识(如邮政地址)对数据作清洗。它们通常采用语法分析和模糊匹配技术完成对多数据源数据的清洗。某些工具可以指明源的"相对清洁程度"。工具 Integrity 和 Trillium 属于这一类。

数据审计工具可以通过扫描数据发现规律和联系。因此,这类工具可以看作是数据挖掘工具的变形。

### (四)数据清洗的步骤

1. 定义和确定错误的类型

(1)数据分析

数据分析是数据清洗的前提与基础,通过详尽的数据分析来检测数据中的错误或不一致情况。除了手动检查数据或者数据样本之外,还可以使用分析程序来获得关于数据属性的元数据,从而发现数据集中存在的质量问题。

(2)定义清洗转换规则

根据上一步进行数据分析得到的结果来定义清洗转换规则与工作流。根据数据源的个数、数据源中不一致数据和"脏数据"多少的程度,来决定需要执行大量的数据转换和清洗的步骤。要尽可能地为模式相关的数据清洗和转换指定一种查询和匹配语言,从而使转换代码的自动生成变成可能。

2.搜寻并识别错误的实例

（1）自动检测属性错误

检测数据集中的属性错误，需要花费大量的人力、物力和时间，而且这个过程本身很容易出错，所以需要利用一定的方法自动检测数据集中的属性错误，方法主要有：基于统计的方法、聚类方法、关联规则的方法。

（2）检测重复记录的算法

消除重复记录可以针对两个数据集或者一个合并后的数据集，首先需要检测出标识同一个现实实体的重复记录，即匹配过程。检测重复记录的算法主要有：基本的字段匹配算法、递归的字段匹配算法、史密斯-沃特曼（Smith-Waterman 算法）、余弦相似度算法等。

3.纠正所发现的错误

在数据源上执行预先定义好的并且已经得到验证的清洗转换规则和工作流。当直接在源数据上进行清洗时，需要备份源数据，以防需要撤销上一次或几次的清洗操作。清洗时根据"脏数据"存在形式的不同，执行一系列的转换步骤来解决模式层和实例层的数据质量问题。为处理单数据源问题并且为其与其他数据源的合并做好准备，一般在各个数据源上应该分别进行几种类型的转换，主要包括以下内容。

（1）从自由格式的属性字段中抽取值（属性分离）

自由格式的属性一般包含着很多的信息，而这些信息有时候需要细化成多个属性，从而进一步支持后面重复记录的清洗。

（2）确认和改正

这一步骤处理输入和拼写错误，并尽可能地使其自动化。基于字典查询的拼写检查对于发现拼写错误是很有用的。

（3）标准化

为了使记录实例匹配和合并变得更方便，应该把属性值转换成一个一致和统一的格式。

4.干净数据回流

当数据被清洗后，干净的数据应该替换数据源中原来的"脏数据"。这样可以提高原系统的数据质量，还可避免将来再次抽取数据后进行重复的清洗工作。

### （五）数据清洗的评价标准

1.数据的可信性

可信性包括精确性、完整性、一致性、有效性、唯一性等指标。

（1）精确性：描述数据是否与其对应的客观实体的特征相一致。

（2）完整性：描述数据是否存在缺失记录或缺失字段。

（3）一致性：描述同一实体的同一属性的值在不同的系统是否一致。

（4）有效性：描述数据是否满足用户定义的条件或在一定的值域范围内。

（5）唯一性：描述数据是否存在重复记录。

2. 数据的可用性

数据的可用性考察指标主要包括时间性和稳定性。

(1)时间性：描述数据是当前数据还是历史数据。

(2)稳定性：描述数据是否是稳定的,是否在其有效期内。

3. 数据清洗的代价

数据清洗的代价即成本效益,在进行数据清洗之前考虑成本效益这个因素是很必要的。因为数据清洗是一项十分繁重的工作,需要投入大量的时间、人力和物力。在进行数据清洗之前要考虑其物质和时间开销的大小,是否会超过组织的承受能力。通常情况下大数据集的数据清洗是一个系统性的工作,需要多方配合及大量人员的参与,需要多种资源的支持。

企业所做出的每项决定的目标都是为了给公司带来更大的经济效益,如果花费大量金钱、时间、人力和物力进行大规模的数据清洗之后,所能带来的效益远远低于所投入的,那么这样的数据清洗会被认定为是一次失败的数据清洗。因此,在进行数据清洗之前进行成本效益的估算是非常重要的。

## （六）属性清洗算法

1. 空缺值的清洗

对于空缺值的清洗,可以采取忽略元组,人工填写空缺值的方法,使用一个全局变量填充空缺值,使用属性的平均值、中间值、最大值、最小值或更为复杂的概率统计函数值来填充空缺值。

2. 噪声数据的清洗

噪声数据是指存在着错误或异常(偏离期望值)的数据,这些数据对数据分析造成了干扰。可采用分箱法对噪声数据进行清洗。分箱法通过考察属性值周围的值来平滑存储属性的值。属性值被分布到一些等深或等宽的"箱"中,用箱中属性值的平均值或中值来替换"箱"中的属性值;可采用计算机和人工检查相结合的方式,计算机检测可疑数据,然后对它们进行人工判断;可使用简单规则库检测并修正错误;也可使用不同属性间的约束检测并修正错误;还可使用外部数据源检测和修正错误。

3. 不一致数据的清洗

对于有些事务,所记录的数据可能存在不一致。有些数据不一致,可以使用其他材料人工加以更正。例如,数据输入时的错误可以使用纸上的记录加以对比更正。

知识工程工具也可以用来检测违反限制的数据。例如,知道属性间的函数依赖,可以查找违反函数依赖的值。

此外,数据集成也可能产生数据不一致。

4. 重复数据的清洗

目前消除重复记录的基本思想是"排序和合并",先将数据库中的记录排序,然后通过比较邻近记录是否相似来检测记录是否重复。

消除重复记录的算法主要有：优先队列算法、近邻排序算法、多趟近邻排序法。

## 五、商务数据分析的流程

商务数据分析的一般工作流程如下。

### （一）明确目标

明确目标，才能保证数据分析的方向正确。

### （二）规划框架

根据目标分解任务，统一思考数据分析框架；通过数据分析的工具和方法进行数据分析。

### （三）数据获取，筛选处理

通过店内、站内或者第三方平台获取数据；对数据进行排序、清洗等初加工处理，使其成为适合数据分析的样式。必要的数据处理是数据分析的前提，在对数据进行初步筛选时，要注意数据的准确性、全面性和可比性。

### （四）数据分析

利用数据分析方法，将数据的核心价值体现出来；数据不够直观时可使用可视化方法展示出数据背后的价值。这是整个流程中最重要的环节，将直接影响管理者的决策。

### 习题

1. 简述市场调研的任务及过程。
2. 简述书面市场调研报告的基本构成。
3. 简述定性调研与定量调研的区别。
4. 试分析如何选择调查方法。
5. 简述数据分析设计的基本内容。
6. 简述数据整理过程所包括的具体工作。

第四章

# 商务数据分析的方法

商务数据分析
方法及步骤

## 一、商务数据分析方法概述

### （一）商务数据分析的基本任务

商务数据分析的基本任务包括利用分类与预测、聚类分析、关联规则、时序模式、用户画像、智能推荐等方法，帮助企业提取数据中蕴含的商业价值，提升企业的竞争力。

1. 定义数据挖掘目标

针对具体的数据分析需求，首先要做的就是明确本次数据分析的目标是什么，预期要达到怎样的效果。因此在进行数据分析工作前，必须先了解项目相关背景知识，弄清用户的需求。比如要对某电商平台的数据进行分析，首先可明确一下数据分析目标。

（1）分析用户数据，建立用户画像与物品画像等。

（2）基于用户画像实现动态商品智能推荐，帮助用户快速发现自己感兴趣的商品，同时确保给用户推荐的也是企业所期望的，实现用户与企业的双赢。

（3）对平台客户进行群体细分，了解不同客户的贡献度与消费特征，分析哪些客户是最有价值的、哪些客户是需要重点关注的。对不同价值的客户采取不同的营销策略，将有限的资源投放到最有价值的客户身上，实现精准化营销。

（4）基于商品的历史销售情况，综合节假日、气候和竞争对手等影响因素，对商品销售量进行趋势预测，方便企业准备库存。

2. 数据抽样

在明确了数据分析的目标后，接下来要做的工作就是抽取企业的数据分析库中的数据子集。随着现在大数据技术的发展，也有很多企业进行全量数据的抽取，不过为了数据分析的效率，可以选择抽样使用数据，节省系统资源。抽样有很多的方法，比如随机抽样、等距抽样、分层抽样、分类抽样等。

3. 数据预处理

当采集的数据维度过大时，如何进行降维、如何对缺失值进行处理等都是数据预处理过程中要解决的问题。需要对数据进行预处理以改善数据质量，并最终达到完善数据分析结果的目标。目前数据预处理一般包括数据筛选、数据质量转换、缺失值处理、坏数据处理、数据标准化、数据规约等。

### 4.分析建模

数据分析建模是数据分析的核心工作,应该选择哪种算法进行模型构建呢?在生成最终的数据集后,就可以在此基础上建立模型来进行聚类分析。建立模型阶段的主要工作是选择和应用各种建模技术,并对它们的参数进行校准以达到最优值。在明确建模技术和算法后需要确定模型参数和输入变量。模型参数包括类的个数和最大迭代步数等。在建模过程中,采用多种技术手段,并将建模效果进行对比。需要挑选合适的变量参与建模。参与建模的变量太多会削弱主要业务属性的影响,并给理解分群结果带来困难;变量太少则不能全面覆盖需要考察的各方面的属性,可能会遗漏一些重要的属性关系。输入变量的选择对建立满意的模型至关重要。

建立模型是一个螺旋上升,不断优化的过程。以聚类分析为例,在每一次聚类结束后,需要判断聚类结果在业务上是否有意义,其各群特征是否明显。如果结果不理想,则需要调整聚类模型。对模型进行优化,被称为聚类优化。聚类优化可通过调整聚类个数及调整聚类变量输入来实现,也可以通过多次运行选择满意的结果。通常可以依据以下原则判断聚类结果是否理想:类间特征差异是否明显,群内特征是否相似,聚类结果是否易于管理及是否具有业务指导意义。

### 5.模型评价

在建模的过程中会得到一系列的分析结果,它们是对目标问题多侧面的描述,这时需要对它们进行验证和评价,以得到合理的、完备的决策信息。对产生的模型结果需要进行对比验证、准确度验证、支持度验证等检验以确定模型的价值。在这个阶段需要引入更多层面和背景的用户进行测试和验证,通过对几种模型的综合比较,产生最后的优化模型。根据业务对模型进行解释应用,不同的模型的评价方法往往也不同。

## (二)常用的数据挖掘建模工具

### 1. SAS Enterprise Miner

Enterprise Miner(EM)是 SAS(全球最大的私营软件公司之一)提供的一个拥有图形化界面、用菜单驱动、以拖拉式操作为主要方式、对用户非常友好且功能非常强大的集成的数据挖掘系统。在 SAS EM 中,可利用具有明确代表意义的图形化的模块将这些数据挖掘工具单元组成一个数据流程图,并以此来组织数据挖掘过程。对于有经验的数据挖掘专家,SAS EM 可提供大量的选项,让有经验的数据分析人员进行精细化调整并加以分析处理。

### 2. IBM SPSS Modeler

IBM SPSS Modeler 原名 SPSS Clementine,2009 年被 IBM(国际商业机器公司)收购以后,IBM 对其产品性能和功能进行了大幅度的改进和提升。SPSS Modeler 提供图形化的界面,屏蔽了数据挖掘算法的复杂性和操作上的烦琐,让使用者只需要聚焦在使用数据挖掘技术去解决实际的商业问题上。

### 3. Python

Python 是一种面向对象、解释型的计算机程序设计语言,它拥有高效的数据结构,能简单地进行面向对象的编程。Python 本身不提供数据挖掘环境,但是 Python 有各种数据挖掘的扩展库,比如较常见的有:Numpy、Scipy、Matplotlib 等。他们分别为 Python 提供快速数组处理、科学计算及绘图的能力;在用到机器学习和人工神经网络时,会用到 SKlearn 库和 Keras 库,它提供了完善的机器学习工具箱,包括数据的预处理分析、回归预测、模型分析等。

### 4. SQL Server

微软公司的 SQL Server(微软公司推出的关系型数据库管理系统)中集成了数据挖掘组件——Analysis Servers,借助于 SQL Server 数据库管理功能,可以很好地将数据集成在 SQL Servers 中。但平台移植性比较差。

### 5. RapidMiner

RapidMiner 是一款世界领先的数据挖掘图形工具,它提供图形化的操作界面,采用树状结构来组织分析组件,树上每个节点表示不同的运算符。RapidMiner 中提供了大量的运算符,包括数据预处理、变换、建模、评估等各个环节。RapidMiner 是基于 Java 开发的,基于 Weka 来构建的。

### 6. Weka

Weka 作为一个公开的数据挖掘工作平台,集合了大量能承担数据挖掘任务的机器学习算法,可实现对数据的预处理、分类、回归、聚类、关联规则等功能,并可在新的交互式界面上实现可视化。

### 7. Knime

Knime 是一个基于 Eclipse(一个开放源代码的、基于 Java 的可扩展开发平台)开发的、模块化的数据挖掘系统。它能够让用户可视化创建数据流,选择性地执行部分或所有分解步骤,然后通过数据和模型上的交互式视图研究执行后的结果。可以扩展使用 Weka 中的算法,同时 Knime 也提供基于数据流的方式来组织数据挖掘过程,每个节点都有数据的输入/输出端口,用于接收或输出计算结果。

### 8. TipDM

TipDM(顶尖大数据挖掘平台)使用 Java 语言开发,能从各种数据源获取数据,构建数据挖掘模型。TipDM 目前已经集成了数十种预测算法和分析技术,支持数据挖掘流程所需要的主要过程,并提供开发的应用接口和算法,能够满足各种复杂的应用需求。

### 9. 数加平台

数加平台是阿里云提供的数据处理管理平台,平台提供了各种模块:机器学习、推荐引擎、数据可视化等。平台屏蔽了数据分析与挖掘过程中的复杂性,以图像化的界面构建数据处理流程,让大数据处理工程师只要专注于数据挖掘的分析过程即可。数加平台是基于阿里云的 ODPS(open date processing service,开放据处理服务)平台,由各种计算引擎和工具相互结合在一起而形成的数加生态体系。

## 二、探索性数据分析

探索性数据分析(exploratory data analysis，EDA)是指对已有数据在尽量少的先验假设下通过作图、制表、方程拟合、计算特征量等手段探索数据的结构和规律的一种数据分析方法，该方法在 20 世纪 70 年代由美国统计学家约翰·图基提出。

传统的统计分析方法常常先假设数据符合一种统计模型，然后依据数据样本来估计模型的一些参数及统计量，以此了解数据的特征，但实际中往往有很多数据并不符合假设的统计模型分布，这导致数据分析结果不理想。EDA 则是一种更加贴合实际情况的分析方法，它强调让数据自身"说话"，通过 EDA 我们可以最真实、直接地观察到数据的结构及特征。

EDA 出现之后，数据分析的过程就分为探索阶段和验证阶段两步了。探索阶段侧重于发现数据中包含的模式或模型，验证阶段侧重于评估所发现的模式或模型，很多机器学习算法(分为训练和测试两步)都遵循这种思想。当我们拿到一份数据时，如果做数据分析的目的不是非常明确、有针对性，可能会感到有些茫然，那此刻就更加有必要进行 EDA 了，它能帮助我们先初步地了解数据的结构及特征，甚至发现一些模式或模型，再结合行业背景知识，也许就能直接得到一些有用的结论。EDA 的技术手段主要包括汇总统计和可视化。

探索性数据分析是一系列的方法，它可以完成以下任务。

(1)最大限度地获得对数据的直觉。

(2)发掘潜在的结构。

(3)提取重要的变量。

(4)删除异常值。

(5)检验潜在的假设。

(6)建立初步的模型。

(7)决定最优因子的设置。

### (一)汇总统计

汇总统计是量化的(如均值和方差等)，用单个数和数的小集合来捕获数据集的特征，从统计学的观点看，这里所提的汇总统计过程就是对统计量的估计过程。

1. 单个属性情况

(1)频率和众数

频率可以简单定义为属于一个类别对象的样本数占总样本的比例，这里类别对象可以是分类模型中的不同的类，也可以是一个区间或一个集合。众数是指具有最高频率的类别对象。

频率可以帮助查看数据在不同类别对象上的分布情况，众数可以让我们获知数据主要集中在哪个类别对象上，不过要注意的是可能有多个类别对象上的频率与众数对象上的频率相差不大，此时就要权衡众数的重要性是否有那么大。

（2）百分位数

在有序数据上，百分位数是一个重要的统计量。给定一组数据，$P$ 百分位数 $Xp$ 是这样的数：这组数据中有 $P\%$ 的数据小于 $Xp$。百分位数能让我们了解数据大小的分布情况。

（3）位置度量：均值和中位数

对于连续数据，均值和中位数是比较常用的统计量，其中中位数即 $1/2$ 分位数。均值对数据中的离群点比较敏感，一些离群点的存在能显著地影响均值的大小，而中位数能较好地处理离群点的影响，二者视具体情况使用。

为了克服离群点对均值的影响，有时使用截断均值。截断均值有一个参数 $P$，计算 $P$ 截断均值时去除高端 $(P/2)\%$ 和低端 $(P/2)\%$ 的数据，剩下数据的均值即为 $P$ 截断均值。

均值、中位数和百分位数一样，都是用来观察数据值大小分布情况的。

（4）散布分量：极差和方差

极差和方差是常用的统计量，用来观察数据分布的宽度和分散情况。极差是最大值与最小值的差值，它标志着数据的最大散布，但若大部分数值集中在较窄的范围内，极差反而会引起误解，此时需要结合方差来认识数据。极差和方差对离群点非常敏感，因此有时也使用这三种统计量：绝对平均偏差、中位数绝对偏差、四分位数极差。

2. 多个属性情况

多个属性数据间常用的统计量有协方差、相关系数。协方差越接近于 0 越表明两个属性值间不具有（线性）关系，但协方差越大并不表明越相关，因为协方差的定义中没有考虑属性值本身大小的影响。相关系数考虑了属性值本身大小的影响，因此是一个更合适的统计量。相关系数的取值在 $[-1,1]$ 范围内，$-1$ 表示负相关，即变换相反，1 表示正相关，0 则表示不相关。相关系数是序数型的，只能比较相关程度大小（绝对值比较），并不能做四则运算。将属性间的相关系数按矩阵方式排列得到了相关系数矩阵，矩阵中对角线上为属性的自相关系数（均为 1）。

## （二）可视化

可视化技术能够让人快速吸收大量可视化信息并发现其中的模式，是十分直接且有效的数据探索性分析方法，但可视化技术具有专门性和特殊性，采用怎样的图表来描述数据及其包含的信息与具体的业务紧密相关。

运用可视化技术时，需要考虑三个问题：如何将数据映射到图形元素，如何组织数据进行映射，如何解决数据维度问题。

1. 如何将数据映射到图形元素

一般的可视化需要映射的是数据对象、数据对象的属性、数据对象间的联系这几种信息。数据对象通常用几何图形表示，如圆圈、星号、叉号等。

属性的表示方法取决于属性的类型。对于取值连续的属性，可以用位置、亮度、颜色、尺寸等可以连续变化的图形元素表示。对于序数型属性，也可以用位置、亮度、颜色、尺寸等表示，不过变化不再是连续的，因此为了对不同属性取值加以区分，可以将图形元素间的区别放大一些。对于标称型属性，要注意避免表示出"序"的信息，此时可以将属性的每个取值用不同类型的图形元素表示。

数据对象间的关系有显式、隐式两种。显式的关系是已知、不需要去发掘的,我们只需要在图形中表示出来,常用的显式关系表示方法是用线条连接数据对象,或者将具有联系的数据对象赋予某一相同的图形特征;隐式的关系则需要我们采用合理的图表、合理的数据组织形式进行映射来帮助发现数据对象间的关系,例如在分类中将相同类型的数据对象放在一起显示就容易发现数据对象间的联系,因为它们具有相似的属性取值。

2.如何组织数据进行映射

在一些需要映射数据对象的可视化技术中,以特定的形式组织数据更能帮助发现数据对象间的联系。数据组织形式可简单理解为在图表的每个维度(即每个属性)上,坐标值(属性值)分布的形式。一般情况下,对于连续型、序数型属性,通常按属性取值大小排列组织数据并显示,这使得图表呈现的信息易于理解;对于标称型属性(离散型数据)。数据的组织形式并没有约定俗成的方式,此时不同的数据组织形式呈现的信息差异可能就比较明显了。

3.如何解决数据维度问题

当前只能在三维空间中显示图标,再加上颜色、亮度等一个属性,一个图表上一般最多能显示四个属性信息,对于多属性数据来说,如何解决维度问题就是一个值得考虑的问题。一种做法是只显示属性子集(通常是两个属性),当属性数量不算太多时可以绘制双属性的矩阵图。当属性数量较多,以至于影响图形观察时则需要另想办法了。另外一种做法是采用主成分分析(principal component analysis,PCA)等降维方法。

如今可视化技术发展很快,动画、可交互式图标都是不错的可视化方法。

### (三)案例: 泰坦尼克号数据探索分析

1.背景与挖掘目标

"泰坦尼克号"的沉没是历史上最骇人听闻的海难之一。1912年4月15日,泰坦尼克号在处女航中与冰山相撞后沉没,2224名乘客和工作人员中有1517人死亡。这场巨大的悲剧震惊了国际社会,并促成了更完善的船舶安全条例的产生。

造成沉船重大伤亡的原因之一是没有足够的救生艇供乘客和工作人员使用。在本案例中,我们将对泰坦尼克号的数据进行探索性分析,完成对"什么样的人可能生存"的分析。

2.分析方法与过程

泰坦尼克号数据探索性分析主要包括以下步骤。

(1)对数据进行描述性统计。

(2)对步骤(1)进行数据探索分析(寻找特征值)与预处理,包括对数据缺失值的探索性分析、对数据的属性规约、对数据的清洗和变换等。

3.数据来源和含义

数据来自于知名机器学习竞赛网站 Kaggle(网址为:https://www.kaggle.com/c/titanic/data)。

数据字段说明如下。

PassengerId：乘客 Id。

Survived：是否生还，0 代表"否"，1 代表"是"。

Pclass：1，2，3 代表乘客的舱位等级，1 最高，3 最低。

Name：乘客姓名。

Sex：性别。

Age：年龄。

SibSp：Sibling 代表有兄弟姐妹陪同，Spouse 代表有配偶陪同。

Parch：孩子有父母陪伴为 1，没有父母陪伴为 0。

Ticket：船票信息。

Fare：船票票价。

Cabin：舱位数字。

Embarked：登船港口：C = Cherbourg（瑟堡），Q = Queenstown（皇后镇），S = Southampton（南安普顿）。

4. 数据初窥

样本数量有 891 条，其中 Age、Cabin、Embarked 有缺失。海难发生后，该样本中生还者有 342 人，乘客平均获救的概率为 38%，乘客主要集中在二、三等舱，乘客平均年龄是 29.7 岁。

5. 乘客总体分布情况可视化

泰坦尼克号乘客总体分布如图 4-1 所示。

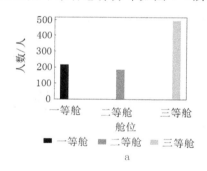
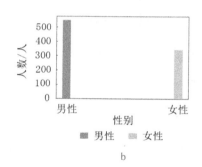

图 4-1　泰坦尼克号乘客总体分布

泰坦尼克号上有一、二、三等舱三种船舱类型。海难发生前，一等舱有 216 人，二等舱 184 人，三等舱 491 人。事故发生后，一等舱、二等舱、三等舱的乘客人数变为 136、87、119 人。一等舱生还率为 63%，二等舱生还率为 47%，三等舱生还率为 24%。可见客舱等级越高，生还率越高。

891 人中，男性共 577 人，女性 314 人。事故发生后，男性变为 109 人，女性变为 233 人。男性生还 109 人，生还率仅为 19%。女性生还 233 人，生还率为 74%，远远高于男性的 19%。可见女性比男性在这次事故中生还概率更大。

从港口生还率来看，C 港上船的生还率最高，Q 港上船的生还率次之，S 港上船的生还率最低。

6.舱位和获救关系

舱位和获救关系如图 4-2、图 4-3 所示。

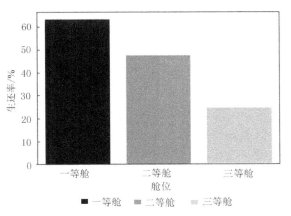

**图 4-2　舱位和获救关系柱状图**

**图 4-3　舱位和获救关系饼图**

事故发生后一等舱和二等舱获救概率大,三等舱死亡人数明显多于获救人数,获救概率小,可见客舱等级越高,生还率越高。

7.性别和获救关系

性别和获救关系如图 4-4 所示。

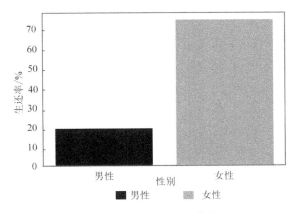

**图 4-4　性别和获救关系柱状图**

事故发生后,女性获救人数多于死亡人数,男性获救人数少于死亡人数,女性获救概率大。

8. 综合考虑性别、舱位、登船码头与生还概率的关系

样本数量为 891,海难发生后,生还者还剩 342 人,生还率为 38%。

泰坦尼克号上有一、二、三等舱三种船舱类型。海难发生前,一等舱有 216 人,二等舱有 184 人,三等舱有 491 人。事故发生后,一等舱、二等舱、三等舱的乘客人数变为 136、87、119 人。一等舱生还率为 63%,二等舱为 47%,三等舱为 24%。可见客舱等级越高,生还率越高。

891 人中,男性有 577 人,女性有 314 人。事故发生后,男性变为 109 人,女性变为 233 人。男性生还 109 人,生还率仅为 19%。女性生还 233 人,生还率为 74%,远远高于男性的 19%。可见女性比男性在这次事故中更容易生还。

S 港口生还人数最多,C 次之,Q 最少。从生还率来看,C 港上船的生还率最高,Q 港次之,S 港生还率最低。

| Embarked | Sex Pclass | female | male |
|---|---|---|---|
| C | 1 | 0.976744 | 0.404762 |
| | 2 | 1.000000 | 0.200000 |
| | 3 | 0.652174 | 0.232558 |
| Q | 1 | 1.000000 | 0.000000 |
| | 2 | 1.000000 | 0.000000 |
| | 3 | 0.727273 | 0.076923 |
| S | 1 | 0.958333 | 0.354430 |
| | 2 | 0.910448 | 0.154639 |
| | 3 | 0.375000 | 0.128302 |

图 4-5 性别、舱位、登船码头与生还概率关系的具体数据

9. 一些特别数据

(1)人数最多的家庭:Sage 一家,有 11 个人,大部分没有存活。
(2)年纪最小的乘客:一个 2 个月的女婴,当时幸存了下来。
(3)年纪最大的乘客:一位 80 岁高龄的老先生,当时幸存了下来。
(4)没有家人的小孩:不知为何没有登记父母的信息,还是真的没有父母陪同出行。
(5)同名的人:不确定是真的巧合同名,还是乘客登记信息有误。

10. 案例小结

泰坦尼克号事件发生距今已有 100 多年,即使是年龄最小的幸存者也早已不在人世。对冰冷的没有情感的数据进行分析解读,我们发现"物竞天择,适者生存"这样的大自然生存法则,在泰坦尼克号这样的灾难事件上却完全失去了作用。这一方面有个人运气的成分,另一方面也是由于船上的很多人把生存的机会留给了老人、妇女和儿童。

随着科技的发展,更为先进的探测、预警工具被研发,人工智能驾驶技术投入使用,以

后这样大型的灾难发生的概率可能会越来越小。一旦发生了,则影响个体存活的因素,除了科技救援手段外,还有群体的文明程度。

### 三、聚类

聚类分析将数据划分成有意义或有用的簇。如果目标是划分成有意义的组,则簇应当捕获数据的自然结构。聚类分析是一种分类的多元统计分析方法。按照个体或样品的特征将它们分类,使同一类别内的个体具有尽可能高的同质性(homogeneity),而类别之间则应具有尽可能高的异质性(heterogeneity)。

聚类是研究数据间逻辑上或物理上的相互关系的技术,其分析结果不仅可以揭示数据间的内在联系与区别,还可以为进一步的数据分析与知识发现提供重要依据。它是数据挖掘技术中的重要组成部分。

#### (一)聚类分析的应用

聚类分析是洞察数据分布的独立工具,也可以作为其他算法预处理或者中间处理环节的方法。一般而言,聚类分析包括以下几个方面。

(1)作为其他数据挖掘任务的关键中间环节用于构建数据概要,用于分类、模式识别、假设生成和测试;用于异常检测,检测远离群簇的点。

(2)用于数据摘要、数据压缩、数据降维,如图像处理中的矢量量化技术,可创建一个包含所有簇原型的表,即每个原型赋予一个整数值,作为它在表中的索引。每个对象用与它所在簇相关联的原型的索引表示。

(3)用于协同过滤,如用于推荐系统和用户细分。

(4)用于动态趋势检测,如对流数据进行聚类,检测动态趋势和模式。

(5)用于多媒体数据、生物数据、社交网络数据的应用。

举例来说,在商务上,聚类分析能帮助市场分析人员从客户基本库中发现不同的客户群,并且用不同的购买模式来刻画不同的消费群体的特征。在生物学上,聚类分析有助于推导植物和动物的种类,以及基因和蛋白质的分类,获得对种群中固定结构的认识。聚类分析通过对地球观测数据中相似地区的分析,可根据房屋的类型、价值和位置对一个城市中房屋的分类发挥作用。聚类也能用来对互联网上的文档进行分类,以发现有用的信息。聚类分析能作为一种独立的工具来获得数据分布的情况,观察每个簇的特点,并对某些特定的节点进一步加以分析。

#### (二)聚类算法的分类

聚类算法可以分为基于距离的方法[包括划分算法(partitioning methods)和层次算法(hierarchical methods)]、基于密度的方法(density-based methods)、基于网格的方法(grid-based methods)、基于模型的方法(model-based methods)。

1. 基于距离的方法

划分算法和层次算法可以看作是基于距离的聚类算法。

（1）划分算法

划分算法简单地将数据对象划分成不重叠的子集（簇），使得每个数据对象恰好在一个子集中。给定一个有 N 个元组或者记录的数据集，分裂法将构造 K 个分组，每一个分组就代表一个聚类，K<N。而且这 K 个分组满足下列条件。

①每一个分组至少包含一个数据记录。

②每一个数据记录属于且仅属于一个分组（这个要求在某些模糊聚类算法中可以放宽）。

对于给定的 K，算法首先给出一个初始的分组方法，以后通过反复迭代的方法改变分组，使得每一次改进之后的分组方案都较前一次好，而所谓好的标准就是：同一分组中的记录越近越好，而不同分组中的记录越远越好。

使用这个基本思想的算法有：K-means 算法、K-median 算法、K-medoids 算法、CLARANS（基于随机选择的聚类算法）算法。

（2）层次算法

层次算法是嵌套簇的集族，它会组织成一棵树。除叶子结点外，树中每一个结点（簇）都是其子女（子簇）的并，而树根是包含所有对象的簇。这种方法对给定的数据集进行层次似的分解，直到某种条件被满足为止。按层次分解的形成方式，层次算法可分为凝聚和分裂两大类。

层次算法中的代表算法有 BIRCH、CURE、ROCK、CHAMELEON 算法等。

2. 基于密度的方法

绝大多数划分方法基于对象之间的距离进行聚类，这样的方法只能发现球状的类，而在发现任意形状的类上有困难。因此，出现了基于密度的聚类方法，其主要思想是：只要邻近区域的密度（对象或数据点的数目）超过某个阈值，就继续聚类。也就是说，对给定类中的每个数据点，在一个给定范围的区域内必须至少包含某个数目的点。这样的方法可以过滤噪声数据，发现任意形状的类。但算法复杂度高，一般为 $O^{n^2}$，对于密度分布不均的数据集，往往得不到满意的聚类结果。

其代表算法有 DBSCAN、OPTICS 和 DENCLUE 等。

3. 基于网格的方法

基于网格的方法把对象空间量化为有限数目的单元，形成一个网格结构。所有的聚类操作都在这个网格结构（即量化空间）上进行。这种方法的主要优点是它的处理速度很快，其处理速度独立于数据对象的数目，只与量化空间中每一维的单元数目有关。但这种算法效率的提高是以聚类结果的精确性为代价的。

代表算法有 STING、CLIQUE、WAVE-CLUSTER 等。

4. 基于模型的方法

基于模型的聚类算法为每簇假定了一个模型，寻找数据对给定模型的最佳拟合。一个基于模型的算法可能通过构建反应数据点空间分布的密度函数来定位聚类。它也基于标准的统计数字自动决定聚类的数目，过滤"噪声"数据或孤立点，从而产生健壮的聚类方法。基于模型的聚类试图优化给定的数据和某些数据模型之间的适应性。这样的方法经常是基于这样的假设：数据是根据潜在的概率分布生成的。

基于模型的方法主要有两类：统计学方法和神经网络方法。其中,统计学方法有 COBWEB算法,神经网络方法有 SOM 算法。

## （三）K-means 聚类

K-means 算法是一种聚类算法,所谓聚类,即根据相似性原则,将具有较高相似度的数据对象划分至同一类簇,将具有较高相异度的数据对象划分至不同类簇。聚类与分类最大的区别在于,聚类过程为无监督过程,即待处理数据对象没有任何先验知识,而分类过程为有监督过程,即存在有先验知识的训练数据集。

K-means 算法中的 K 代表类簇个数,means 代表类簇内数据对象的均值(这种均值是一种对类簇中心的描述),因此,K-means 算法又称为 K-均值算法。K-means 算法是一种基于划分的聚类算法,以距离作为数据对象间相似性度量的标准,即数据对象间的距离越小,它们的相似性越高,则它们越有可能在同一个类簇。数据对象间距离的计算有很多种,K-means 算法通常采用欧氏距离来计算数据对象间的距离。

K-means 算法的优点是算法简单易实现。

K-means 算法的缺点是需要用户事先指定类簇个数,聚类结果对初始类簇中心的选取较为敏感,容易陷入局部最优,只能发现球形类簇。

## （四）案例 4-1： K-means 算法实现鸢尾花数据聚类

鸢尾花数据集(Iris)是一个比较特别的数据集,早在 1936 年罗纳德·费希尔就将此数据集用于数据挖掘实验。因为数据规范,该数据不存在清洗的过程。数据集里包含了 150 个个体,包含三种鸢尾花,分别是山鸢尾、变色鸢尾和弗吉尼亚鸢尾。每一个个体有四个特征,分别是花萼的长与宽及花瓣的长与宽。同时还有标签变量 target,表示鸢尾的种类,用 0、1、2 表示。相关数据如图 4-6 所示。

| bcalyx | scalyx | length | width | target |
|---|---|---|---|---|
| 5.1 | 3.5 | 1.4 | 0.2 | 0 |
| 4.9 | 3 | 1.4 | 0.2 | 0 |
| 4.7 | 3.2 | 1.3 | 0.2 | 0 |
| 4.6 | 3.1 | 1.5 | 0.2 | 0 |
| 5 | 3.6 | 1.4 | 0.2 | 0 |
| 5.4 | 3.9 | 1.7 | 0.4 | 0 |
| 4.6 | 3.4 | 1.4 | 0.3 | 0 |
| 5 | 3.4 | 1.5 | 0.2 | 0 |
| 4.4 | 2.9 | 1.4 | 0.2 | 0 |
| 4.9 | 3.1 | 1.5 | 0.1 | 0 |
| 5.4 | 3.7 | 1.5 | 0.2 | 0 |
| 4.8 | 3.4 | 1.6 | 0.2 | 0 |
| 4.8 | 3 | 1.4 | 0.1 | 0 |
| 4.3 | 3 | 1.1 | 0.1 | 0 |
| 5.8 | 4 | 1.2 | 0.2 | 0 |
| 5.7 | 4.4 | 1.5 | 0.4 | 0 |
| 5.4 | 3.9 | 1.3 | 0.4 | 0 |
| 5.1 | 3.5 | 1.4 | 0.3 | 0 |
| 5.7 | 3.8 | 1.7 | 0.3 | 0 |

**图 4-6　鸢尾花数据(部分)**

数据只包含 150 个个体,因此先将数据顺序打乱,取前 140 个作为训练集,最后 10 个作为测试集。

使用 K-means 算法,识别错误率为 10%。

从图 4-7(a)可以发现,直接拿鸢尾花四种特征进行聚类的效果其实并不理想。图 4-7(b)选取鸢尾花最后两个特征作为聚类数据,聚类的效果更好。

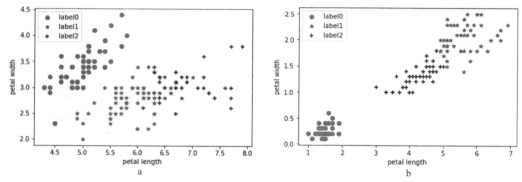

图 4-7　鸢尾花数据聚类结果对比

### (五)案例 4-2: K-means 算法实现篮球运动员数据聚类

篮球球员比赛的数据参见 http://sci2s.ugr.es/keel/dataset.php? cod=1293,总体分布数据如图 4-8 所示。

| Basketball data set | | | |
|---|---|---|---|
| Type | Unsupervised | Origin | Real world |
| Features | 5 | (Real / Integer / Nominal) | (3 / 2 / 0) |
| Instances | 96 | Missing values? | No |

图 4-8　篮球球员比赛的总体分布数据

篮球数据集(basketball dataset)主要包括 5 个特征(features),共 96 个实例(instances),如图 4-9 所示。

| Attribute | Domain |
|---|---|
| assists_per_minuteReal | [0.0494, 0.3437] |
| heightInteger | [160, 203] |
| time_playedReal | [10.08, 40.71] |
| ageInteger | [22, 37] |
| points_per_minuteReal | [0.1593, 0.8291] |

图 4-9　篮球球员比赛的记录量和字段数

属性(attribute)包含 5 个特征，即每分钟助攻数(assists_per_minute)、运动员身高(height)、运动员出场时间(time_played)、运动员年龄(age)和每分钟得分数(points_per_minute)。要求通过运动员的数据，判断他是什么位置。如果某些运动员得分高，他可能是得分后卫；如果某些运动员身高高或篮板多，他可能是中锋；助攻高的可能是控卫。

输出聚类结果，可以看到图 4-10 中最上方有一个点(A)，说明该球员的得分和助攻都比较高，相当于篮球界的"乔丹"；中间和右下角一部分助攻很高、得分低，可能是控卫。当然数据集越多，聚类的效果越好。

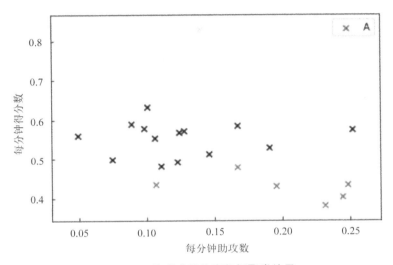

图 4-10　篮球球员比赛数据聚类结果

## 四、关联规则

在商场的购物数据中，常常可以看到多种物品同时出现，这背后隐藏着联合销售或打包销售的商机。关联规则分析(association rule analysis)就是为了发掘购物数据背后的商机而诞生的。关联规则的目的在于在一个数据集中找出项之间的关系，也被称为购物篮分析(market basket analysis)。例如，购买鞋的顾客中有 10％的人可能也会买袜子；买面包的顾客中的 60％也会买牛奶。关联规则最著名的案例要属"啤酒与尿布"的故事了。

### (一)基本概念

定义一个关联规则：A →B，其中 A 和 B 表示的是两个互斥事件，A 称为前因(antecedent)，B 称为后果(consequent)，上述关联规则表示 A 会导致 B。具体来说，在购物情形中，表示购买了 A 的顾客也会购买 B，那么商场就可以把 A、B 放在一起或者是打包销售。关联规则的强度可以用支持度和置信度计算和表示。

关联分析
方法原理

1. 置信度

置信度表示这条规则在多大程度上可信。设条件的项的集合为 A,结果的集合为 B。置信度计算在 A 中,同时也含有 B 的概率。

$$Confidence(A \rightarrow B) = P(B|A)$$

如果在含有橙子的 4 条交易中,仅有 2 条交易含有可乐,则计算"如果购买橙子则购买可乐"的置信度为 0.5。

2. 支持度

支持度是指计算在所有的交易集中,既有 A 又有 B 的概率。

例如在 5 条记录中,既有橙子又有可乐的记录有 2 条。则此条规则的支持度为2/5＝0.4。现在这条规则可表述为,如果一个顾客购买橙子,则有 50％的可能购买可乐,而这样的情况(即买了橙子会再买可乐)会有 40％发生的可能性。

3. 频集

这是指支持度大于预先定好的最小支持度的项集。

4. 强关联规则

强关联规则是指,如果存在一条关联规则,它的支持度和置信度都大于预先定义好的最小支持度与置信度,我们就称它为强关联规则。

## (二)Apriori 算法

Apriori 算法是一种最有影响的挖掘布尔关联规则频繁项集的算法。其核心在于基于两阶段频集思想的递推算法。该关联规则在分类上属于单维、单层、布尔关联规则。在这里,所有支持度大于最小支持度的项集被称为频繁项集,简称频集。

该算法的基本思想是:首先,找出所有的频集,其出现的频繁性至少和预定义的最小支持度一样。其次,由频集产生强关联规则,这些规则必须满足最小支持度和最小可信度。再次,使用第 1 步找到的频集产生期望的规则,产生只包含集合的项的所有规则,其中每一条规则的右部只有一项,这里采用的是中规则的定义。最后,一旦这些规则被生成,那么只有那些大于用户给定的最小可信度的规则才被留下来。为了生成所有频集,使用了递归的方法。

Apriori 算法的伪代码过程如下。

(1)首先生成所有单个物品的项集列表。

(2)遍历数据集中所有项集,将不满足最小支持度的项集去掉。

(3)对剩下的项集加以组合,生成包含两个元素的项集。

(4)重新遍历数据集,去掉不满足最小支持度的项集。

(5)重复 4 和 5,直到所有项集都被去掉。

## (三)算法应用

经典的关联规则数据挖掘算法 Apriori 算法广泛应用于各种领域,对数据的关联性进行分析和挖掘,发掘出的信息在决策制定过程中具有重要的参考价值。

Apriori 算法广泛应用于商业中,特别是对消费市场的价格分析中,它能够很快地求出各种产品之间的价格关系及其对消费者的影响。通过数据挖掘,商家可以瞄准目标客户,采用有针对性的市场推广活动或其他一些特殊的信息手段,从而极大地减少广告预算并增加收入。百货商场、超市和一些老牌的零售店也在进行数据挖掘,以便发掘这些年来顾客的消费习惯。

Apriori 算法也可应用于网络安全领域,比如应用于网络入侵检测技术中。早期中大型的电脑系统都会收集审计信息来建立跟踪档,这些审计跟踪的目的多是为了性能测试或计费,因此对攻击检测提供的有用信息比较少。它通过对模式的学习和训练可以发现网络用户的异常行为模式,使网络入侵检测系统可以快速地发现用户的行为模式,快速地锁定攻击者,提高了基于关联规则的入侵检测系统的检测效率。

Apriori 算法被应用于高校管理中。随着高校贫困生人数的不断增加,学校管理部门对贫困生的资助工作难度也越加增大。针对这一现象,一种基于数据挖掘算法的解决方法被提出了。将关联规则的 Apriori 算法应用到贫困助学体系中,并且对经典 Apriori 挖掘算法中存在的不足进行改进,先将事务数据库映射为一个布尔矩阵,用一种逐层递增的思想来动态地分配内存进行存储,再利用向量求"与"运算,寻找频繁项集。实验结果表明,改进后的 Apriori 算法在运行效率上有了很大的提升,挖掘出的规则也可以有效地辅助学校管理部门有针对性地开展贫困助学工作。

Apriori 算法还被广泛应用于移动通信领域。移动增值业务逐渐成为移动通信市场上最有活力、最具潜力、最受瞩目的业务。随着移动通信市场规模的不断扩大,越来越多的增值业务表现出强劲的发展势头,呈现出应用多元化、营销品牌化、管理集中化、合作纵深化的特点。针对这种趋势,Apriori 算法被很多公司采用。如某电信运营商正在建设增值业务 Web 数据仓库平台,可对来自移动增值业务方面的调查数据进行相关的挖掘处理,从而获得关于用户行为特征和需求的关系,间接反映出市场动态,这些信息在指导运营商的业务运营和辅助其进行决策等方面具有十分重要的参考价值。

## 五、回归分析

1889 年,英国著名统计学家弗朗西斯·高尔顿在研究父代与子代身高之间的关系时发现:身材较高的父母,他们的孩子也较高,但这些孩子的平均身高并没有他们父母的平均身高高;身材较矮的父母,他们的孩子也较矮,但这些孩子的平均身高却比他们父母的平均身高高。弗朗西斯·高尔顿把这种后代的身高向中间值靠近的趋势称为"回归现象"。后来人们把由一个变量的变化去推测另一个变量的变化的方法称为"回归方法"。

回归方法是统计学中最有力的工具之一。它用于连续型分布预测,针对的是数值型的样本,使用回归可以在给定输入的时候预测出一个数值,这是对分类方法的提升,因为这样可以预测连续型数据而不仅仅是离散的类别标签。

### (一)基本概念

回归分析(regression analysis)是确定两种或两种以上变量间相互依赖的定量关系的

一种统计分析方法,运用十分广泛。

按照数学上的定义来看,回归分析是指研究一组随机变量$(Y_1,Y_2,\cdots,Y_i)$和另一组变量$(X_1,X_2,\cdots,X_k)$之间关系的统计分析方法,又称多重回归分析。通常$Y_1$、$Y_2$、$\cdots$,$Y_i$是因变量,$X_1$、$X_2$、$\cdots$,$X_k$是自变量。

### (二)回归分析分类

回归分析按照涉及的变量的多少,分为一元回归和多元回归分析;按照因变量的多少,可分为简单回归分析和多重回归分析;按照自变量和因变量之间的关系类型,可分为线性回归分析和非线性回归分析。如果在回归分析中,只包括一个自变量和一个因变量,且二者的关系可用一条直线近似表示的,这种回归分析称为一元线性回归分析。如果回归分析中包括两个或两个以上的自变量,且自变量之间存在线性相关,则被称为多元线性回归分析。

首先将回归分析中的$Y$(因变量)进行数据类型区分,如果$Y$是定量且仅有1个(比如身高),通常我们会使用线性回归,如果$Y$为定类且1个(比如是否愿意购买苹果手机),此时叫Logistic回归,如果$Y$为定量且多个,此时应该使用PLS回归(即偏最小二乘回归)。

如果回归模型中$X$仅为1个,此时就称为简单线性回归或者一元线性回归;如果$X$有多个,此时称为多元线性回归。

如果$Y$为两类,如0和1(比如1为愿意和0为不愿意,1为购买和0为不购买),此时就叫二元Logistic回归;如果$Y$为多类,如1、2、3(比如有戴尔、联想、苹果电脑品牌),此时就叫多分类Logistic回归;如果$Y$为多类且有序,如1、2、3(比如1为不愿意,2为中立,3为愿意),此时可以使用有序Logistic回归。回归分析算法分类示意如图4-11所示。

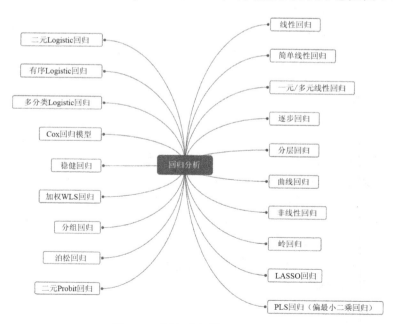

**图 4-11　回归分析算法分类示意**

在常见的回归分析中,线性回归和 Logistic 回归最为常见,也是当前研究最多,并且使用最为普遍,以及最为人接受和容易理解的研究方法。尤其是线性回归,其使用最为成熟、研究最多的回归方法,绝大多数生活现象均可使用线性回归进行研究;同时回归分析模型会有很多假定或者满足条件,如果不满足这些假定或者满足条件就会导致模型使用出错,此时就有对应的其他回归模型出来解决这些问题,因而跟随线性回归后面又有其他的回归分析。

线性回归研究 $X$ 对于 $Y$ 的影响,如果说有多个 $X$,希望让模型自动找出有意义的 $X$,此时就可以使用逐步回归分析。另外在一些管理类研究中会涉及中介作用或者调节作用,此时就可能使用到分层回归或者分组回归等。线性回归的前提是 $X$ 和 $Y$ 之间有着线性关系,但有的时候 $X$ 和 $Y$ 并不是线性关系,此时就有曲线回归和非线性回归这两种回归方法可供使用。曲线回归实质上是将曲线模型表达式转换成线性关系表达式进行研究,而非线性回归较为复杂,当然使用也非常少,其和线性回归完全不是一回事。泊松回归(poisson regression)是指 $Y$ 符合泊松分布特征时使用的回归研究模型。

### (三)回归分析步骤

(1)根据自变量与因变量的现有数据及关系,初步设定回归方程。

(2)求出合理的回归系数。

(3)进行相关性检验,确定相关系数。

(4)在符合相关性要求后,即可将已得的回归方程与具体条件相结合,来确定事物的未来状况,并计算预测值的置信区间。

### (四)线性回归

线性回归的优点是结果易于理解,计算不复杂;缺点是对非线性的数据拟合不好;适用数据类型为数值型和标称型。

回归分析中,如果只包括一个自变量和一个因变量,且二者的关系可用一条直线近似表示,这种回归分析被称为一元线性回归分析。如果回归分析中包括两个或两个以上的自变量,且因变量和自变量之间是线性关系,则称为多元线性回归分析。

一元线性回归方程的一般形式为 $Y=a+bX$,其中,$X$ 是自变量,$Y$ 是因变量,a、b 是一元线性回归方程的系数,a、b 的估计值应该是使误差平方和 $D(a,b)$ 取最小值的 a、b,公式为

$$D(a,b)=\sum_{i}^{n}=(y_i-a-bx_i)^2 \tag{4-1}$$

可以采用最小二乘法估计系数,为了使 $D(a,b)$ 取最小值,分别取 $D$ 关于 a、b 的偏导数,并令他们等于零

$$\frac{\partial D}{\partial a}=-2\sum_{i=1}^{n}=(y_i-a-bx_i)=0 \tag{4-2}$$

$$\frac{\partial D}{\partial b}=-2\sum_{i=1}^{n}=(y_i-a-bx_i)x_i=0 \tag{4-3}$$

求解上述方程组,得到唯一的一组解。

多元回归是指因变量 $Y$ 与多个自变量 $X_1, X_2, \cdots, X_p$ 有关。其一般形式为

$$Y = a + b_1 X_1 + \cdots\cdots + b_p X_p \tag{4-4}$$

同样采用最小二乘法估计系数。

### (五)案例 4-1:回归分析预测波士顿房价

波士顿房价数据集统计的是 20 世纪 70 年代中期波士顿郊区房价的中位数,统计了当时教区部分的犯罪率、房产税等共计 13 个指标,试图找到那些指标与房价的关系,相关数据如图 4-12 所示。

波士顿房价数据集中共有 506 组房屋数据,每组数据有 13 个特征。对象 $y$ 是房价中间值。

| | CRIM | ZN | INDUS | CHAS | NOX | RM | AGE | DIS | RAD | TAX | PTRATIO | B | LSTAT | PRICE |
|---|------|-----|-------|------|-------|-------|------|--------|-----|-------|---------|--------|-------|-------|
| 0 | 0.00632 | 18.0 | 2.31 | 0.0 | 0.538 | 6.575 | 65.2 | 4.0900 | 1.0 | 296.0 | 15.3 | 396.90 | 4.98 | 24.0 |
| 1 | 0.02731 | 0.0 | 7.07 | 0.0 | 0.469 | 6.421 | 78.9 | 4.9671 | 2.0 | 242.0 | 17.8 | 396.90 | 9.14 | 21.6 |
| 2 | 0.02729 | 0.0 | 7.07 | 0.0 | 0.469 | 7.185 | 61.1 | 4.9671 | 2.0 | 242.0 | 17.8 | 392.83 | 4.03 | 34.7 |
| 3 | 0.03237 | 0.0 | 2.18 | 0.0 | 0.458 | 6.998 | 45.8 | 6.0622 | 3.0 | 222.0 | 18.7 | 394.63 | 2.94 | 33.4 |
| 4 | 0.06905 | 0.0 | 2.18 | 0.0 | 0.458 | 7.147 | 54.2 | 6.0622 | 3.0 | 222.0 | 18.7 | 396.90 | 5.33 | 36.2 |

**图 4-12　波士顿房价数据示意(部分)**

1. 回归分析流程

(1)根据观察、统计或者业务需求,确定自变量 $x$ 和对象 $y$ 之间的关系式,也就是回归方程,并对方程的可信度进行统计检验。

(2)对自变量 $x$ 做显著性检验,判断哪些对于对象 $y$ 是有影响的因子。

(3)利用所建立的回归方程来预测未来时刻的预报对象,做出预测,并给出可信度区间。

2. 多元线性回归预测模型

```
array([−1.19858618e−01, 4.44233009e−02, 1.18612465e−02,
2.51295058e+00, −1.62710374e+01, 3.84909910e+00,
−9.85471557e−03, −1.50002715e+00, 2.41507916e−01,
−1.10671867e−02, −1.01897720e+00, 6.95273216e−03,
−4.88110587e−01])
```

我们建立线性回归模型进行房价的预测,此时得到的 score 为 1.0。13 个属性的权重值如上所示。权重值对于特征选择具有很强的指导意义。通常来说,权重的符号为一,表明它和目标(如房价)是负相关的,针对波士顿房价数据集,这样的权重会抑制房价。负值的绝对值越大,对房价的抑制程度就越大。反之,如果权重的符号为+,则表明它与房价呈正相关,其值越大,表明它对房价的提升效果越好。

接下来我们一起尝试理解若干特征的权重。权重 $w_1 = -0.12$,属性 CRIM 表示住房所在城镇的人均犯罪率。犯罪率越高的地区,周边的房价越低,权重 $w_1$ 和目标呈现负相关。

随后的三个权重都是正值(分别是 0.044、0.012 和 2.51),说明它们多少都能提升房价。其中,抑制房价最明显的是属性 NOX(一氧化氮的浓度),权重(抑制因子)达到 $-16.27$。基于常识可知,一氧化氮浓度越高,说明住房所在地的环境污染越严重。不难理解,谁也不想在一个污染严重的地方"安居置业"。

而对房价提升最明显的属性是 RM(每处住房的平均房间数量),权重为 3.849。这也是很容易理解,房间越多,通常来说房屋总面积就越大,而面积越大,总房价就高。

3. 计算评价指标

r2_score 为:1.0。
mae 为:4.269359902158972e$-$16。
mse 为:3.49687870981276684e$-$31。
rmse 为:5.913441223021303e$-$16。

# 六、分类

## (一)基本概念

分类是数据挖掘、机器学习和模式识别中一个重要的研究领域。解决分类问题的方法很多,单一的分类方法主要包括贝叶斯模型、决策树、支持向量机、K-近邻、神经网络和基于关联规则的分类等;另外还有用于组合单一分类方法的集成学习算法,如 Bagging 和 Boosting 等。数据分类包括两个阶段程,即学习阶段(构建分类模型)和分类阶段(使用模型预测给定数据的类标号)。

分类算法主要用来解决人群分类、新闻分类、商品分类、网页分类、垃圾邮件过滤、网页排序等问题。

## (二)常见的分类算法

1. 朴素贝叶斯模型(Naive Bayesian Model)

该算法是最简单的监督学习分类器,这个分类器模型是建立在每一个类别的特征向量服从正态分布的基础上的,因此也被称为概率分类器。整个分布函数被假设为一个高斯分布,每一类别一组系数。当给定了训练数据后,算法将会估计每一个类别的向量均值和方差矩阵,然后根据这些进行预测。

其特点是,如果没有很多数据,该模型会获得比很多复杂的模型更好的性能,因为复杂的模型用了太多假设,以致产生欠拟合。

2. 决策树[Decision Trees]

决策树是一种用于对实例进行分类的树形结构,同时也是一种依托于策略抉择而建立起来的树。决策树由节点(node)和有向边(directed edge)组成。节点的类型有两种:内部节点和叶子节点。其中,内部节点表示一个特征或属性的测试条件(用于分开具有不同特性的记录),叶子节点表示一个分类。

一旦构造了一个决策树模型,以它为基础来进行分类将是非常容易的。具体做法是,从根节点开始,对实例的某一特征进行测试,根据测试结果将实例分配到其子节点(也就是选择适当的分支);沿着该分支可能到达叶子节点或者到达另一个内部节点时,那么就使用新的测试条件递归执行下去,直到抵达一个叶子节点;当到达叶子节点时,我们便得到了最终的分类结果。

决策树算法的优点是计算量相对较小,且容易转化成分类规则,挖掘出的分类规则准确性高,便于理解,决策树可以清晰地显示哪些字段比较重要。但缺点是由于进行深度优先搜索,所以算法受内存大小限制,难于处理大训练集;对连续性的字段比较难做出准确的预测。

3. 支持向量机[Support Vector Machines(SVM)]

SVM 是一种基于核函数的方法,它通过某些核函数把特征向量映射到高维空间,然后建立一个线性判别函数。最优解在某种意义上是两类中距离分割面最近的特征向量和分割面的距离最大化。离分割面最近的特征向量被称为"支持向量",意即其他向量不影响分割面(决策函数)。

其特点是,当数据集合比较小的时候,支持向量机的效果常常最好。对于核来说,不仅仅只存在于 SVM 内,对于任意的算法,只要计算时出现了内积的,都可以用核函数替代,从而提高在高维数据上的性能。

4. K-近邻[K-Nearest Neighbors(KNN)]

该算法首先存储所有的训练样本,然后通过分析(包括选举、计算加权和等方式)一个新样本周围 K 个最近邻,再把新样本标记为在 K 近邻点中频率最高的类。

其特点是简单有效,但因为需要存储所有的训练集,占用内存大,速度比较慢。使用该方法前通常将训练集先聚类来降低数据大小。

5. 神经网络(Neural Networks)

神经网络是针对非线性可分数据的分类方法。与输入直接相连的称为隐藏层(hidden layer),与输出直接相连的称为输出层(output layer)。

其特点是不知道隐藏层计算的东西的意义,有比较多的局部最优值,可以通过多次随机设定初始值,然后运行梯度下降算法,获得最优值。

6. 集成学习(Boosting)

集成学习是个非常强大的学习方法,它也是一个监督的分类学习方法。它组合许多"弱"分类器来产生一个强大的分类器组。一个弱分类器的性能只是比随机选择好一点,因此它可以被设计得非常简单并且不会有太大的计算花费。Boosting 分类器和随机森林在内部使用了决策树,所以继承了决策树的很多有用的性质,能够处理混合数据模型、没有归一化的数据、特征丢失等情况。

其特点是简单,不容易发生过拟合,不用做特征筛选。

7. 随机森林(Random Trees)

随机森林既可以解决回归问题,也可以解决分类问题。随机森林可以通过收集很多树的子节点对各个类别投票,然后选择获得最多投票的类别作为判断结果。它通过计算"森林"的所有子节点值的平均值来解决回归问题。

随机森林建立时的基本子系统也是决策树。它在建立决策树时会一直继续下去直到数据纯净,因此,尽管每个树都很好地学习了训练数据,但各个树之间仍有很大的不同。我们把这些树放到一起求平均以消除这些不同(因此叫随机森林)。随机森林通过在树的建立过程中,随机选择特征子集来使各个树不同。例如,一个目标识别树可以有很多可能的特征,如颜色、质地、倾斜度等。树的每个节点可以从这些特征中随机选择子集,来决定怎样更好地分裂数据。每个后来的节点都获得新的、随机选择的特征子集。

与集成学习及决策树相比,随机森林可以使用更少的重要变量,获得最好的预测性能。即可以收缩特征集的大小,在不损失性能的前提下减少计算量和内存。

### (三)决策树

1. 基本概念

决策树又称为判定树,是一种以树结构(包括二叉树和多叉树)形式表达的预测分析模型。分类决策树模型是一种描述对实例进行分类的树形结构,决策树由节点和有向边组成。节点有两种类型:内部结点和叶节点。内部节点表示一个特征或属性,叶节点表示一个类,如图 4-13 所示。

(1)通过把实例从根节点排列到某个叶子节点来分类实例。

(2)叶子节点为实例所属的分类。

(3)树上每个节点说明了对实例的某个属性的测试,节点的每个后继分支对应于该属性的一个可能值。

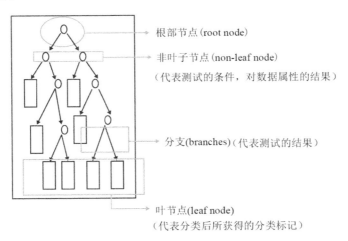

**图 4-13　决策树的结构**

2. 决策树算法特点

决策树学习的算法通常是一个递归地选择最优特征,并根据该特征对训练数据进行分割,使得各个子数据集有一个最好的分类的过程。其算法有以下特点。

（1）有监督的学习。

（2）非参数学习算法。

（3）以自顶向下递归方式构造决策树。

（4）在每一步选择中都采取在当前状态下最好/优的选择。

在决策树算法中 ID3、C4.5CART 算法最为经典。ID3 基于信息增益作为属性选择的度量，C4.5 基于信息增益比作为属性选择的度量，CART 基于基尼指数作为属性选择的度量。

3. 决策树算法的优缺点

（1）优点

①速度快：计算量相对较小，且容易转化成分类规则。只要沿着树根向下一直走到叶，沿途的分裂条件就能够唯一确定一条分类的谓词。

②准确性高：挖掘出来的分类规则准确性高，便于理解，决策树可以清晰地显示哪些字段比较重要，即可以生成易于理解的规则。

③可以处理连续和种类字段。

④不需要任何领域知识和参数假设。

⑤适合高维数据。

（2）缺点

①对于各类别样本数量不一致的数据，信息增益偏向于那些数值更多的特征。

②容易过拟合。

③容易忽略属性之间的相关性。

4. 决策树数学知识

（1）信息论

假若一事有 $k$ 种结果，对应概率为 $P_i$，则此事件发生后所得到的信息量 $I$ 为

$$I = -\left[P_1 \times \log_2(P_1) + P_2 \times \log_2(P_2) + \cdots\cdots + P_k \times \log_2(P_k)\right]$$

$$= -\sum_{i=1}^{n} P_i \log_2(P_i) \tag{4-5}$$

（2）熵

给定包含关于某个目标概念的正反样例的样例集 S，那么 S 相对这个布尔型分类的熵为

$$Entropy(S) = -p_{\oplus} \times \log_2(p_{\oplus}) - p_{\oplus} \times \log_2(p_{\oplus}) \tag{4-6}$$

其中，$p_{\oplus}$ 代表正样例，$p_{\oplus}$ 代表反样例。

（3）条件熵

假设随机变量 $(x, y)$，其联合分布概率为 $P(X = x_i, Y = y_i) = P_{ij}, i = 1, 2, \cdots, n; j = 1, 2, \cdots, m$，则条件熵 $H(Y|X)$ 表示在已知随机变量 $X$ 的条件下随机变量 $Y$ 的不确定性，其定义为 $X$ 在给定条件下 $Y$ 的条件概率分布的熵对 $X$ 的数学期望，公式为

$$H(X \mid Y) = \sum_{i=1}^{n} p_i H(Y \mid X = x_i) \tag{4-7}$$

5. 决策树的构造过程

决策树的构造过程一般分为三个部分,分别是特征选择、决策树生成和决策树裁剪。

(1)特征选择

特征选择表示从众多的特征中选择一个特征作为当前节点分裂的标准,如何选择特征有不同的量化评估方法,从而衍生出不同的决策树,如 ID3(通过信息增益选择特征)、C4.5(通过信息增益比选择特征)、CART(通过基尼指数选择特征)等。目的是使用某特征对数据集划分之后,各数据子集的纯度要比划分前的数据集的纯度高(也就是不确定性要比划分前数据集的不确定性低)。

(2)决策树的生成

根据选择的特征评估标准,从上至下递归地生成子节点,直到数据集不可分则决策树停止生长。这个过程实际上就是使用满足划分准则的特征不断地将数据集划分成纯度更高、不确定性更小的子集的过程。对于当前数据集的每一次划分,都希望根据某个特征划分之后的各个子集的纯度更高、不确定性更小。

(3)决策树裁剪

决策树容易过拟合,一般需要剪枝来缩小树结构规模、缓解过拟合。

# 七、时间序列

时间序列分析
方法原理

## (一)基本概念

时间序列也称动态序列,是指将某种现象的指标数值按照时间顺序排列而成的数值序列。大量的社会经济统计指标都是依据年、季度、月、日,甚至实时(秒)统计的,因此,时间序列是某个统计指标(变量)长期变动的数值表现。

时间序列由两个组成要素构成:第一个要素是时间要素,第二个要素是数值要素。序列要素根据时间和数值性质的不同,可以分为时期时间序列和时点时间序列。

例如某间食杂店的销售额时间序列,就是时期时间序列,统计的是在每一年内该食杂店的销售总额(见表4-1)。

表 4-1　食杂店的销售额记录

| 年份 | 销售收入/万元 |
| --- | --- |
| 2012 | 32.0 |
| 2013 | 35.0 |
| 2014 | 40.0 |
| 2015 | 42.8 |
| 2016 | 47.0 |

又如某家制造工厂的动能部门,表 4-2 的数据表示锅炉的分时温度。每隔一个小时,系统自动记录一次锅炉的实时温度。可以发现,这里的温度数据是某个时间点的实时数据,所以该时间序列为时点时间序列。

表 4-2　锅炉的分时温度记录

| 时间 | 温度/℃ |
| --- | --- |
| 14:00 | 185.4 |
| 15:00 | 187.3 |
| 16:00 | 186.6 |
| 17:00 | 186.9 |
| 18:00 | 185.2 |

时间序列可以反映某个现象的发展变化状态。通过对时间序列的分析,可以反映现象发展变化的趋势和规律,再通过对影响时间序列的各种因素进行测定,可以进一步解释现象变化的内在原因,为预测和决策提供可靠的数据支持。

### (二)时间序列分解模型

#### 1. 时间序列的四种变动情况

因为时间序列是某个指标数值长期变化的数值表现,所以时间序列数值变化背后必然蕴含着数值变化的规律,这些规律就是时间序列分析的切入点。一般情况下,时间序列的数值变化规律有以下四种:长期变动趋势、季节变动规律、周期变动规律和不规则变动。不同的数值变化规律是由不同影响因素决定的。这些影响因素有长期起作用的因素,也有短期因素;有可以预知和控制的因素,也有未知和不可控制的因素;这些因素相互作用和影响,从而使时间序列的变化趋势呈现不同的特点。根据影响因素对时间序列数值变化趋势的不同影响情况,可以分为四种影响因素:长期趋势影响因素、季节变动影响因素、循环变动影响因素和不规则变动影响因素。相应地,也就有长期趋势、季节变动、循环变动、不规则变动四种变动情况。

(1)长期趋势

长期趋势指的是统计指标在相当长的一段时间内,受到长期趋势影响因素的影响,表现出持续上升或持续下降的趋势,通常用字母 T 表示。例如,随着国家经济的发展,人均收入将逐渐提升;随着科学技术的发展,劳动生产率也不断提高。

(2)季节变动

季节变动是指由于季节的转变使得指标数值发生周期性变动。由此可见,指标数值的季节变动是以年为周期的,一般以月、季、周为时间单位,不能以年作单位,通常用 S 表示。引起季节变动的因素有自然因素,也有人为因素。例如,蔬菜食品价格、棉衣销售量都会随着季节气温的变化而周期变化;每年的长假("五一"黄金周、"十一"黄金周、春节)都会引起出行人数的大量增加。

（3）循环变动

循环变动与季节变动的周期不同,循环变动通常以若干年为周期,在曲线图上表现为波浪式的周期变动。这种周期变动的特征变现为增加和减少交替出现。最典型的周期案例就是市场经济的商业周期。

（4）不规则变动

不规则变动是由某些随机因素导致的数值变化,这些因素的作用是不可预知和没有规律性的,因此对数值的变化影响变形为不规则变动。

以上四种变动就是时间序列数值变化的分解结果。

2. 时间序列四种变动与指标数值最终变动的关系

有时这些变动会同时出现在一个时间序列里面,有时也可能只出现一种或几种,这是由引起各种变动的影响因素决定的。正是由于变动组合的不确定性,时间序列的数值变化才千变万化。四种变动与指标数值最终变动的关系可能是叠加关系,也可能是乘积关系。

（1）叠加模型

如果四种变动之间是相互独立的关系,那么叠加模型可以表示为

$$Y = T + S + C + I \tag{4-8}$$

其中 $Y$ 表示指标数值的最终变动,$T$ 表示长期趋势变动,$S$ 表示季节变动,$C$ 表示循环变动,$I$ 表示不规则变动。

（2）乘积模型

如果四种变动之间存在相互影响关系,那么应该使用乘积模型

$$Y = T \times S \times C \times I \tag{4-9}$$

其中 $Y$ 表示指标数值的最终变动,$T$ 表示长期趋势变动,$S$ 表示季节变动,$C$ 表示循环变动,$I$ 表示不规则变动。

反映在具体的时间序列图上,如果随着时间的推移,序列的季节波动变得越来越大,则反映各种变动之间的关系发生变化,建议使用乘积模型;反之,如果时间序列图的波动保持恒定,则可以直接使用叠加模型。

## （三）时间序列分析

时间序列分析分成两种形式:第一种是传统的时间序列分析方法,研究时间序列是否能被分解成上面介绍的四种变动,并解析引起每种变动的影响因素。第二种是时间序列模型解析法,常用的时间序列模型有自回归(AR)模型、移动平均(MA)模型、自回归移动平均(ARMA)模型等。

1. 传统的时间序列分析方法

（1）长期趋势分析

长期趋势是由根本性原因引起的,客观现象在一个相当长的时间内所呈现出来的持续性增加或减少的一种趋向和状态。研究长期趋势主要是为了认识和掌握现象发展的规律性,为统计预测提供必要条件;同时,也是为了将其从时间序列中剔除,以便分析其他因

素对时间序列的影响。

测定长期趋势的方法有很多,这里我们主要讲移动平均法。

移动平均法的实质是通过对变量值进行平均的方法,对原来的时间序列进行修匀,以消除季节变动、不规则变动等其他因素对序列产生的影响。移动平均法又可以分为简单移动平均、加权移动平均和指数平滑法三种形式。

①简单移动平均

简单移动平均的基本过程如下:首先,确定移动的项数$k$,即每次平均时所包含的变量值的个数;其次,从时间序列的第一个变量值开始,每次向后移动一项,分别计算出$k$各数值的序时平均数;最后,将计算出来的每个移动平均数的数值与它所对应的时间对应排列,编制成一个新的时间序列。

某玩具公司2007—2015年的销售数据及其三项移动平均数据如表4-3所示。

从表4-3可以看出,对原时间数列来说,总的趋势是逐年增加,但对于个别年份来说,有下降的情况。这是由一些不可知的偶然因素造成的,为消除这种偶然因素的影响,可以进行移动平均。进行移动平均后得到新的时间序列没有上下起伏波动,可以明显反映销售量变化的总趋势。

表 4-3　某玩具公司 2007—2015 年的销售数据及三项移动平均数

| 销售年 | 销售量/万件 | 三项移动总和 | 三项移动平均 |
|---|---|---|---|
| 2007 | 5 | — | — |
| 2008 | 7 | 22 | 7.33 |
| 2009 | 10 | 30 | 10.00 |
| 2010 | 13 | 38 | 12.67 |
| 2011 | 15 | 44 | 14.67 |
| 2012 | 16 | 45 | 15.00 |
| 2013 | 14 | 46 | 15.33 |
| 2014 | 16 | 48 | 16.00 |
| 2015 | 18 | — | — |

应用移动平均法进行趋势分析有几个注意点:第一,应合理选择移动项数。移动项数越多,修匀效果越好,但新时间序列项数少,不利于进行长期趋势分析;反之,移动项数越少新序列项数多,修匀效果不好。所以应根据所研究对象的具体特点,来确定移动的项数。如果原序列指标数值有周期性变化,应以周期的长度作为移动的项数。例如,季度资料作四项移动平均,月资料作十二项移动平均,这样可以消除周期性的季节影响。第二,利用平均法进行长期趋势分析时要有足够的资料,否则不能如实反映现象固有的变化趋势,这也是进行长期趋势分析的前提条件。第三,移动平均后的数值要与序数列时间对应。如果是奇数项,平均数落在中间项上,例如,进行3项移动平均,移动平均数落在第2项$[(k+1)/2]$;如果是偶数项,平均数落在两项中间,还应进行项数为2的移动平均,如表4-4所示。

表 4-4　某玩具公司 2007—2015 年的销售数据及二项移动平均数据

| 销售年 | 销售量/万件 | 四项移动总和 | 二项移动平均 |
|---|---|---|---|
| 2007 | 5 | — | — |
| 2008 | 7 | 8.75 | — |
| 2009 | 10 | 11.25 | 10.00 |
| 2010 | 13 | 13.50 | 12.38 |
| 2011 | 15 | 14.50 | 14.00 |
| 2012 | 16 | 15.25 | 14.88 |
| 2013 | 14 | 16.00 | 15.63 |
| 2014 | 16 | — | — |
| 2015 | 18 | — | — |

移动平均法一般只适用于具有直线趋势的时间序列。

②加权移动平均法

简单移动平均法对每个观测值都用相同的权数,即假定过去各期的资料对预测期的影响程度相同。但在加权移动平均中,每个观测值被赋予相应的权重。例如,在大多数情况下,越近的资料应该有越大的权重,而较远的资料的权重较低。

还是以上面例题作解,采用三项加权移动平均,最近时期观测值的权数为最远时期观测值的 3 倍,中间时期观测值的权数为最远时期的 2 倍,结果如表 4-5 所示。

表 4-5　某玩具公司 2007—2015 年的销售数据及三项加权移动平均数

| 销售年 | 销售量/万件 | 三项移动总和 | 三项加权移动平均 |
|---|---|---|---|
| 2007 | 5 | — | — |
| 2008 | 7 | 49 | 8.17 |
| 2009 | 10 | 66 | 11.00 |
| 2010 | 13 | 81 | 13.50 |
| 2011 | 15 | 91 | 15.17 |
| 2012 | 16 | 89 | 14.83 |
| 2013 | 14 | 92 | 15.33 |
| 2014 | 16 | 100 | 16.67 |
| 2015 | 18 | — | — |

以第一项为例说明:$1/6 \times 5 + 2/6 \times 7 + 3/6 \times 10 \approx 8.17$。如果相信较近时期的历史资料比较时期远的历史资料对预测未来更合适,则应该给予较近的资料更大的权重。对于波动很大的时间序列,用相等的权重较合适。

③指数平滑法

指数平滑法是加权移动平均法的一种特殊情形。只选择一个权数,即最近时期观测值的权数,其他时期数据值的权数可以自动推算出来,观测值离预测时期越远,它的权数就越小。由于数据特点不同,变动趋势也有差异,分析时应区分情况,选择不同的分析模型,才能更好地反映现象的趋势特征。

方法一:通过散点图确定使用哪一种分析模型,这种方法很不精确,有时难以区别趋势类型。

方法二:结合时间序列的特征分析,当所研究现象的一次差(数列逐期增加量或减少量)大致相同,适用直线进行趋势分析;当所研究现象的二次差(一次差基础上再逐期相减)大致相同,使用二次方程曲线进行分析;当所研究对象的环比速度大致相同时,则指数曲线较为合适。

(2)季节变动分析

季节变动是非常重要的影响因素,分析季节变动可使生产企业根据季节的变化,合理储备各种生产原料,以保障生产正常进行,也可以使商业企业合理进货,从而合理控制现金流。另外,通过对季节变化的分析测定,消除季节因素对时间序列的影响,以反映其他因素变化。

季节变动分析是以月或季为单位的时间数列,测定以年为周期随季节转变而发生的有规律的周期变动。为了消除偶然因素影响,一般应使用多年(至少 3 年)的历史资料。

分析季节变动的方法很多,本书介绍两种:同期平均法和长期趋势剔除法。

①同期平均法

同期平均法计算简单,容易理解,表 4-6 为某玩具公司 2011—2015 年季节分析计算。

表 4-6　某玩具公司 2011—2015 年季节分析计算表

| 季度 | 年份 | | | | | 合计 | 同季平均 | 季节指数/% |
| --- | --- | --- | --- | --- | --- | --- | --- | --- |
| | 2011 | 2012 | 2013 | 2014 | 2015 | | | |
| 1 | 14 | 18 | 19 | 20 | 28 | 99 | 19.80 | 74.86 |
| 2 | 24 | 25 | 26 | 34 | 40 | 149 | 29.80 | 112.67 |
| 3 | 12 | 15 | 14 | 20 | 26 | 87 | 17.40 | 65.78 |
| 4 | 34 | 36 | 38 | 39 | 47 | 194 | 38.80 | 146.69 |
| 合计 | 84 | 94 | 97 | 113 | 141 | 529 | 26.45 | 400.00 |

从表 4-6 中可以清楚知道每个季度的季度指数。但是这种方法计算的结果误差较大,因为这种方法没有考虑到长期趋势变化的影响,从表 4-6 的合计中可以看出,每年数据都在上升,有明显的长期趋势影响。如果只分析季节变化,应该对长期趋势的影响予以剔除。

②长期趋势剔除法

这种方法是先确定出各期的趋势值,然后再从观测值中剔除趋势值,从而测定季节指数。下面举例说明(见表 4-7)。

### 表 4-7　某公司 2011—2015 年销售数据

| 年份 | 月份 | | | | | | | | | | | |
|---|---|---|---|---|---|---|---|---|---|---|---|---|
| | 1 | 2 | 3 | 4 | 5 | 6 | 7 | 8 | 9 | 10 | 11 | 12 |
| 2011 | 2 | 4 | 8 | 10 | 10 | 1 | 4 | 7 | 4 | 10 | 10 | 14 |
| 2012 | 5 | 6 | 7 | 10 | 9 | 6 | 2 | 5 | 8 | 10 | 11 | 15 |
| 2013 | 4 | 7 | 8 | 11 | 9 | 8 | 21 | 4 | 7 | 10 | 11 | 17 |
| 2014 | 6 | 5 | 7 | 10 | 9 | 7 | 1 | 4 | 9 | 11 | 11 | 17 |
| 2015 | 10 | 12 | 15 | 20 | 18 | 14 | 3 | 7 | 11 | 17 | 22 | 28 |

从图 4-14 看,虽然每年的数据起伏波动较大,但是这种波动具有明显的规律性,即每年第一季度和第三季度的销售量相对较低,而第二季度和第四季度的销售量相对较高,这说明销售量的变化受季节变动的影响较大。同时随着时间的推移,销售量又逐年增加,这说明销售量的变化也受长期趋势的影响。因而,为了准确地确定季节指数,就需要剔除长期趋势对销售量的影响,即应该采用长期趋势剔除法。

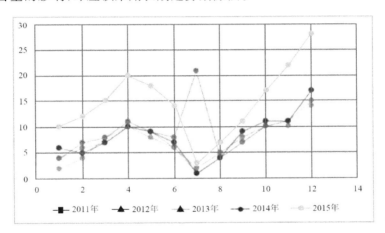

**图 4-14　某公司 2011—2015 年销售折线图**

具体分析步骤如下。

第一步,对给定的序列先进行四项(以季为单位的资料)或十二项(以月为单位)的移动平均,从而消除不规则变动($I$)和季节变动($S$)影响,得到趋势分量($T$)和循环分量($C$),如表 4-8 所示。

### 表 4-8　某公司销售数据的趋势分量和循环分量

| 月份 | 2011 销售额 $y$ | 2011 十二项移动平均数 | 2011 移正平均值 $T\cdot C$ | 2012 销售额 $y$ | 2012 十二项移动平均数 | 2012 移正平均值 $T\cdot C$ | 2013 销售额 $y$ | 2013 十二项移动平均数 | 2013 移正平均值 $T\cdot C$ | 2014 销售额 $y$ | 2014 十二项移动平均数 | 2014 移正平均值 $T\cdot C$ | 2015 销售额 $y$ | 2015 十二项移动平均数 | 2015 移正平均值 $T\cdot C$ |
|---|---|---|---|---|---|---|---|---|---|---|---|---|---|---|---|
| 1 | 2 | | | 5 | 7.42 | 7.460 | 4 | 8.17 | 8.935 | 6 | 9.50 | 8.705 | 10 | 11.83 | 11.915 |
| 2 | 4 | | | 6 | 7.50 | 7.540 | 7 | 9.75 | 9.708 | 5 | 7.83 | 7.833 | 12 | 12.00 | 12.125 |
| 3 | 8 | | | 7 | 7.58 | 7.625 | 8 | 9.67 | 9.625 | 7 | 7.83 | 7.917 | 15 | 12.25 | 12.333 |
| 4 | 10 | | | 10 | 7.67 | 7.670 | 11 | 9.58 | 9.583 | 10 | 8.00 | 8.042 | 20 | 12.42 | 12.667 |
| 5 | 10 | | | 9 | 7.67 | 7.710 | 9 | 9.58 | 9.583 | 9 | 8.08 | 8.083 | 18 | 12.92 | 13.375 |
| 6 | 1 | | | 6 | 7.75 | 7.790 | 8 | 9.58 | 9.667 | 7 | 8.08 | 8.083 | 14 | 13.83 | 14.292 |
| 7 | 4 | 7.00 | 7.125 | 2 | 7.75 | 7.790 | 21 | 9.75 | 9.833 | 1 | 8.08 | 8.250 | 3 | 14.75 | |
| 8 | 7 | 7.25 | 7.335 | 5 | 7.83 | 7.792 | 4 | 9.92 | 9.833 | 4 | 8.42 | 8.708 | 7 | | |
| 9 | 4 | 7.42 | 7.375 | 8 | 7.75 | 7.875 | 7 | 9.75 | 9.708 | 9 | 9.00 | 9.333 | 11 | | |
| 10 | 10 | 7.33 | 7.330 | 10 | 7.92 | 7.958 | 10 | 9.67 | 9.625 | 11 | 9.67 | 10.083 | 17 | | |
| 11 | 10 | 7.33 | 7.375 | 11 | 8.00 | 8.000 | 11 | 9.58 | 9.583 | 11 | 10.50 | 10.875 | 22 | | |
| 12 | 14 | 7.42 | 7.420 | 15 | 8.00 | 8.060 | 17 | 9.58 | 9.540 | 17 | 11.25 | 11.540 | 28 | | |

第二步,从原序列中剔除长期趋势和循环分量影响,分离出季节分量和不规则分量,即

$$S \times I = Y/(T \times C) \tag{4-10}$$

例如:2011 年 7 月数据,$S \times I = Y/(T \times C) = 1/7.125 = 14.04\%$。

表 4-9 某公司 2011—2015 年销售数据的季节分量和不规则分量

| 月份 | 年份 | | | | | 调整前季节指数 | 调整后季节指数 |
|---|---|---|---|---|---|---|---|
| | 2011 | 2012 | 2013 | 2014 | 2015 | | |
| 1 | — | 67.02% | 44.77% | 68.93% | 83.93% | 66.16% | — |
| 2 | — | 79.58% | 72.10% | 63.83% | 98.97% | 78.62% | — |
| 3 | — | 91.80% | 83.12% | 88.42% | 121.62% | 96.24% | — |
| 4 | — | 130.38% | 114.78% | 124.35% | 157.89% | 131.85% | — |
| 5 | — | 116.73% | 93.91% | 111.34% | 134.58% | 114.14% | — |
| 6 | — | 77.02% | 82.76% | 86.60% | 97.96% | 86.08% | — |
| 7 | 14.04% | 25.67% | 213.56% | 12.12% | — | 66.35% | — |
| 8 | 54.53% | 64.17% | 40.68% | 45.93% | — | 51.33% | — |
| 9 | 94.92% | 101.59% | 72.10% | 96.43% | — | 91.26% | — |
| 10 | 136.43% | 125.65% | 103.90% | 109.09% | — | 118.77% | — |
| 11 | 135.59% | 137.50% | 114.78% | 101.15% | — | 122.26% | — |
| 12 | 188.68% | 186.10% | 178.20% | 147.31% | — | 175.07% | — |
| 合计 | 1198.13% | | | | | 1200.00% | — |

第三步,从季节分量和不规则分量($S \times I$)中应用平均法消除由于偶然因素引起的不规则变动的影响,分离出季节指数($S$)。

a. 调整前季节指数

每年同一个月的均值,例如 2011—2014 年 1 月的均值为:$(67.02\% + 44.77\% + 68.93\% + 83.93\%)/4 = 66.16\%$,即将季节分量和不规则分量经过简单平均消除不规则变动的影响后,分离出调整前季节分量。

b. 调整后季节指数

从理论上说,如果没有季节因素影响,各期季节指数都应该是 100%,12 个月的季节指数之和应为 1200.00%,实际为 1198.13%,所以调整系数为:调整系数 = 1200.00%/1198.13% = 1.00016。然后用调整系数乘以调整前季节指数得到调整后指数,计算结果如表 4-10 所示。

表 4-10 某公司 2014—2015 年销售数据的调整后季节指数

| 月份 | 年份 | | | | | 调整前季节指数 | 调整后季节指数 |
|---|---|---|---|---|---|---|---|
| | 2011 | 2012 | 2013 | 2014 | 2015 | | |
| 1 | — | 67.02% | 44.77% | 68.93% | 83.93% | 66.16% | 66.26% |
| 2 | — | 79.58% | 72.10% | 63.83% | 98.97% | 78.62% | 78.74% |
| 3 | — | 91.80% | 83.12% | 88.42% | 121.62% | 96.24% | 96.39% |

| 月份 | 年份 | | | | | 调整前季节指数 | 调整后季节指数 |
| --- | --- | --- | --- | --- | --- | --- | --- |
| | 2011 | 2012 | 2013 | 2014 | 2015 | | |
| 4 | — | 130.8% | 114.78% | 124.35% | 157.89% | 131.85% | 132.06% |
| 5 | — | 116.73% | 93.91% | 111.34% | 134.58% | 114.14% | 114.32% |
| 6 | — | 77.02% | 82.76% | 86.60% | 97.96% | 86.08% | 86.22% |
| 7 | 14.04% | 25.67% | 213.56% | 12.12% | — | 66.35% | 66.45% |
| 8 | 54.53% | 64.17% | 40.68% | 45.93% | — | 51.33% | 51.41% |
| 9 | 94.92% | 101.59% | 72.10% | 96.43% | — | 91.26% | 91.40% |
| 10 | 136.43% | 125.65% | 103.90% | 109.09% | — | 118.77% | 118.95% |
| 11 | 135.59% | 137.50% | 114.78% | 101.15% | — | 122.26% | 122.45% |
| 12 | 118.68% | 186.10% | 178.20% | 147.31% | — | 175.07% | 175.35% |
| 合计 | 1198.13% | | | | | 1200.00% | — |

（3）循环变动和不规则变动分析

循环变动是指一年以上的周期内，时间序列沿着长期趋势直线上下波动变化。循环变动分析过程如下。

①首先将原始数据（按月、季、天等）构成的时间序列，调整为以年为单位的时间序列。因为在影响时间序列的四种因素中，季节变动是一年内的有规律变化，不影响其他年份，所以使用以年为周期的时间序列消除了季节变动影响，只反映长期趋势、循环变动和不规则变动的影响。

②利用趋势方程确定长期趋势 $T$。

③不规则变动假定为随机变量，在一段时间上的变化总量趋于 0。

④确定循环变动 $C$。

循环变动可以用趋势百分数表示，趋势百分数 $(C)$ ＝实际观测值 $(Y)$ /长期趋势值 $(T)\times100\%$。

某公司 2007—2015 年的销售情况如表 4-11 所示。

表 4-11　某公司 2007—2015 年的销售数据

| 销售年 | 销售量/万件 |
| --- | --- |
| 2007 | 5 |
| 2008 | 7 |
| 2009 | 10 |
| 2010 | 13 |
| 2011 | 15 |
| 2012 | 16 |
| 2013 | 14 |
| 2014 | 16 |
| 2015 | 18 |

用最小二乘法,进行长期趋势分析,趋势方程为:$T=12.67+1.5X$。$T$ 为长期趋势值,可列出循环变动计算表(见表 4-12)。

**表 4-12　某公司销售数据的循环变动**

| 销售年 | 销售量($Y$) | 长期趋势值($T$) | 循环变动百分数/% $C=Y/T\times100\%$ |
|---|---|---|---|
| 2007 | 5 | 6.67 | 74.96 |
| 2008 | 7 | 8.17 | 85.68 |
| 2009 | 10 | 9.67 | 103.41 |
| 2010 | 13 | 11.17 | 116.38 |
| 2011 | 15 | 12.67 | 118.39 |
| 2012 | 16 | 14.17 | 112.91 |
| 2013 | 14 | 15.67 | 89.34 |
| 2014 | 16 | 17.17 | 93.19 |
| 2015 | 18 | 18.67 | 96.41 |
| 合计 | 114 | 114.03 | —— |

可以看出,实际值围绕长期趋势直线波动幅度在 74.96%～118.39%之间。用循环变动百分数可以描述过去循环变动的变化情况。但是由于影响循环变动的因素难以预料,所以不能进行未来推断。

从时间序列中剔除长期趋势、循环变动和季节变动后,还有不可预测的不规则变化因素保留下来。不规则变动的原因有时很明显,有时又难以捕捉,所以不规则变动具有不可预见性,不能用确切的公式加以确定。由于不规则变动的随机性,在一段时间内这些随机因素可以互相抵消,这样,在对时间序列的变化因素进行分析时,可不予考虑。例如表 4-12 中,以年为单位的时间序列,不规则变动因素可以忽略不计。

2. 时间序列模型解析法

因为传统时间序列分析技术(时间序列分解法)的缺陷,所以统计学家开发出了更为通用的时间序列分析方法,其中 AR/MA/ARMA/ARIMA(差分回归移动平均模型)在这个发展过程中扮演了非常重要的角色,直到现在,它们都在实际工作生活中发挥着重要作用。这四种分析方法的共同特点都是跳出变动成分的分析角度,从时间序列本身出发,力求得出前期数据与后期数据的量化关系,从而建立以前期数据为自变量、以后期数据为因变量的模型,达到预测的目的。

虽然 AR/MA/ARMA/ARIMA 是四种可以独立使用的分析方法,但是它们其实是互补的关系,适用于包含不同变动成分的时间序列。

(1)自回归模型(autoregressive model,AR)

自回归,顾名思义,就是用自己预测自己,即用同一变量 $x$ 之前的信息 $\{x_1,x_2,\cdots,x_{t-1}\}$ 来预测 $x$ 当前时刻的信息 $x_t$,并假设他们是线性关系,公式为

$$X_t=\sum_{i=1}^{p}\varphi X_{t-1}+\varepsilon_t+c$$

$$= \sum_{i=1}^{p} \varphi X_{t-i} + c \qquad (4\text{-}11)$$

其中,$\varepsilon_t$ 是均值为 0、方差为 $\sigma^2$ 的随机误差值,假设 $\sigma$ 对于任何的 $t$ 都不变;$c$ 是常数项。可以发现,AR 模型利用前期数值与后期数值的相关关系(自相关),建立包含前期数值和后期数值的回归方程,达到预测的目的,因此成为自回归过程。这里需要解释白噪声,大家可以将白噪声理解成时间序列数值的随机波动,这些随机波动的总和会等于 0。例如某条饼干的自动化生产线,要求每包饼干为 500 克,但是生产出来的饼干产品由于随机因素的影响,不可能精确地等于 500 克,而是会在 500 克上下波动,这些波动的总和将会互相抵消等于 0。

AR 模型的优点是所需的数据或信息不多,只用自身来预测自身;缺点是必须具有自相关性,只能适用于预测与自身前期相关的现象。

(2)移动平均模型(moving average model,MA)

移动平均模型也被称为移动平均过程,是一种常见的对单变量时间序列(univariate time series)建模的方法。它指出输出变量线性依赖于当前值和不同随机项的过去值,公式为

$$X_t = \varepsilon_t + \theta_1 \varepsilon_{t-1} + \cdots \theta_q \varepsilon_{t-q} + \mu$$

$$= \varepsilon_t + \sum_{j=1}^{q} \theta_j \varepsilon_{t-j} + \mu \qquad (4\text{-}12)$$

其中,$\theta_1$、$\theta_2$,$\cdots$,$\theta_q$ 是序列的参数,$\varepsilon_1$、$\varepsilon_2$,$\cdots$,$\varepsilon_{t-q}$ 是白噪声、随机误差项,$\mu$ 是序列的均值。可以发现,某个时间点的指标数值等于白噪声序列的加权和,如果回归方程中,白噪声只有两项,那么该移动平均过程为 2 阶移动平均过程。比较自回归过程和移动平均过程可知,移动平均过程其实可以作为自回归过程的补充,解决自回归方差中白噪声的求解问题,两者的组合就成为自回归移动平均过程,称为 ARMA 模型。

(3)自回归移动平均模型(autoregressive moving average model,ARMA)

自回归移动平均模型可以看成是由自回归模型和移动平均模型"混合"构成的弱平稳随机过程。当系统是一系列未观察到的冲击(MA 部分)及它自己行为的函数时,使用 ARMA 是合适的。例如,股票价格可能会受到基本信息的冲击,以及由于市场参与者而表现出的技术趋势和均值回归效应,公式为

$$X_t = \sum_{i=1}^{p} \varphi X_{t-i} + \varepsilon_t + \sum_{j=1}^{q} \theta_j \varepsilon_{t-j} + c \qquad (4\text{-}13)$$

从回归方程可知,自回归移动平均模型综合了 AR 和 MA 两个模型的优势,在 ARMA 模型中,自回归过程负责量化当前数据与前期数据之间的关系,移动平均过程负责解决随机变动项的求解问题,因此,该模型更为有效和常用。

(4)差分回归移动平均模型(autoregressive integrated moving average,ARIMA)

在统计、经济学和时间序列分析中,ARIMA 模型是 ARMA 模型的扩展,二者都适用于时序数据,可以更好地理解数据和预测序列中未来的点。ARIMA 可以适用于数据非稳态的情况。

时间序列分析方法和 AR/MA/ARMA/ARIMA 模型体系,两者的分析原理是不同的。

传统的时间序列分析方法是力求将时间序列分解成不同的变动成分,分析每种变动成分的规律,然后再综合各种成分的规律用于预测;AR/MA/ARMA/ARIMA 模型体系是从时间序列数值本身的相关关系出发,将移动平均技术、相关分析技术和平稳技术(差分)等纳入模型,力求建立时间序列数值之间的回归方程,从而达到预测的目的。

文本分析方法
原理

# 八、文本挖掘

## (一)基本概念

随着网络时代的到来,用户可获得的信息包含了技术资料、商业信息、新闻报道、娱乐资讯等多种类别和形式的文档,它们构成了一个异常庞大的具有异构性、开放性特点的分布式数据库,而这个数据库中存放的是非结构化的文本数据。结合人工智能研究领域中的自然语言处理和计算机语言学,从数据挖掘中派生了两类新兴的数据挖掘研究领域:Web 挖掘和文本挖掘。

Web 挖掘侧重于分析和挖掘网页相关的数据,包括文本、链接结构和访问统计(最终形成用户网络导航)。一个网页中包含了多种不同的数据类型,因此网络挖掘就包含了文本挖掘、数据库中的数据挖掘、图像挖掘等。

文本挖掘作为一个新的数据挖掘领域,其目的在于把文本信息转化为人可利用的知识。文本挖掘是一个多学科混杂的领域,涵盖了多种技术,包括数据挖掘、信息抽取、信息检索、机器学习、自然语言处理、计算语言学、统计数据分析、线性几何、概率理论,甚至图论等。

## (二)文本挖掘的一般过程

### 1. 获取文本

可通过导入现有文本数据,或者通过如网络爬虫等技术获取网络文本,主要是获取网页 HTML 的形式。我们要编写爬虫程序,抓取网络文本信息,获取文本数据库。文本挖掘的一般过程如图 4-16 所示。

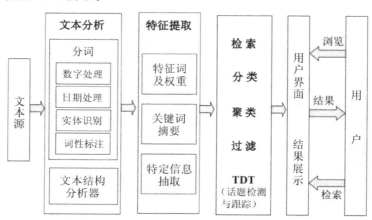

图 4-16　文本挖掘的一般过程

2.文本预处理

文本预处理主要包括分词、词性标注、特征表示和特征提取。

（1）分词

分词就是将连续的字序列按照一定的规范重新组合成词序列的过程。在英文的行文中，单词之间是以空格作为自然分界符的，而中文只有字、句和段能通过明显的分界符来简单划界，唯独词没有一个形式上的分界符。虽然英文也同样存在短语的划分问题，不过在词这一层上，中文比之英文要复杂得多、困难得多，如图4-17所示。

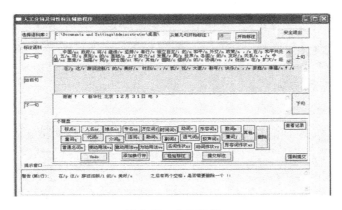

**图4-17 分词示意**

目前主要有基于词库的分词算法和无词典的分词技术两种分词算法。基于词库的分词算法包括正向最大匹配、正向最小匹配、逆向匹配及逐词遍历匹配法等。这类算法的特点是易于实现、设计简单，但分词的正确性很大程度上取决于所建的词库。基于无词典的分词技术的基本思想是：基于词频的统计，将原文中任意前后紧邻的两个字作为一个词进行出现频率的统计，出现的次数越高，成为一个词的可能性也就越大，在频率超过某个预先设定的阈值时，就将其作为一个词进行索引。这种方法能够有效地提取出未登录词。

（2）词性标注

分词的同时，给每个词标注出该词在句子中的词性，如图4-18所示。

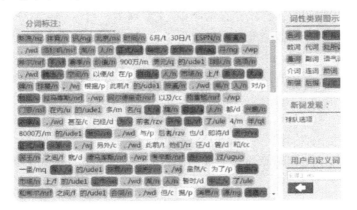

**图4-18 词性标注示意**

（3）特征表示

文本特征指的是文本的元数据，分为描述性特征（如文本的名称、日期、大小、类型等）和语义性特征（如文本的作者、机构、标题、内容等）。特征表示是指以一定特征项（如词条或描述）来代表文档，在文本挖掘时只需对这些特征项进行处理，从而实现对非结构化的文本的处理。特征表示的构造过程就是挖掘模型的构造过程。特征表示模型有多种，常用的有布尔逻辑检索模型、向量空间模型、概率模型及混合模型等。

（4）特征提取

用向量空间模型得到的特征向量的维数往往会达到数十万维，如此高维的特征对即将进行的分类学习未必全是重要、有益的。因此需要选择一些价值高的特征。特征提取算法一般是构造一个评价函数，对每个特征进行评估，然后把特征按分值高低排队，预定数目分数最高的特征被选取。在文本处理中，常用的评估函数有信息增益、期望交叉熵、互信息、文本证据权和词频。

3．文本挖掘分析

文本挖掘分析包括了文本摘要、文本分类、文本聚类、文本关联分析、分布分析与趋势预测、可视化技术等。

（1）文本摘要

任何一篇文章总有一些主题句，大部分位于整篇文章的开头或末尾部分，而且往往是在段首或段尾，因此文本摘要自动生成算法主要考察文本的开头、末尾，而且在构造句子的权值函数时，相应地给标题、子标题、段首和段尾的句子较大的权值，按权值大小选择句子组成相应的摘要。

（2）文本分类

文本分类的目的是让机器学会一个分类函数或分类模型，该模型能把文本映射到已存在的多个类别中的某一类，使检索或查询的速度更快、准确率更高。训练方法和分类算法是分类系统的核心部分。用于文本分类的分类方法较多，主要有朴素贝叶斯分类、向量空间模型、决策树、支持向量机、后向传播分类、遗传算法、基于案例的推理、K-最近邻、基于中心点的分类方法、粗糙集、模糊集及线性最小二乘等。

（3）文本聚类

文本分类是将文档归入已经存在的类中，文本聚类的目标和文本分类是一样的，只是实现的方法不同。文本聚类是无教师的机器学习，聚类没有预先定义好的主题类别，它的目标是将文档集合分成若干个簇，要求同一簇内文档内容的相似度尽可能大，而不同簇间的相似度尽可能小。方法有层次凝聚法和以 K-means 算法为代表的平面划分法。

（4）文本关联分析

关联分析是指从文档集合中找出不同词语之间的关系。

（5）分布分析与趋势预测

分布分析与趋势预测是指通过对文档的分析，得到特定数据在某个历史时刻的情况或将来的取值趋势。

（6）可视化技术

数据可视化技术指的是运用计算机图形学和图像处理技术，将数据转换为图形或图像在屏幕上显示出来,并进行交互处理的理论、方法和技术。通过合适的可视化图形生动形象的展示,让读者或观众更容易理解你所要表达的信息。文本可视化最常用的图形就是词云(见图 4-19)。

**图 4-19 词云示意**

## 习题

1. 加载"经济发展基本信息"数据集,并完成以下相关任务。

(1)进行简要探索性分析。

(2)分析 GDP 与各单变量之间的关系。

2. 加载"Risk"数据集,并完成以下相关任务。

(1)进行简要探索性分析。

(2)分析风险与变量之间的关系。

3. 加载"DRUG1n"数据集,请使用决策树分析选用药物与其他属性的关系。

4. 使用"电信行业客户数据"数据集,并完成以下相关任务。

(1)完成 K-means 聚类分析算法。

(2)解读算法结果。

5. 使用"BASKETS1n"数据集,并完成以下相关任务。

(1)完成 Apriori 关联规则算法。

（2）解读算法结果。

（3）比较几种关联规则算法结果的差异。

6．使用"UPS股价"数据集，应用时间序列预测 UPS 股价。

7．使用"Car-Data"数据集，并完成以下相关任务。

（1）计算汽车的价格、尺寸、马力等各个指标的平均值、中位数、众数值。

（2）画出价格的分布图、直方图和箱线图。

（3）画出价格和马力，以及销量和价格的关系图。

（4）画出单品牌（如福特汽车）的汽车销量和价格的关系图。

（5）找出价格最贵的一款汽车，分析其在指标上有何特点。

（6）利用 3σ 定律检验车宽数据中是否有异常数据。

（7）从数据分析（不限于上述分析）的角度可以得出什么结论？

第五章

# 商务数据可视化

数据可视化技术的基本思想,是将数据库中每一个数据项作为单个图元元素表示,大量的数据集构成数据图像,同时将数据的各个属性值以多维数据的形式表示。可以从不同的维度观察数据,从而对数据进行更深入的观察和分析。

数据可视化的成功,应归功于其背后基本思想的完备性。它依据数据及其内在模式和关系,利用计算机生成的图像来让人获得深入认知。同时,它利用人类感觉系统的丰富性解释错综复杂的过程,涉及不同学科领域的数据集及来源多样的大型抽象数据集合的模拟。这些思想和概念极其重要,对计算科学与工程方法学及管理活动都有着精深而又广泛的影响。*Data Visualization:The State of the Art*(《数据可视化:尖端技术水平》)一书当中重点强调了各种应用领域与它们各自所特有的问题求解可视化技术方法之间的相互作用。

数据可视化技术包含以下几个基本概念。

(1)数据空间:这是由 $n$ 维属性和 $m$ 个元素组成的数据集所构成的多维信息空间。

(2)数据开发:这是指利用一定的算法和工具对数据进行定量的推演和计算的过程。

(3)数据分析:这是指对多维数据进行切片、切块、旋转等动作剖析数据,从而从多角度多侧面观察数据的过程。

(4)数据可视化:这是指将大型数据集中的数据以图形、图像形式表示,并利用数据分析和开发工具发现其中未知信息的处理过程。

一直以来,数据可视化就是一个处于不断演变之中的概念,其边界在不断地扩大,因此,最好对其加以宽泛的定义。数据可视化指的是技术上较为高级的技术方法,而这些技术方法允许利用图形、图像处理、计算机视觉及用户界面,通过表达、建模及对立体、表面、属性及动画的显示,对数据加以可视化解释。与立体建模之类的特殊技术方法相比,数据可视化所涵盖的技术方法要广泛得多。

## 一、商务数据可视化的步骤

大多数人对数据可视化的第一印象,可能就是各种图形,比如 Excel 图表模块中的柱状图、条形图、折线图、饼图、散点图等。以上所述只是数据可视化的具体体现,但是数据可视化却不止于此。

数据可视化不是简单的视觉映射,而是一个以数据流向为主线的完整流程,主要包括数据采集、数据处理和变换、可视化映射、用户交互和用户感知等。一个完整的可视化过程,可以看成数据流经过一系列处理模块并得到转化的过程,用户通过可视化交互从可视化映射后的结果中获取知识和灵感。

可视化主流程的各模块之间,并不仅仅是单纯的线性连接,而是任意两个模块之间都存在联系。例如,数据采集、数据处理和变换、可视化编码和人机交互方式的不同,都会产生新的可视化结果,用户通过对新的可视化结果的感知,从而又会有新的知识和灵感的产生。

### (一)数据采集

数据采集是数据分析和可视化的第一步,数据采集的方法和质量,很大程度上就决定了数据可视化的最终效果。数据采集的分类方法有很多,从数据的来源来看,可以分为内部数据采集和外部数据采集。

#### 1.内部数据采集

内部数据采集指的是采集企业内部经营活动的数据,通常来源于业务数据库,如订单的交易情况。如果要分析用户的行为数据、APP 的使用情况,还需要一部分行为日志数据,这个时候就需要用"埋点"这种方法来进行 APP 或 Web 的数据采集。

#### 2.外部数据采集

外部数据采集指的是通过一些方法获取企业外部的一些数据,具体目的包括获取竞品的数据、获取官方机构官网公布的一些行业数据等。获取外部数据,通常采用的数据采集方法为"网络爬虫"。

以上的两类数据采集方法得来的数据,都是二手数据。通过调查和实验采集的数据,属于一手数据,在市场调研和科学研究实验中比较常用。

### (二)数据处理和变换

数据处理和数据变换,是进行数据可视化的前提条件,包括数据预处理和数据挖掘两个过程。一方面,通过前期的数据采集得到的数据,不可避免地含有噪声和误差,数据质量较低;另一方面,数据的特征、模式往往隐藏在海量的数据中,需要进一步的数据挖掘才能提取出来。

常见的数据质量问题如下。

(1)数据收集错误,遗漏了数据对象,或者包含了本不应包含的其他数据对象。

(2)数据中的离群点,即不同于数据集中其他大部分数据对象特征的数据对象。

(3)存在遗漏值,数据对象的一个或多个属性值缺失,导致数据收集不全。

(4)数据不一致,收集到的数据明显不合常理,或者多个属性值之间互相矛盾。例如,体重是负数,或者所填的邮政编码和城市之间并没有对应关系。

(5)重复值的存在,数据集中包含完全重复或几乎重复的数据。

正是因为有以上问题的存在,直接拿采集的数据进行分析或可视化,得出的结论往往会误导用户做出错误的决策。因此,对采集到的原始数据进行数据清洗和规范化,是数据可视化流程中不可缺少的一环。

数据可视化的显示空间通常是二维的,比如电脑屏幕、大屏显示器等,3D 图形绘制技术解决了在二维平面显示三维物体的问题。

但是在大数据时代,我们所采集到的数据通常具有 4V 特性:volume(大量)、variety(多样)、velocity(高速)、value(价值)。要从高维、海量、多样化的数据中,挖掘有价值的信息来支持决策,除了需要对数据进行清洗、去除噪声之外,还需要依据业务目的对数据进行二次处理。常用的数据处理方法包括:降维、数据聚类和切分、抽样等统计学和机器学习中的方法。

### (三)可视化映射

对数据进行清洗、去噪,并按照业务目的进行数据处理之后,接下来就到了可视化映射环节。可视化映射是整个数据可视化流程的核心,是指将处理后的数据信息映射成可视化元素的过程。可视化元素由三部分组成:可视化空间、标记、视觉通道。

#### 1.可视化空间

数据可视化的显示空间,通常是二维的。三维物体的可视化,通过图形绘制技术,解决了在二维平面显示的问题,如 3D 环形图、3D 地图等。

#### 2.标记

标记是数据属性到可视化几何图形元素的映射,用来代表数据属性的归类。根据空间自由度的差别,标记可以分为点、线、面、体,分别具有零自由度、一维、二维、三维自由度。如我们常见的散点图、折线图、矩形树图、三维柱状图,分别采用了点、线、面、体这四种不同类型的标记。

#### 3.视觉通道

数据属性的值到标记的视觉呈现参数的映射,叫作视觉通道,通常用于展示数据属性的定量信息。常用的视觉通道包括:标记的位置、大小(长度、面积、体积……)、形状(三角形、圆形、立方体……)、方向、颜色(色调、饱和度、亮度、透明度……)等。标记和视觉通道是可视化编码元素的两个方面,两者的结合可以完整地将数据信息进行可视化表达,从而完成可视化映射这一过程。

### (四)人机交互

可视化的目的,是为了反映数据的数值、特征和模式,以更加直观、易于理解的方式,将数据背后的信息呈现给目标用户,辅助其做出正确的决策。但是通常,我们面对的数据是复杂的,数据所蕴含的信息是丰富的。如果在可视化图形中,将所有的信息不经过组织和筛选,全部机械地摆放出来,不仅会让整个页面显得特别臃肿和混乱,缺乏美感;而且模糊了重点,分散了用户的注意力,降低了用户单位时间获取信息的能力。

常见的人机交互方式如下。

1. 滚动和缩放

当数据在当前分辨率的设备上无法完整展示时,滚动和缩放是一种非常有效的交互方式,比如地图、折线图的信息细节等。但是,滚动与缩放的具体效果,除了与页面布局有关系外,还与具体的显示设备有关。

2. 颜色映射的控制

一些可视化的开源工具,会提供调色板,如 D3。用户可以根据自己的喜好,去进行可视化图形颜色的配置。这个在自助分析等平台型工具中,会相对多一点,但是在一些自研的可视化产品中,一般有专业的设计师来负责这项工作,从而使可视化的视觉传达具有美感。

3. 数据映射方式的控制

这个是指用户对数据可视化映射元素的选择,一般一个数据集是具有多组特征的,提供灵活的数据映射方式给用户,可以方便用户按照自己感兴趣的维度去探索数据背后的信息。这个在常用的可视化分析工具中都有提供,如 Tableau、Power BI 等。

4. 数据细节层次控制

比如隐藏数据细节,鼠标在其上悬停或点击才出现。

### (五)用户感知

可视化的结果只有被用户感知之后,才可以转化为知识和灵感。用户在感知过程中,除了被动接受可视化的图形之外,还通过与可视化各模块之间的交互主动获取信息。如何让用户更好地感知可视化的结果,将结果转化为有价值的信息用来指导决策,这个里面涉及的影响因素太多了,包括心理学、统计学、人机交互等多个学科的知识。

## 二、数据可视化图

统计图表是使用最早的可视化图形,在数百年的进化过程中,逐渐形成了基本"套路",符合人类感知和认识,进而被广泛接受。常见于各种分析报告的有柱状图、饼图、折线图、散点图、气泡图、雷达图等。常用图表类型的适用场景如表 5-1 所示。

表 5-1　常用图表类型的适用场景

| 图表 | 维度 | 适用场景 |
| --- | --- | --- |
| 柱状图 | 二维 | 指定一个分析轴进行数据大小的比较时使用,只需要比较其中一维 |
| 折线图 | 二维 | 按照时间序列分析数据的变化趋势时使用,适用于较大的数据集 |
| 饼图 | 二维 | 指定一个分析轴进行所占比例的比较时使用,只适用反映部分与整体的关系 |
| 散点图 | 二维或三维 | 有两个维度需要比较 |
| 气泡图 | 三维或四维 | 其中只有两维能精确辨识 |
| 雷达图 | 四维以上 | 数据点不超过 6 个 |

在制作可视化图表时,首先要从业务出发,优先挑选合理的、符合惯例的图表,尤其是在用户层次比较多样的情况下,要兼顾各个年龄段或者不同认知能力的用户的需求;其次是根据数据的各种属性和统计图表的特点来选择,例如饼图并不适合用来展示绝对数值,只适用于反映各部分的比例。对于常用图表,带着目的出发,遵循各种约束,相信就能找到合适的图表。

### (一)柱状图

柱状图又称条形图、直方图,是以宽度相等的条形高度或长度的差异来显示统计指标数值多少或大小的一种图形。柱状图简明、醒目,是一种常用的统计图形。

1. 柱状图的作用

(1)用于显示一段时间内的数据变化特征。

(2)用于显示各项之间的比较情况。

2. 柱状图的使用要求

(1)有一组数据作为横轴,至少有一组数据作为纵轴,至少一组数据作为数据系列。

(2)数据的大小正负无要求。

(3)横轴类别数目无限制。

3. 衍生类型

根据需要统计的数据系列的变化,也衍生了很多柱状图类型,包括堆积柱状图、簇状柱状图、瀑布图、各种条形图、旋风图、多维条形图、彩虹图、搭配时间轴、3D 柱状图(见图 5-1)、与其他线状图和条形图组合的图形等。

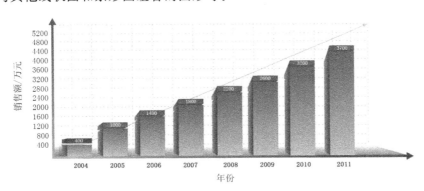

**图 5-1 柱状图示意**

### (二)饼图

饼图由一个圆或多个扇形组成,每个扇形显示不同颜色。每个扇形的角度大小可显示一个数据系列中各项的大小占各项总和的比例。

1. 饼图的作用

饼图中的数据点显示为整个饼图的百分比。饼图能直观显示各个组成部分所占比例,并能够标注具体比例值。

2. 饼图的使用要求

(1)仅有一个要绘制的数据系列。

(2)要绘制的数值没有负值。

(3)要绘制的数值几乎没有零值。

(4)类别数目无限制。

(5)各类别分别代表整个饼图的一部分。

(6)各个部分需要标注百分比。

3. 衍生类型

环形图、嵌套饼图、南丁格尔玫瑰图、多级控制饼图、各类三维饼图(见图 5-2)、搭配时间轴。

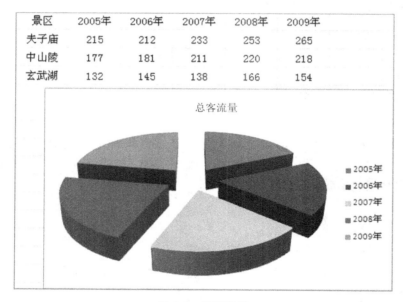

| 景区 | 2005年 | 2006年 | 2007年 | 2008年 | 2009年 |
| --- | --- | --- | --- | --- | --- |
| 夫子庙 | 215 | 212 | 233 | 253 | 265 |
| 中山陵 | 177 | 181 | 211 | 220 | 218 |
| 玄武湖 | 132 | 145 | 138 | 166 | 154 |

图 5-2　饼图示意

## (三)折线图

1. 折线图的作用

折线图是类别数据沿水平轴均匀分布,所有值数据沿垂直轴均匀分布的线状图形。

折线图的作用是显示随时间(根据常用比例设置)而变化的连续数据,非常适用于显示在相等时间间隔下数据的趋势。

2. 折线图的使用要求

(1)有一组数据作为横轴,至少有一组数据作为纵轴,至少一组数据作为数据系列。

(2)数据的大小正负不做要求。

(3)横轴类别数目无限制。

3. 衍生类型

堆积折线图、各类面状态图、不等距折线图、反向面积图、对数轴、搭配时间轴、动态曲线图,如图5-3所示。

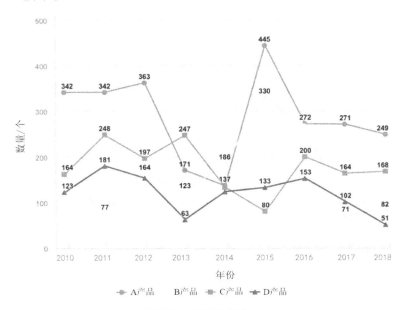

**图5-3　折线图示意**

## （四）散点图

散点图是用两组数据构成多个坐标点,考察坐标点的分布,判断两变量之间是否存在某种关联或总结坐标点的分布模式的可视化图形。散点图将序列显示为一组点,值由点在图表中的位置表示,类别由图表中的不同标记表示。散点图通常用于比较跨类别的聚合数据。

1. 散点图的作用

（1）可以展示数据的分布关联趋势和聚合情况。

（2）如果存在关联趋势,可以看出是线性还是曲线的。

（3）得到趋势线公式。

（4）如果有某一个点或者某几个点偏离大多数点,也就是离群值,通过散点图可以一目了然,从而可以进一步分析这些离群值是否可能在建模分析中对总体产生很大影响。

2. 散点图的使用要求

（1）有一组数据作为横轴,至少有一组数据作为纵轴,至少一组数据作为数据系列。

（2）数据的大小正负不做要求。

（3）横轴类别数目无限制。

3. 衍生类型

标准气泡图、大规模散点图、搭配时间轴、搭配值域漫游、三维散点图,如图5-4所示。

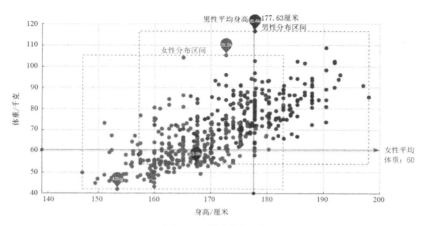

**图 5-4　散点图示意**

## （五）雷达图

雷达图（见图 5-5）又可称为戴布拉图、蜘蛛网图，是财务分析报表的一种。即将一个公司的各项财务分析所得的数字或比率中比较重要的项目集中划在一个圆形的图表上，来表现一个公司各项财务比率的情况，使用者能一目了然了解公司各项财务指标的变动情形及其好坏趋向。

1. 雷达图的作用

（1）对内部关联的各项指标进行可视对比，以了解各自所占比例。

（2）快速了解各项指标的变动情况。

2. 雷达图的使用要求

（1）至少三个分类才可以形成图形。

（2）有一组数据作为分类，至少一组数据作为数据系列。

（3）数据的大小正负不做要求。

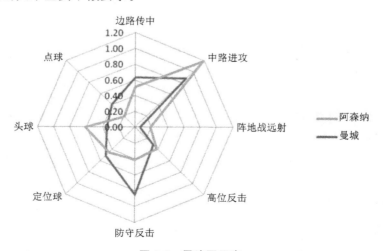

**图 5-5　雷达图示意**

3.衍生类型

填充雷达图、多层嵌套雷达图。

## （六）统计地图

统计地图是统计图的一种。以地图为底本,用各种几何图形、实物形象或不同线纹、颜色等表明指标的大小及其分布状况的图形。

1.统计地图的作用

它是统计图形与地图的结合,可以突出说明某些现象在地域上的分布,可以对某些现象进行不同地区间的比较,可以表明现象所处的地理位置及与其他自然条件的关系等。统计地图有点地图、面地图、线纹地图、彩色地图、象形地图和标针地图等,表明人口、资源、产量等在各地区的分布情况。

2.统计地图的使用要求

（1）数据需要有经纬度。
（2）至少一组数据作为数据系列。
（3）数据大小正负不做要求。

3.衍生类型

热力图、点状分布的统计地图、面状的统计地图、线状的统计地图、搭配时间轴、实时数据监测的地图、与其他统计图搭配。

## （七）仪表盘图

仪表盘图(见图5-6)表就如汽车的速度表一样,有一个圆形的表盘及相应的刻度,有一个指针指向当前的速度。

1.仪表盘的作用

它是为了实现某些特定目标而对重要信息进行视觉传达的方式,对一屏上的内容进行组织呈列使人一瞥便能掌握其所要传达的信息,通常用于监控一项动态数据的当前业务状态或进度,也常作为商业智能仪表盘的制作元素。

2.仪表盘的使用要求

（1）需要有一组刻度区间数据、一个当前指标值数据。

（2）刻度区间没有数量限制。

（3）数据大小正负不做要求。

3.衍生类型

仪表盘的表现形式和衍生类型非常丰富,但实际作用都是一样的。

**图 5-6　仪表盘示意**

### （八）漏斗图

漏斗图（见图5-7)适用于业务流程比较规范、周期长、环节多的流程分析,通过对漏斗各环节业务数据的比较,能够直观地发现和说明问题所在。在网站分析中,通常用于转化率比较,它不仅能展示用户从进入网站到实现购买的最终转化率,还可以展示每个步骤的转化率。漏斗图可以应用于各行各业,例如谷歌分析的报表里漏斗图代表"目标和渠道"。

1.漏斗图的作用

(1)提供用户在业务中的转化率和流失率。

(2)揭示了各种业务在网站中受欢迎的程度。

(3)发现业务流程中存在的问题,以及改进的效果。

2.漏斗图的使用要求

(1)一组分类数据、一组分类对应的数据系列。

(2)数据大小正负不做要求。

3.衍生类型

多漏斗。

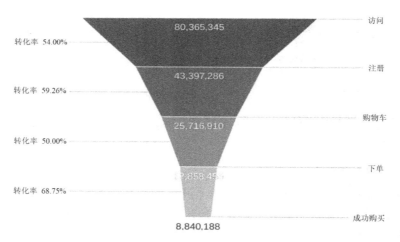

**图 5-7　漏斗图示意**

### （九）字符云

字符云（见图5-8)就是对文本中出现频率较高的"关键词"予以视觉上的突出,形成"关键词云层"或"关键词渲染",从而过滤掉大量的文本信息,使用户只要一眼扫过文本就可以领略文本的主旨。

1.字符云的作用

(1)提供用户在业务中的转化率和流失率。

(2)揭示了各种业务在网站中受欢迎的程度。

(3)发现业务流程中存在的问题及改进的效果。

2. 字符云使用要求

需一组高频词汇、一组高频词汇出现的次数统计值。

3. 衍生类型

字符云的展示形式多种多样，但是其作用都一样。

**图 5-8　字符云示意**

## （十）其他图表

除了常用的图表之外，可供我们选择的还有以下各类图表。

1. (矩形)树图

这是一种有效地实现层次结构可视化的图表结构，适用于表示类似文件目录结构的数据集。

2. 热力图

热力图以特殊高亮的形式显示访客热衷的页面区域和访客所在的地理区域的图示，它基于 GIS(地理信息系统)坐标，用于显示人或物品的相对密度。

3. 关系图

关系图基于 3D 空间中的点—线组合，再加以颜色、粗细等维度的修饰，适用于表征各节点之间的关系。

4. 桑基图

这是一种由一定宽度的曲线集合表示的图表，适用于展现分类维度间的相关性，以流的形式呈现共享同一类别的元素数量，比如展示特定群体的人数分布等。

5. 日历图

顾名思义，日历图是以日历为基本维度的对单元格加以修饰的图表。

### 三、常见的商务数据可视化工具

新型的数据可视化产品层出不穷,基本上各种语言都有自己的可视化库,传统数据分析及 BI 软件也都扩展出一定的可视化功能,再加上专门的用于可视化的成品软件,我们的可选范围实在是太多了。那么,我们要选择的可视化工具必须满足互联网爆发的大数据需求,必须快速地收集、筛选、分析、归纳、展现决策者所需要的信息,并根据新增的数据进行实时更新。

对数据可视化的工具的要求包括以下内容。

(1)实时性:数据可视化工具必须适应大数据时代数据量的爆炸式增长需求,必须快速地收集分析数据,并对数据信息进行实时更新。

(2)简单操作:数据可视化工具满足快速开发、易于操作的特性,能满足互联网时代信息多变的特点。

(3)更丰富的展现:数据可视化工具需具有更丰富的展现方式,能充分满足数据展现的多维度要求。

(4)多种数据集成支持方式:数据的来源不仅仅局限于数据库,很多数据可视化工具都支持团队协作数据、数据仓库、文本等多种方式,并能够通过互联网进行展现。

数据可视化主要通过编程和非编程两类工具实现。主流编程工具包括以下三种类型:从艺术的角度创作的数据可视化,比较典型的工具是 Processing,它是为艺术家提供的编程语言;从统计和数据处理的角度,既可以做数据分析,又可以做图形处理,如 R、SAS;介于两者之间的工具,既要兼顾数据处理,又要兼顾展现效果,D3.js、Echarts 都是很不错的选择,这类基于 Javascript 的数据可视化工具更适合在互联网上互动地展示数据。

#### (一)Tableau

与大多数其他商务智能工具一样,Tableau 通过可视化方式进行数据分析。Tableau 公司将数据运算与美观的图表完美地嫁接在一起。它的程序很容易上手,各公司可以用它将大量数据拖放到数字"画布"上,转眼间就能创建好各种图表。

优点是可以挂接动态数据源,将各种图形混合搭配形成定制视图,或者通过仪表盘视图随时关注数据的动态,创建的交互图形能轻松地发布到你的网站或博客上。

缺点是免费版本的数据是公开的,需要小心。如果要保护数据隐私,就需要购买专业版本。

相比于商业智能 BI,它更像是一个基于数据查询的数据展示工具。

#### (二)亿信 BI

数据分析软件亿信 BI 内置数十种可视化元素和图形,通过简单的数据关系定义,就能实现丰富的可视化效果。亿信 BI 支持多种数据源,包括 SQL 数据源、OLAP(联机分析处理)数据源、OLTP(联机事务处理过程)数据源、CUBE(多维立方体)等,可以操作经过 ETL(exact,transform,load,即抽取、转换、加载)后的数据,也能直连业务数据库,并且支持文本数据的导入。

亿信 BI 的优点如下。

（1）组件丰富。内置 60 余种炫酷组件特效及组件模板，通过组合设计可以搭配出上千种视觉效果，在没有美工的情况下依然能轻松制作美观的酷屏报表。

（2）高可扩展性。提供自定义组件入口，支持用户自定义组件，也支持组件克隆，在原基础上进行修改，二次开发接口丰富，更贴合 UI（界面设计）和研发人员。

（3）高灵活性。数据绑定支持数字、数组、字符等各类型数据格式。

（4）完美的用户体验。支持动态局部刷新，秒击响应，各项操作流畅无卡顿。

亿信 BI 的缺点就是没有做到数据采集分析一体化。想要一站式数据分析平台的企业可以试试其升级版本 ABI。

### （三）Power BI

Power BI 是一套商业分析工具，用于在组织中提供参考意见。可连接数百个数据源、简化数据准备并提供即席分析。可生成美观的报表并进行发布，供组织在 Web 和移动设备上使用。每个人都可创建个性化仪表板，获取针对其业务的全方位独特见解。在企业内实现扩展，内置管理和安全性。

优点是类似于 Excel 的桌面 BI 工具，功能比 Excel 更加强大，支持多种数据源，价格便宜。

缺点是只能作为单独的 BI 工具使用，没办法和现有的系统结合到一起。生成的报表没办法引入到我们的系统中。目前并不是非常成熟，选用时必须仔细考虑。

### （四）永洪 BI

永洪 BI 是一款可在前端进行多维分析和报表展现的 BI 软件。支持拖拽操作，数据源格式多样，提供不同级别的查询支持，支持跨库跨源连接。另外，永洪 BI 提供了一款数据存储、数据处理的软件——MPP 数据集市，可与 BI 打通，使得数据查询、钻取和展示的速度大幅度提高。

优点是商业流程完善，给人专业的感觉；产品定制化的版本效果不错；支持的数据接入较多。

缺点是 SAAS 版体验一般，有一定的学习成本；拖拽过于自由，导致仪表盘布局不好控制；UI 的视觉效果一般，整体可视化效果不够现代化。

### 习题

1. 使用"Uber 纽约市乘车数据"，实现数据可视化。

数据包含 Uber 在美国纽约市的乘车记录，分为两段：2014 年 4 月到 9 月之间，约 450 万项；2015 年 1 月到 6 月间，约 1430 万项。另外包括 10 家租车公司行车级的数据，以及 329 家租车公司汇总级的数据。

（该数据的官方地址为：https://www.kaggle.com/fivethirtyeight/uber-pickups-innew-york-city。)

2. 使用"Nice Ride 共享单车骑行数据",实现数据可视化。

Nice Ride 共享单车骑行数据包括：使用次数、骑行时间、骑行时长、起点和终点经纬度坐标等属性。

（该数据的官方地址为：https://www.niceridemn.org/data。）

3. 使用"饿了么、美团微信红包数据",实现数据可视化。

数据来源于 ytongdou.com 以博主滴滴打车红包为主的微信群聊,从 2015 年 8 月到 2017 年 8 月,产生了约 2 万条红包分享记录。群主要成员为北京某大学的大学生。两年时间里该群共产生 21477 条聊天记录,其中有效的红包分享记录约为 20000 条,群成员在 10 个月内从几十人增长到 500 人满群。

每一列的数据分别为微信群群号、消息发送时间、发送者微信昵称、发送者微信号、发送形式（接收或发送）、消息类型（文本、网页、动画表情、照片壁纸）和消息内容。大部分红包都是以网页的形式分享的,而且每种 APP 只使用各自固定的域名,例如滴滴打车使用 xiaojukeji.com,饿了么使用 ele.me。

（该数据的官方地址为：http://ytongdou.com。）

第三编

PART 3

# 应用部分

第六章

# 用户画像

🎬 用户画像模型
及应用

　　用户画像的概念最早由交互设计之父艾伦·库伯提出，是建立在一系列属性数据之上的目标用户模型。它一般是产品设计、运营人员从用户群体中抽象出来的典型用户，本质是一个用以描述用户需求的工具。

　　但随着互联网的发展，用户画像又包含了新的内涵：根据用户人口学特征、网络浏览内容、网络社交活动和消费行为等信息而抽象出的一个标签化的用户模型（见图6-1）。其核心工作主要是利用存储在服务器上的海量日志和数据库里的大量数据进行分析和挖掘，给用户贴"标签"，而"标签"是能表示用户某一维度特征的标识，主要用于业务的运营和数据等。

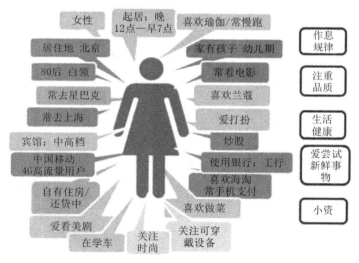

**图 6-1　用户画像示意**

## 一、用户画像概述

　　在产品早期和发展期，会较多地借助用户画像，帮助产品人员理解用户的需求，想象用户使用的场景，产品设计从为所有人做产品变成为三四个人做产品，间接地降低复杂度。

## （一）用户画像的作用

在互联网、电商领域,用户画像常用来作为精准营销、推荐系统的基础性工作,其作用总体包括以下内容。

1. 精准营销

根据历史用户特征,分析产品的潜在用户和用户的潜在需求,针对特定群体,利用短信、邮件等方式进行营销。

2. 用户统计

根据用户的属性、行为特征对用户进行分类后,统计不同特征下的用户数量、分布;分析不同用户画像群体的分布特征。

3. 数据挖掘

以用户画像为基础构建推荐系统、搜索引擎、广告投放系统,提升服务精准度。

4. 服务产品

对产品进行用户画像,对产品进行受众分析,更透彻地理解用户使用产品的心理动机和行为习惯,完善产品运营,提升服务质量。

5. 行业报告和用户研究

通过用户画像分析可以了解行业动态,比如人群消费习惯、消费偏好分析、不同地域品类消费差异等。

根据用户画像的作用可以看出,用户画像的使用场景较多,用户画像可以用来挖掘用户兴趣、偏好、人口统计学特征,主要目的是提升营销精准度、推荐匹配度,终极目的是提升产品服务,起到提升企业利润的作用。用户画像适用于各个产品周期:从新用户的引流到潜在用户的挖掘、从老用户的培养到流失用户的回流等。

用户画像的业务流程如图 6-2 所示。

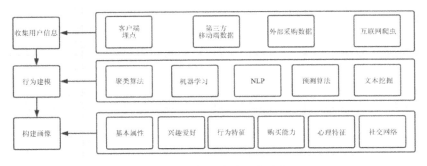

**图 6-2　用户画像的业务流程**

总的来说,用户画像必须从实际业务场景出发,解决实际的业务问题,之所以采取用户画像,要么是为了获取新用户,要么是用于提升用户体验或者挽回流失用户等明确的业务目标。

用户画像一般按业务属性划分多个类别模块。除了常见的人口统计、社会属性外,还有用户消费画像、用户行为画像、用户兴趣画像等。

人口属性和行为特征是大部分互联网公司做用户画像时会包含的。人口属性主要指用户的年龄、性别、所在的省份和城市、受教育程度、婚姻情况、生育情况、工作所在的行业和职业等。行为特征主要包含活跃度、忠诚度等指标。

### （二）用户画像内容的差异

除了以上较通用的特征，用户画像包含的内容并不完全固定，根据行业和产品的不同，所关注的特征也有不同。

（1）以内容为主的媒体或阅读类网站、搜索引擎，或通用导航类网站，往往会提取用户对浏览内容的兴趣特征，比如体育类、娱乐类、美食类、理财类、旅游类、房产类、汽车类等。

（2）社交网站的用户画像，也会提取用户的社交网络，从中可以发现关系紧密的用户群和在社群中起到意见领袖作用的明星节点。

（3）电商购物网站的用户画像，一般会提取用户的网购兴趣和消费能力等指标。网购兴趣主要指用户在网购时的类目偏好，比如服饰类、箱包类、居家类、母婴类、洗护类、饮食类等。消费能力指用户的购买力，如果做得足够细致，可以把用户的实际消费水平和在每个类目的心理消费水平区分开，分别建立特征纬度。

（4）像金融领域，还会有风险画像，包括征信、违约、洗钱、还款能力、保险黑名单等。

另外，还可以加上用户的环境属性，比如当前时间、访问地点 LBS（基于位置的服务）特征、当地天气、节假日情况等。当然，对于特定的网站或 APP，肯定又有特殊关注的用户维度，就需要把这些维度做到更加细化，从而能给用户提供更精准的个性化服务和内容。

用户画像的数据范围如表 6-1 所示。

表 6-1　用户画像的数据范围

| 人口统计 | 社会属性 | 用户消费 | 用户行为 |
| --- | --- | --- | --- |
| ·基本属性 | ·家庭属性 | ·消费属性 | ·活跃属性 |
| 姓名 | 家庭 ID | 消费金额 | 登录次数 |
| 性别 | 家庭属性 | 消费次数 | 登录时长 |
| 出生年月 | 家庭人数 | 消费广度 | 登录深度 |
| 籍贯 | 家庭小孩标签 | 首次消费时间 | 行为属性 |
| ·注册 | 家庭老人标签 | 最后一次消费时间 | 评论数 |
| 手机 | 家庭汽车标签 | 消费频次 | 点赞数 |
| 邮箱 | ·公司 | ·价值属性 | 收藏数 |
| 注册渠道 | 公司 ID | 价值指数 | 浏览数 |
| 注册方式 | 工作地点 | 流失指数 | ·偏好属性 |
| 注册时间 | 公司行业 | 忠诚指数 | 价格偏好 |
| | 公司职位 | ·消费周期 | 类目偏好 |
| | 收入 | 潜在用户标签 | 特征偏好 |
| | ·终端设备 | 新客标签 | 下单时间偏好 |
| | 手机设备 ID | 旧客标签 | ·风险 |
| | 手机类型 | VIP 用户标签 | 欺诈风险 |
| | | 流失用户标签 | 退换货风险 |
| | | | 黄牛风险 |

　　用户画像数据来源广泛,这些数据是全方位了解用户的基础。这里以 Qunar 的画像为例,其画像数据主要维度如图 6-3 所示,包括用户 RFM(R 指 recency,表示消费者最近一次购买的时间;F 指 frequency,表示消费者在最近一段时间内的购买次数;M 表示 monetary,表示消费者在最近一段时间内的购买金额)信息、航线信息等。

图 6-3　用户画像的数据维度

## 二、用户画像的数学描述

　　用户画像是根据用户社会属性、生活习惯和消费行为等信息/数据而抽象出的一个标签化的用户模型。构建用户画像的核心工作即是给用户贴"标签"——用数据来描述人的行为和特征,用通过对用户信息分析而来的高度精练的特征标识(标签)从不同的维度来表达一个人,是对现实世界中用户的数学建模,是数据策略的基石。

　　从数据结构角度而言,用户画像是一个(用户、标签列表)二元组。用户唯一标识是整个用户画像的核心。以一个 APP 为例,它把"从用户开始使用 APP 到下单到售后整个所有的用户行为"进行串联,这样就可以更好地去跟踪和分析一个用户的特征。唯一标识可以从这些项中选择:用户名、注册手机号、联系人手机号、邮箱、设备号、Cookie ID 等。

### (一)用户消费行为分析

1.用户标签

它包括了性别、年龄、地域、收入、学历、职业等。这些代表了用户的基础属性。

2.消费标签

它包括消费习惯、购买意向、是否对促销敏感等。这些信息可用来分析用户的消费习惯。

3.行为标签

它包括时间段、频次、时长、访问路径等。通过分析用户行为,来得到他们使用 APP 的习惯。

4. 内容分析

对用户平时浏览的内容,尤其是停留时间长、浏览次数多的内容进行分析,发掘出用户对哪些内容感兴趣,比如金融、娱乐、教育、体育、时尚、科技等。

可以说,用户画像是现实世界中的用户的数学建模,我们正是通过将海量数据进行标签化,来得到精准的用户画像。

5. 举例

以美团外卖的用户为例,以"用户消费行为分析"的准则来进行设计。

(1)用户标签:包括性别、年龄、家乡、居住地、收货地址、婚姻、通过何种渠道进行的注册等。

(2)消费标签:包括餐饮口味、消费均价、团购等级、预定使用等级、排队使用等级、外卖等级。

(3)行为标签:包括点外卖时间段、使用频次、平均点餐用时、访问路径等。

(4)内容分析:包括基于用户平时浏览的内容进行统计,包括餐饮口味、优惠敏感度等。

标签体系的构建策略可以按扁平结构或层级结构来分。

标签体系也叫群体画像,群体画像与个体画像两者都是对人的描述,但群体画像归纳的是人群所呈现出的共性,而非多样性特征。比如想得到美甲用户群体的画像,就需要用一定的方法寻找他们的共性,除了以统计手段实现外,更简单的办法是把这些个体的年龄、性别、职业、收入等标签作为数据挖掘聚类算法的输入信息,聚成较少的几类,比如 2 类或 3 类,如果某个类别的用户所占比例较高,那么这个类别的群体特征就代表了整个群体的画像,画像标签可能是:女性、年龄 25~30 岁、自由职业、收入万元以上。

## (二)标签的建构

在标签的建构手段上,根据业务经验判断,加上数据挖掘方法,往往更行之有效、简单易行:以业务经验结合大数据分析为主勾画的人群画像,由于跟业务紧密相关,更多的是通过业务人员提供的经验来描述用户偏好。比如,根据业务人员的经验,基于司机路程偏移、时薪和当天服务用户数等,建立多层综合指标体系,从而对用户的欺诈可能性进行分级,生成司机信用评级的画像。

当有了"用户消费行为分析"的标签之后,就可以更好地理解业务了。

1. 在获客上

我们可以找到优势的宣传渠道,通过个性化的宣传手段,吸引有潜在需求的用户,并刺激其转化。

2. 在黏客上

主要要提升用户的单价和消费频次,方法包括购买后的个性化推荐、针对优质用户进行优质高价商品的推荐,以及通过红包、优惠等方式激励对优惠敏感的人群,提升其购买频次。

3. 在留客上

需要预测用户是否可能会从平台上流失。在营销领域,关于用户留存有一个观点——如果将顾客流失率降低 5％，公司利润将提升 25％～85％。可以看出留存率是多么的重要。用户流失的原因可能会包括多个方面，比如用户体验差、竞争对手抢占市场、需求变化等，预测用户的流失率可以大幅降低用户留存的运营成本。

## 三、用户画像的系统流程

为了让整个用户画像的工作有秩序、有节奏地进行，可以将用户画像的系统流程分为以下三个步骤：基础数据采集、分析建模、结果呈现。分析建模中用到的技术有数据统计、机器学习和自然语言处理技术等。

### （一）基础数据采集

数据是构建用户画像的核心依据，一切不建立在客观数据基础上的用户画像都是空谈。在基础数据采集方面可以先通过列举法，列举出构建用户画像所需要的基础数据。在基础资料和数据收集环节我们会通过一手资料和二手资料获取相应的基础数据。相关的文献资料和研究报告这些资料和数据一般有三个方面的来源。

（1）产品数据后台。

（2）问卷调研。

（3）用户访谈。

### （二）分析建模

当用户画像所需要的资料和基础数据收集完毕后，需要对这些资料进行分析和加工，提炼关键要素，构建可视化模型。假如产品是面向"95后"的用户群体的，则需要了解整个"95后"群体的性格特征、行为喜好等，通过搜索可以获取到许多关于"95后"的新生代社交和生活形态的调研报告，通过对这些报告进行分析和关键词提炼，概括出整个"95后"群体标签。假如是做社区产品的用户画像，那么可通过用户等级、用户行为和用户贡献等数据进行分析并建立相应的用户模型。

在做用户画像过程中非常重要的一块工作内容就是问卷调查和用户访谈，这是了解用户的非常关键的一个渠道。问卷调查和用户访谈的思路大致如下。

1. 问卷调查

问卷调查是一项有目的的研究实践活动，无论一份问卷设计的水平高或低，其背后必然存在着特定的研究目的。因此问卷就是为你的特定研究目的服务的。这是设计问卷之前必须植根于脑海中的一个观念。既然问卷调查是一项有目的的研究实践活动，那么必须以理论指导实践，即设计问卷前必须要做好充足的理论准备，宏观层面上应做到以下两点。

（1）明确研究的主题是什么。

（2）通过问卷调查想要获取的信息有哪些？

问卷调查的信息一定是不确定性的用户信息或者无法通过后台数据或者文献资料查阅到的信息。对于已经确定的信息或者可以通过后台及文献资料获取到的信息就无须再通过问卷进行调查。因为问卷调查需要用有限的问题来获取有价值的信息，因此问卷的设计是一门较深的学问,问卷设计需要有特定的思路、方法和技巧。

2. 用户访谈

在运营工作中,运营人员会经常研究"用户是怎么想的""用户是怎么做的"等课题。很多时候都会选择用户访谈作为研究这类问题的方法,在访谈结果分析方面,一般采取关键词提炼法,即针对每个用户对每个问题的反馈进行关键词提炼,然后对所有访谈对象反馈出的共性关键词进行汇总比较。

### (三)结果呈现

用户画像就是给目标用户群体打标签,有显性画像和隐性画像两个方面,因此,整个用户画像的呈现也需要从这两个方面进行。

当然,构建用户画像是为了充分了解用户,进而为产品设计和运营提供参考。因此我们新接触一个产品的时候,用户画像是了解用户的最好方式。另外,用户画像的构建一定是要为我们的运营规划、运营策略制定而服务的,如果做出来的用户画像无法指导产品设计或者无法为运营规划及策略制定提供参考的话,那么这个用户画像一定是失败的。

### 四、用户画像的系统架构

不同业务的画像标签体系并不一致,这需要数据运营者有目的性地去提炼。用户画像一般按业务属性划分多个类别模块。除了常见的人口统计、社会属性外,还有用户消费画像、用户行为画像、用户兴趣画像等。具体的画像得看产品形态,像金融领域,还会有风险画像,包括征信、违约、洗钱、还款能力、保险黑名单等。电商领域会有商品的类目偏好、品类偏好、品牌偏好等画像,不一而足。

从数据流向和加工看,用户画像包含上下级递进关系。以流失系数举例,它需要通过建模来分析,而建模依赖于用户早期的历史行为。用户早期的历史行为,即 10 天内的消费金额、消费次数、登录次数等,本身也是一个标签,它们是通过原始的明细数据获得的。

用户画像的系统架构如图 6-4 所示。

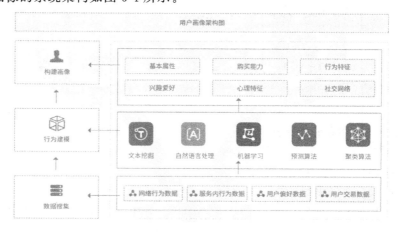

**图 6-4　用户画像的系统架构**

## 五、用户画像的应用场景

### （一）效果广告、精准推送、用户变现和用户召回

著名广告大师约翰·沃纳梅克曾提出："我知道我的广告费有一半浪费了，但遗憾的是，我不知道是哪一半被浪费了。"这句话深刻地道出了广告营销海量投放下面临的几个问题：不精准，受众窄；不友好，骚扰多；不经济，费用高。

在精准营销流行的今天，通过筛选标签对特定属性的用户推送针对性的内容，则可以大幅提升 CTR(click-through-rate,点击通过率)和变现效果，同时还能降低广告、运营成本，总结起来就是：在对的时间，向对的客户，通过对的渠道，推荐对的产品。

### （二）搜索和推荐

用户画像的下一个比较重要的场景是搜索和推荐，把画像数据和特征结合使用，可以有效提升点击通过率，结合搜索、查询进行识别与推荐。常见的结合方向有：关联推荐、向上推荐和 RFM 营销。

### （三）风控

这个方向对电商、金融、初创公司是很重要的，如何避免或者降低羊毛党、黄牛、欺诈对业务带来的风险和用户损失，保障正常用户的利益，是个永恒的话题。比如可以利用用户画像对个人及企业级信用评分进而做到欺诈识别，芝麻信用就是个很好的例子，利用它做用户征信可以有效提升用户体验，降低企业成本与风险，比如共享单车免押金、酒店免押金预订后付费等。

### （四）大数据分析

产品精细化运营，个性化分析支持，这个就无须赘言了，是比较广泛的应用场景，主要用数据解决产品运营过程中 what(是什么)和 why（为什么）层面的问题。

总的来说，用户画像是精细化运营、数据化运营的需求产物，大数据的本质是消除不确定性，结合大数据可以更加精准地分析了解用户特征或用户行为，以便更好更多地服务于大多数用户，比如发送较少的优惠券和补贴，同时还能做到反作弊，避免"薅羊毛"行为。

## 六、用户画像的实践案例

### （一）58 同城

58 同城自成立至今已拥有数亿的注册用户，业务场景包罗万象，从衣食住行（房产、58 汽车、二手物品）到工作生活（招聘、上门服务等）应有尽有；公司群规模庞大，包含同城、赶集、安居客、英才、转转、到家等。在这种多用户、多业务线、多子公司的情况下，用户

数据必然种类繁杂,能够描绘一个用户的信息可能多至数千维度,但是如果每一次需求都从源头提取,人力与时间的成本都会非常高,并且也很困难;虽然各子公司数据之间存在相互补足的潜力,但是其各自之间数据独立,需要打通来自不同场景的数据,才能将用户刻画得更加完善。为了改善这些现状,58用户画像系统应运而生。

1. 58用户画像介绍

58用户画像现已接入58同城、赶集网、安居客、天鹅到家、中华英才网等核心数据源,梳理聚合亿级别的活跃ID,开发包含个人属性标签、认证标签、位置标签、B端行为标签、C端行为标签、兴趣标签、设备标签等7大类、2300+标签,平均每个用户近百个标签。

58用户画像有以下三种使用方式。

(1)FaceAPI接口

提供在线画像数据提取服务,支持手机号、设备号、账号、cookie等查询方式,通过这些键值可以拉取用户的全部标签,主要支持搜索、推荐、DSP等各场景的个性化应用。

(2)离线画像数据

支持以常用ID为主键,拉取所需要的标签,可以用于统计分析、模型训练等工作。

(3)Smart网站

网站支持两大类功能:①推送筛选功能,用户可以根据属性筛选用户包,做用户包之间的AND/OR逻辑,生产结果可以用于固定人群推送功能;②人群分析功能,用户可以拖选人群属性,做二维的组合分析,并直接生产报表,方便产品或运营团队获取58用户群体的数据。

58用户画像应用流程如图6-5所示。

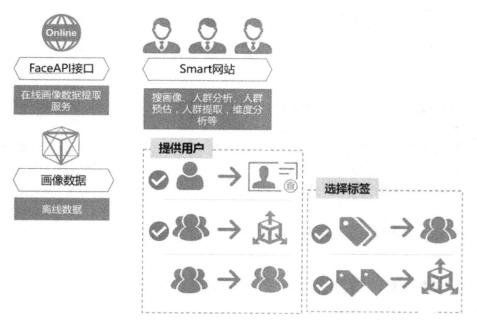

**图6-5 58用户画像应用流程**

### 2.58 用户画像数据架构

用户画像构建的核心是数据的组织和标签的开发管理,58集团业务覆盖广泛,涉及房产、招聘、车辆、黄页等众多业务线,构建画像的数据来自于日志、简历库、帖子库、用户信息库、商家库、认证信息库等数据源,其中仅日志就涉及58同城、赶集网、安居客等各子产品的 PC/M/APP 日志,如何将众多数据源串联起来是构建用户画像面临的第一个问题。为此,根据58用户的数据特点构建了关联整个集团各类 ID 的 ID Mapping。58 ID Mapping 模型如图 6-6 所示。

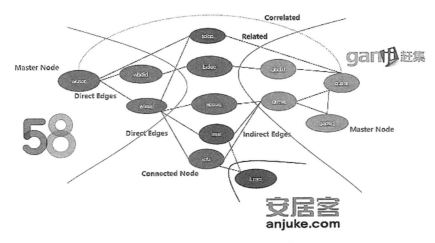

图 6-6　58 ID Mapping 模型

ID Mapping 是 58 用户画像的核心模块之一,通过 ID Mapping,公司众多数据源的 ID 可以映射为一个唯一的用户 ID,也就是说通过 ID Mapping 可以将58同城、赶集网、安居客等核心数据源的数据打通,这样使用方才有可能通过一个账号或手机号就拿到该用户在各个业务线的全部行为。ID Mapping 还有一个作用是可以将多个 ID 的行为映射到一个人身上,这样不仅提升了数据密度,有利于改善个性化场景的匹配效率,也可以在对问题用户做针对性治理的场景中起到很大作用。采用共现 ID 关联的方式构造 ID 关联图谱,再根据业务属性、时间属性等因素对图谱做相应的拆解,目前 58 ID Mapping 中已经容纳几十种、超过 100 亿各类型 ID,数据量的增长加大了运算成本,为了解决资源及性能问题,为 ID Mapping 设计了全量及增量流程,使性能满足日更新需求。

在 ID Mapping 基础上搭建了用户画像系统架构,整个系统划分为三个层级,依次为:数据资源管理层,负责对众多接入数据源做管控,包含数据接入工具、调度数据调度模块、数据质量监控模块、元数据管理模块等;在数据资源管理层之上是系统的核心,画像标签生产层,包含 ETL(extract-transform-load,数据仓库技术)、IDM(internet download manager,网络下载管理器)、数据聚合模块、标签提取模块和一些算法策略工具;再之上是存储和应用层,画像数据在这一层整理成在线和离线表供各个出口使用。在画像的系统架构中,最重要的是画像生成层。画像标签生成逻辑如图 6-7 所示。

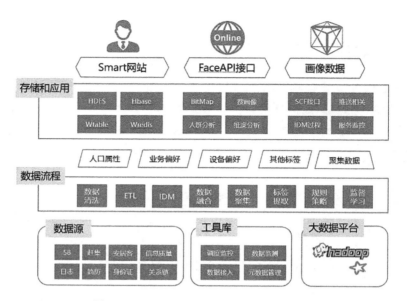

**图 6-7    58 ID Mapping 画像标签生成逻辑**

### （二）友盟+

"友盟＋"是国内第三方全域数据服务商，2010 年 4 月友盟在北京成立，是中国专业的移动开发者服务平台。2016 年 1 月 26 日友盟、CNZZ 及缔元信三家公司正式合并，业务全面整合，升级为"友盟＋"。"友盟＋"以"数据智能，驱动业务增长"为使命，基于技术与算法能力，结合全域数据资源，挖掘出 40＋标签大类、15000＋客群标签、100＋用户/行业分析指标，通过 AI 赋能的一站式互联网数据产品与服务体系，帮助企业实现深度用户洞察、实时业务决策和持续业务增长。截至 2018 年底，"友盟＋"已累计为 165 万款 APP、760 万家网站提供专业数据服务。

1. 超级用户价值

"友盟＋"发现，"超级用户"成为 2018 年互联网第一个热词。超级用户背后所蕴含的商业价值，正是竞争优势和增量价值。超级用户价值表现在三个层面。

（1）产品共创

当用户对产品的了解和体验特别深入时，他们的需求基本可以代表绝大部分用户的需求，那么超级用户就成为最好的产品共创者。最具代表性的例子为：Keep 通过招募内部测试官，将超级用户纳入产品迭代中，帮助产品实现快速精准的升级。

（2）深度互动

超级用户一方面维持活跃度和打开率，一方面也乐于推荐产品，用口碑传播方式迅速触达产品的潜在用户圈层。

（3）盈利能力

通常来讲，超级用户比普通用户的付费意愿更强。《超级用户》的作者艾迪·尹就曾表示，客户总数中，超级用户仅占 10％，但他们能够将销量拉升 30％～70％，和普通用户相比,超级用户愿意在产品上花的钱要多得多。此外,超级用户与产品存在情感连接,在公司业务向外延展的过程中,超级用户可以更快地跟上步伐,在产品矩阵中实现复制和延展。"友盟＋"超级用户指标维度如图 6-8 所示。

**图 6-8　"友盟＋"超级用户指标维度**

2. 超级用户的通用指标和影响因素

超级用户如此重要,他们在哪? 落到公司战略和实际运营中,如何定义超级用户? 为了让每个行业的每个 APP 都能快速地定位超级用户,"友盟＋"基于全域数据和用户行为,给出了定义超级用户的通用指标和影响因素。

(1)活跃

超级用户对产品使用频率较高,有较高的活跃度。

(2)浸入

用户对产品产生依赖,与产品高频互动,访问深度上更突出。互动得越多绑定越强,行为也就越多。

(3)转化

用户欣然购买产品和服务。比如,电商消费、会员服务、内容付费等,并且是持续、高频地购买。

要特别注意的是,活跃—浸入—转化,并不是越向下的产品指标越重要,而是根据产品行业和发展周期的不同选择相应的维度和指标。不同垂直行业的属性和用户行为具有差异性,需选择不同的指标及组合定义超级用户。根据"友盟＋"统计的 7 个代表行业的日人均启动情况,资讯类、娱乐类使用时长更重要,工具类侧重启动次数,图片美化类则要综合评估时长和启动两个维度。

"友盟＋"认为,在超级用户时代,新的黄金法则诞生,Top 10％的用户可贡献普通用户 5 倍的价值。这意味着互联网 2∶8 原则在 DI(digital intelligence)数据智能时代已不适用,10％的更稀有的超级用户正在成为移动互联网的商业核心。

### (三)电信套餐升级营销活动

某省电信运营商将 e8 套餐(宽带＋固话)升级为 e9 套餐(宽带＋固话＋手机),为加装电信 C 网号码并购买手机的 e8 客户提供升级为 e9 融合套餐或 e9 自主套餐的服务。

通过电信自身的宽带客户资源,电信运营商进行精准电话营销,促使用户购买手机,从而提升电信在手机市场的占有率。

1.变量筛选

对 67 个字段中明显无关字段进行初步筛选后获得 18 个主要字段。此后,需根据字段理解对有明显相关性的变量进行筛选合并,如宽带上行流量、宽带下行流量和宽带总流量三个字段存在明显的关联关系,因此根据业务需求可直接只选择宽带总流量进行分析。对于不确定是否有相关性的部分字段,可使用相关性判断,通常分析相关性结果大于0.666以上可基本判断相关性较强。例如,"宽带流量"字段"宽带使用时长"字段存在较强的相关性,因此这两个字段可选择其中一个作为输入变量即可。最终确定模型的 10 个主要输入字段(见图 6-9)。

| 宽带宽表67字段 | | 业务相关字段20个 | | 筛选出的输入字段10个 | |
|---|---|---|---|---|---|
| 字段类型 | 字段数量 | 客户信息 | 在网时长 | 客户信息 | 在网时长 |
| 客户信息 | 26 | | 年龄 | | 年龄 |
| 产品信息 | 22 | | Serv_ID | 产品信息 | 宽带名义带宽 |
| 使用行为 | 14 | 产品信息 | 宽带名义带宽 | | 宽带在网时长 |
| 价值信息 | 5 | | 宽带在网时长 | | 套餐设计档位 |
| 总计 | 67 | | 套餐设计档位 | 使用行为 | 宽带流量 |
| | | | 是否光小区 | | 宽带登陆次数 |
| | | 使用行为 | 固话通话次数 | | 固话总MOU |
| | | | 上行宽带流量 | 价值信息 | 套餐级总ARPU |
| | | | 下行宽带流量 | | 固话ARPU值 |
| | | | 宽带流量 | | |
| | | | 宽带使用时长 | | |
| | | | 宽带登陆次数 | | |
| | | | 固话总MOU | | |
| | | | 固话本地主叫时长 | | |
| | | | 固话长途主叫时长 | | |
| | | | 工作时间宽带使用时长 | | |
| | | | 工作时间宽带流量 | | |
| | | 价值信息 | 套餐级总ARPU | | |
| | | | 宽带ARPU值 | | |
| | | | 固话ARPU值 | | |

图 6-9　电信套餐用户的关键数据字段示意

2.决策树模型的建立

根据数据准备阶段字段筛选结果选择了 9 个字段作为模型输入变量。决策树节点训练的模型最终生成决策树所选择的变量只有 5 个,分别是宽带在网时长(PD_PROM_FEE)、固话通话时长(VO_MOU_FIX_AVG)、固话 ARPU(average revenue per user,每用户平均收入)(MB_FIX_ARPU_AVG)、宽带在网时长(PD_BB_TENURE)、宽带流量(VO_BB_VOL)。这 5 个变量都是具有重要业务含义的字段,基本符合建模目标。

3.模型调优

决策树结果共有 17 个"叶子"节点,用户细分群体偏多,部分群体的规模小,占比不足5%,因此需要根据各叶子节点的特征,对决策树的"叶子"进行修剪合并。比如,决策树模型中的节点 1(套餐档位≤68 元的用户),这个节点中的用户占比仅 0.56%,说明套餐档位≤

68 元的用户并非重点关注用户,加装 5G 手机的可能性较低。从选取营销目标用户的角度,对这类用户不需要进行深入分析。

通过决策树模型筛选出目标用户群后,需要进一步根据不同细分目标群体的消费行为特征来推测客户的主要业务需求。此时需要根据 e8 升 e9 的业务目标,选择主要的字段来刻画用户特征。通常用对用户群各变量的均值来进行描述,如图 6-10 所示。

| 叶节点 | 用户规模 | 宽带套餐ARPU 单位:元 | 宽带ARPU 单位:元 | 固定ARPU 单位:元 | 在网时长 单位:月 | 套餐档位 单位:元 | 宽带带宽 单位:M | 宽带流量 单位:GB | 固话MOU 单位:分钟 | 固话长途呼出MOU 单位:分钟 | 固话本地呼出MOU 单位:分钟 |
|---|---|---|---|---|---|---|---|---|---|---|---|
| 节点10 | 15864 | 114.0 | 63.3 | 48.4 | 40.7 | 111.7 | 1.8 | 10.4 | 127.5 | 362 | 114.0 |
| 节点7 | 22950 | 41.8 | 41.8 | 44.6 | 8.4 | 88.0 | 4.4 | 37.9 | 79.0 | 17.3 | 68.7 |
| 节点12 | 15704 | 110.9 | 47.7 | 61.3 | 39.7 | 88.4 | 4.5 | 33.9 | 120.6 | 39.1 | 95.1 |
| 节点14 | 12608 | 88.4 | 59.3 | 28.6 | 41.2 | 88.4 | 4.6 | 85.0 | 42.3 | 6.0 | 41.2 |

**图 6-10  目标电信套餐用户消费行为示意**

因此,具体客户特征总结描述如图 6-11 所示。

| 叶节点 | 用户规模 | 客户群特征 | 建议客户群名称 |
|---|---|---|---|
| 节点10 | 15864 | 高套餐档位、高宽带ARPU、高在网时长 | 高带宽高价值老用户群 |
| 节点7 | 22950 | 低在网时长、低宽带流量、中固话和固定带宽使用行为 | 新入网用户群 |
| 节点12 | 15704 | 高套餐ARPU、低宽带流量、高固话ARPU、高在网时长 | 高固话高价值老用户群 |
| 节点14 | 12608 | 高宽带流量、高在网时长、低固话ARPU | 宽带使用活跃老用户群 |

**图 6-11  目标电信套餐用户特征总结示意**

## (四)腾讯大数据防刷架构

最近几年电商行业飞速发展,各种创业公司犹如雨后春笋大量涌现,商家通过各种活动形式的补贴来获取用户、培养用户的消费习惯。但任何一件事情都具有两面性,高额的补贴、优惠同时催生了"羊毛党"。"羊毛党"的行为距离欺诈只有一步之遥,他们的存在严重破坏了活动的目的,侵占了活动的资源,使得正常的用户享受不到活动的直接好处。

本小节主要分享腾讯是如何通过大数据、用户画像、建模来防止恶意刷单的。

为了区别刷单用户与普通用户,对于疑似刷单用户采取二次验证的方式进行检验。

1."羊毛党"现状介绍

"羊毛党"一般先利用自动注册软件注册大量的目标网站账号,当目标网站搞促销、优惠等活动的时候,利用这些账号参与活动刷取较多的优惠,最后通过淘宝等电商平台转卖获益。

"羊毛党"内部有着明确的分工,形成了几大团伙,全国有 20 万人左右。"羊毛党"有以下三个特点。

(1)专业化

有专业团队、人员、机器来进行刷单。

(2)团伙化

恶意刷单产业链已经形成了一定的规模,而且分工明确,从刷单软件制作、短信代收发平台、电商刷单到变卖套现等环节,已经形成完整的流程。

(3)地域化

恶意刷单团伙基本分布在一些经济发达城市,比如,北京、上海、广东等,这或许跟发达城市更加容易接触到新事物、新观念有关。

2.对抗刷单的思路

对抗刷单,一般来讲主要从以下三个环节入手。

(1)注册

识别虚假注册,减少"羊毛党"能够使用的账号量。在注册环节识别虚假注册的账号,并进行拦截和打击。

(2)登录

提高虚假账号登录门槛,从而减少能够进入活动环节的虚假账号量。比如,登录环节通过验证码、短信验证码等手段来降低自动注册软件的登录效率,从而达到减少虚假账号登录量、减轻活动现场安全压力的目的。

(3)活动

这是对抗刷单的主战场,也是减少"羊毛党"获利的直接战场。这里的对抗措施,一般有以下两个方面。

①通过验证码(短信、语音)降低恶意刷单的效率。

②大幅度降低异常账号的优惠力度。

3. 腾讯内部防刷架构

因为线上采用的都是 C++实现的 DBSCAN 等针对大数据的快速聚类算法,因此风险学习引擎基本不用考虑性能问题。而且风险学习引擎采用了黑/白双分类器风险判定机制,减少了对正常用户的误伤。

黑分类器根据特征、机器学习算法、规则/经验模型,来判断本次请求异常的概率。而白分类器判断属于正常请求的概率。

4. 腾讯大数据收集纬度

大数据一直在安全对抗领域发挥着重要的作用,从其对抗经验来看,大数据不仅仅是指数据规模很大,而且还包括数据广度和数据深度。

(1)数据广度

这是指要有丰富的数据类型。比如,不仅仅要有社交领域的数据,还要有游戏、支付、自媒体等领域的数据,这样就提供了一个广阔的视野让系统来看待网络黑产的行为特点。

(2)数据深度

在和网络黑产的对抗中,腾讯一直强调纵深防御,因此不仅要有注册数据,还要有登录数据及账号的使用数据,这样才能更好地识别恶意刷单用户。

5. 腾讯大数据处理平台——魔方

腾讯团队研发了一个大数据处理和分析的平台——魔方,底层集成了 MySQL(一种关系型数据库管理系统)、MongoDB(一种基于分布式存储的数据库),Spark(一种专为大规模数据处理而设计的快速通用的计算引擎)、Hadoop(一种分布式系统基础架构)等技术,在用户层面只需要写一些简单的 SQL 语句,完成一些配置就可以实现例行分析。

魔方收集社交、电商、支付、游戏等场景的数据,针对这些数据建立一些模型,发现哪些是恶意的数据,并且将数据沉淀下来。沉淀下来的对安全有意义的数据,一方面就存储在魔方平台上,供线下审计做模型使用;另一方面会以实时服务的方式,供线上的系统查询使用。

### 6.腾讯用户画像沉淀方法

以 QQ 的用户画像为例,比如,一个 QQ 账号只登录 IM(即时通信)系统,不登录其他腾讯的业务,不聊天,频繁地加好友或被好友删除,QQ 空间要么没开通,要么开通了 QQ 空间也是评论多回复少,这种号码一般会被标注为 QQ 养号(即营销号等)。标签的类别和明细,需要做风控的人自己去设定,如可按地理位置(省份)标记,也可按性别(男女)标记。

一般的业务都有针对 IP 的频率、次数限制的策略,那么网络黑产为了对抗,必然会大量采用代理 IP 来绕过限制。代理 IP 的识别如此重要,以下便以腾讯识别代理 IP 的过程为例来进行讲解。识别一个 IP 是不是代理 IP,技术不外乎就是如下四种。

(1)反向探测技术

扫描 IP 是不是开通了 80、8080 等代理服务器经常开通的端口,显然一个普通的用户 IP 不太可能开通如上的端口。

(2)HTTP 头部的 X_Forwarded_For

开通了 HTTP 代理的 IP 可以通过此法来识别是不是代理 IP;如果带有 XFF 信息,该 IP 是代理 IP 无疑。

(3)Keep-alive 报文

如果带有 Proxy-Connection 的 Keep-alive 报文,该 IP 毫无疑问是代理 IP。

(4)查看 IP 上端口

如果一个 IP 有的端口大于10000,那么该 IP 大多也存在问题,普通的家庭 IP 开这么大的端口几乎是不可能的。

以上代理 IP 检测的方法几乎都是公开的,但是盲目去扫描全网的 IP,会被拦截不说,效率也是一个很大的问题。

因此,除了利用网络爬虫爬取代理 IP 外,还可利用如下办法来加快代理 IP 的收集:通过业务建模,收集恶意 IP(网络黑产使用代理 IP 的可能性比较大),然后再通过协议扫描的方式来判断这些 IP 是不是代理 IP。每天腾讯都能发现千万级别的恶意 IP,其中大部分还是代理 IP。

## (五)美团外卖

美团外卖经过近几年的飞速发展,品类已经从单一的外卖扩展到了美食、夜宵、鲜花、商超等多个品类。用户群体也从早期的以学生为主扩展到学生、白领、社区及商旅群体,甚至包括在 KTV 等娱乐场所消费的人群。随着供给和消费人群的多样化,如何在供给和用户之间做一个对接,就成为用户画像的一个基础工作。所谓千人千面,画像需要刻画不同人群的消费习惯和消费偏好。

### 1. 外卖 O2O 和传统电商的内差异

(1)新事物,快速发展

这意味着很多用户对外卖的认知较少,对平台上的新品类缺乏了解,对自身的需求也没有充分意识。平台需要去发现用户的消费意愿,以便对用户的消费进行引导。

（2）高频

外卖是个典型的高频 O2O（online to offline，线上到线下）应用。一方面消费频次高，用户生命周期相对好判定；另一方面消费单价较低，用户决策时间短、随意性大。

（3）场景驱动

场景是特定的时间、地点和人物的组合下的特定的消费意图。不同的时间、地点，不同类型的用户的消费意图会有差异。例如，白领在写字楼中午的订单一般是工作餐，通常在营养、品质上有一定的要求，且单价不能太高；而到了周末晚上的订单大多是夜宵，追求口味且价格弹性较大。场景辨识越细致，越能了解用户的消费意图，运营效果就越好。

（4）用户消费的地理位置相对固定

结合地理位置判断用户的消费意图是外卖的一个特点。

2.外卖产品运营对画像技术的要求

大致可以把外卖产品的运营分为用户获取和用户拓展两个阶段（见图 6-12）。在用户获取阶段，用户因为自然原因或一些营销事件（如广告、社交媒体传播）产生对外卖的注意，进而产生了兴趣，并在合适的时机下完成首购，从而成为外卖新客。在这一阶段，运营的重点是提高效率，通过一些个性化的营销和广告手段，吸引到真正有潜在需求的用户，并刺激其转化。在用户完成转化后，接下来的运营重点是拓展用户价值。这里有两个问题：第一是提升用户价值，具体而言就是提升用户的单均价和消费频次，从而提升用户的 LTV（life-time value，生命周期总价值）。基本手段包括交叉销售（新品类的推荐）、向上销售（优质高价供给的推荐）及重复购买（优惠、红包刺激重复下单，以及优质供给的推荐带来下单频次的提升）。第二个问题是用户的留存，通过提升用户总体体验及在用户有流失倾向时通过促销和优惠将用户留在外卖平台。

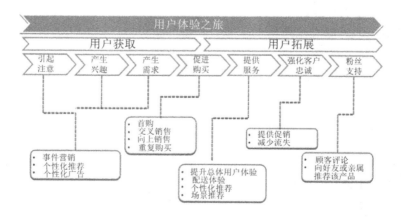

图 6-12　外卖产品运营示意

用户所处的体验阶段不同，运营的侧重点也需要有所不同。而用户画像作为运营的支撑技术，需要提供相应的用户刻画以满足运营需求。根据图 6-12 的营销链条，从支撑运营的角度，除去提供常规的用户基础属性（如年龄、性别、职业、婚育状况等）及用户偏好之外，还需要考虑这么几个问题。

（1）什么样的用户会成为外卖平台的顾客（新客识别）。

（2）用户所处生命周期的判断，用户是否可能从平台流失（流失预警）。

（3）用户处于什么样的消费场景（场景识别）。

3. 外卖画像系统架构

数据源包括基础日志、商家数据和订单数据。数据完成处理后存放在一系列主题表中，再导入 kv（Key-Value 数据库）储存，给下游业务端提供在线服务。同时系统会对整个业务流程实施监控，主要分为两部分，第一部分是对数据处理流程的监控，利用内部自研的数据治理平台，监控每天各主题表产生的时间、数据量，监测数据分布是否异常。第二部分是对服务的监控。

目前画像系统支持的下游服务包括：广告、排序、运营等系统。

外卖画像系统架构如图 6-13 所示。

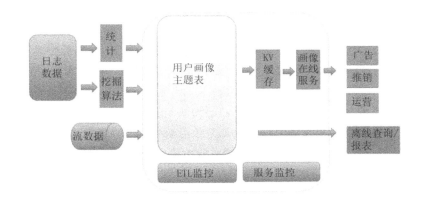

**图 6-13　外卖画像系统架构**

4. 外卖 O2O 的用户画像

（1）新客运营

需要回答下列三个问题：新客在哪里？新客的偏好如何？新客的消费力如何？回答这三个问题是比较困难的，因为相对于老客而言，新客的行为记录非常少或者几乎没有。这就需要通过一些技术手段做出推断。例如，新客的潜在转化概率，受到新客的人口属性（职业、年龄等）、所处地域（需求的因素）、周围人群（同样反映需求）及是否有充足供给等因素的影响；而对于新客的偏好和消费力，从新客在店内场景下的消费行为可以做出推测，另外用户的工作和居住地点也能反映他的消费能力。

对新客的预测大量依赖他在到店场景下的行为，而用户的到店行为对于外卖是比较稀疏的，大多数的用户只在少数几个类别上有过一些消费行为。这就意味着我们需要考虑选择什么样的统计量描述：是消费单价、总消费价格还是消费品类等。然后通过大量的试验来验证特征的显著性。另外，由于数据比较稀疏，需要考虑合适的平滑处理。

在做高潜新客挖掘时,融入了多方特征,通过特征的组合最终做出一个效果比较好的预测模型。我们能够找到一些高转化率的用户,其转化率比普通用户高若干倍。通过对高潜用户有针对性的营销,可以极大地提高营销效率。

(2)流失预测

新客来了之后,接下来需要把他留在这个平台上,尽量延长生命周期。营销领域关于用户留存的两个基本观点如下(引自菲利普·科特勒《营销管理》)。

①获取一个新顾客的成本是维系现有顾客成本的 5 倍。

②如果将顾客流失率降低 5%,公司利润将增加 25%~85%。

用户流失的原因通常包括:竞争对手的吸引,体验问题,需求变化。可借助机器学习的方法,构建用户的描述特征,并借助这些特征来预测用户未来流失的概率。

这里有以下两种做法。

第一种是预测用户未来若干天下单这一事件发生的概率。这是典型的概率回归问题,可以选择逻辑回归、决策树等算法拟合给定观测下事件发生的概率。

第二种是借助于生存模型,例如 COX-PH 模型,做流失的风险预测。图 6-14 左边是概率回归的模型,将用户未来 $T$ 天内是否有下单作为类别标记 $y$,然后估计在观察到特征 $X$ 的情况下 $y$ 的后验概率 $P(y|X)$。右边是用 COX 模型的例子,我们会根据用户在未来 $T$ 天是否下单,给样本一个类别,即观测时长,记为 $T$。假设用户下单的距今时长 $t < T$,将 $t$ 作为生存时长 $t'$;否则将生存时长 $t''$ 记为 $T$。这样一个样本由三部分构成:样本的类别(flag)、生存时长($t'$)及特征列表。通过生存模型虽然无法显式得到 $P(t'|X)$ 的概率,但其协变量部分实际反映了用户流失的风险大小。

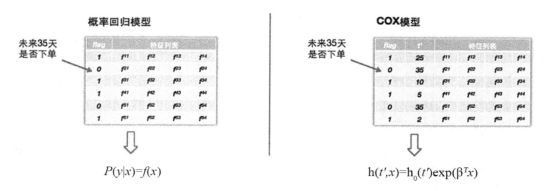

$$P(y|x)=f(x) \qquad h(t',x)=h_0(t')\exp(\beta^T x)$$

**图 6-14 外卖用户流失风险预测**

生存模型中,$\beta^T x$ 反映了用户流失的风险,同时也和用户下次订单的时间间隔成正相关。图 6-15 的箱线图中,横轴为 $\beta^T x$,纵轴为用户下单时间的间隔。

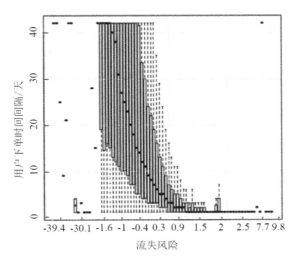

**图 6-15　外卖用户生存模型示意**

做了 COX 模型和概率回归模型的对比。在预测用户未来几天内是否会下单上面，两者有相近的性能。美团外卖通过使用用户流失预警模型，显著降低了用户留存的运营成本。

（3）场景运营

拓展用户的体验，最重要的一点是要理解用户下单的场景。了解用户的订餐场景有助于基于场景的用户运营。场景可以从时间、地点、订单三个维度描述。比如说工作日的下午茶、周末的家庭聚餐、夜里在家点夜宵等。其中重要的一点是对用户订单地址的分析。通过区分用户的订单地址是写字楼、学校或是社区，再结合订单时间、订单内容，可以对用户的下单场景做到大致的了解。

对于场景运营而言，通常需要经过如下三个步骤，如图 6-16 所示。

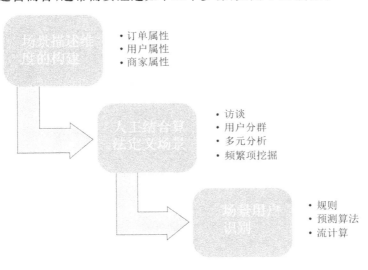

**图 6-16　外卖用户场景运营步骤示意**

根据订单系统中的用户订单地址文本,基于自然语言处理技术对地址文本进行分析,可以得到地址的主干名称(指去掉了楼宇、门牌号的地址主干部分)和地址的类型(写字楼、住宅小区等)。在此基础上通过一些地图数据辅助从而判断出最终的地址类型。预测用户的消费场景,进而基于场景做交叉销售和向上销售。

外卖是一个高频的业务。由于用户的消费频次高,用户生命周期的特征体现较显著。运营可以基于用户所处生命周期的阶段制定营销目标,例如用户完成首购后的频次提升、成熟用户的价值提升、衰退用户的挽留及流失用户的召回等。因此用户的生命周期是一个基础画像,配合用户基本属性、偏好、消费能力、流失预测等其他画像,通过精准的产品推荐或者价格策略实现运营目标。

用户的消费受到时间、地点等场景因素驱动。因此需要对用户在不同的时间、地点下消费行为的差异做深入了解,归纳不同场景下用户需求的差异,针对场景制定相应的营销策略,提升用户活跃度。

另外,由于外卖是一个新鲜的事物,在用户对一些新品类和新产品缺乏认知的情况下,需要通过技术手段识别用户的潜在需求,进行精准营销。例如,哪些用户可能会对小龙虾、鲜花、蛋糕这样的相对低频、高价值的产品产生购买行为。可以采用的技术手段包括用户分群、对已产生消费的用户做 look-alike(人群扩散算法)扩展、迁移学习等。

在制作外卖的用户画像时还面临如下挑战。

(1)数据多样性,存在大量非结构化数据,例如用户地址、菜品名称等。需要用到自然语言处理技术,同时结合其他数据进行分析。

(2)相对于综合电商而言,外卖是个相对单一的品类,用户在外卖上的行为不足以全方位地描述用户的基本属性。因此需要和用户在其他场合的消费行为做融合。

(3)外卖单价相对较低,用户消费的决策时间短、随意性强。不像传统电商用户在决策前有大量的浏览行为可以用于捕捉用户单次的需求。因此更需要结合用户画像分析用户的历史兴趣及用户的消费场景,在消费前对用户做适当的引导、推荐。

面临这些挑战,需要用户画像团队更细致地进行数据处理、融合多方数据源,同时发展出新的方法论,才能更好地支持外卖业务发展的需要。而外卖的上述挑战,又分别和一些垂直领域电商类似,经验上存在可以相互借鉴之处。因此,外卖的用户画像的实践和经验累积,必将对整个电商领域的大数据应用做出新的贡献!

## 习题

1. 客户流失分析。

商业活动中预防客户流失是一个重要的话题,由此衍生出许多具体问题,比如:哪些客户容易流失,流失与哪些因素相关,流失客户的变化路径是怎样的,如何降低客户流失,采取何种手段挽留客户更有效等。根据客户历史行为数据,分析客户流失的内在特征与规律,并对具有潜在流失风险的客户进行挽留,降低客户流失率。

Retailrocket Recommender System Dataset 是一个真实电子商务网站的用户行为数据,包括 4.5 个月内网站访问者的行为数据,行为分为三类:点击、加入购物车和交易。总计有 1407580 位访问者的 2756101 个行为事件,其中浏览行为 2664312 个、添加到购物车行为 69332 个、交易行为 22457 个。

（数据来源：https://www.kaggle.com/retailrocket/ecommerce-dataset。）

2. 客户网贷违约行为识别与客户分群

Lending Club 信用贷款违约数据是美国网络贷款平台 Lending Club 在 2007—2015年间的信用贷款情况数据,主要包括贷款状态和还款信息。附加属性包括信用评分、地址、邮编、所在州等,累计 75 个属性(列),89 万个实例(行)。

（数据来源：https://www.kaggle.com/wendykan/lending-club-loan-data。）

第七章

# 推荐系统

推荐系统

## 一、推荐系统概念

"推荐系统是一种信息过滤系统,手段是预测用户(user)对物品(item)的评分和偏好。"以上是维基百科对推荐系统的定义,简单而言就是用已有的连接去预测未来用户和物品之间会出现的连接,而推荐系统下的连接是指:能够产生关系的都是连接,比如用户对物品实施了一个行为,或者用户的某些属性和物品的属性一样等。

根据推荐系统的定义可知,推荐系统主要原理是根据用户过去的行为(比如购买、评分、点击等)来建立用户兴趣模型,之后利用一定的推荐算法,把用户最可能感兴趣的内容推荐给用户,如图 7-1 所示。

**图 7-1　推荐系统主要原理示意**

推荐系统主要包含的四大要素为:产品的 UI、数据、领域知识和推荐算法。

### (一)产品的 UI

最先优化的一定是产品的 UI 和 UE,即人机交互设计和用户体验设计。推荐系统的 UI 通过展示推荐物品(物品标题、缩略图、简介等)来给用户推荐相应的物品,随之优化的用户体验设计也能够提升推荐系统的推荐效果。

### (二)数据

推荐算法主要需要三部分的数据,分别是用户数据、内容数据、用户和内容的关联数据。

*1. 用户数据*

这是指用来建立用户模型的数据,这些数据根据不同的推荐算法而不同,典型的数据包括用户兴趣点、用户描述、用户的社交好友关系等。

### 2. 内容数据

这是指用来描述一个被推荐内容主要属性的数据,这些属性主要都是跟具体的内容相关的,如一部电影的导演、演员、类型和风格等。

### 3. 用户和内容关联数据

用户—内容交互是指反映用户与内容内在联系的数据,分为隐式和显式两种。显式主要是指评价、打分、购买等能明显反映用户对内容兴趣的交互数据,隐式指的是用户的点击、搜索记录等间接反映用户对内容兴趣的交互数据。

## (三)领域知识

领域知识,与之对应的是常识和通识。每个产品都涉及领域知识,每一个产品存在于市场上,相应的总是有一部分价值是大多数其他产品无法替代的,这部分就涉及了领域知识。电商产品有自己的领域知识,比如普通用户更在意的是价格而不是兴趣;音乐产品也有自己的领域知识,比如一个歌手的忠实粉丝,你推荐给他该歌手的任意一首歌对他来说都是徒劳的,因为他早就听过了。在一个领域总结出来的普适规律,对于推荐系统的效果提升非常有用:有些不必要的推荐是需要避免的,以免引起用户疲劳;有些推荐能大幅提高某些指标;有些推荐是为了缩短模型训练周期。

## (四)推荐算法

推荐系统选择正确的推荐算法是非常重要的,而推荐系统算法通常是某类推荐模型的实现,它负责获取数据,例如用户的喜好和可推荐项的描述,以及预测给定的用户组会对哪些选项感兴趣。到目前为止,已经有许多推荐算法可供选择,但为需要解决的特定问题选择一种特定的算法仍然很困难。每一种推荐算法都有其优点和缺点,当然也有其限制条件,在做出决定之前,必须要一一考量。在实践中,一般会测试几种算法,以发现哪一种最适合系统用户,因此需要了解它们的工作原理。

推荐算法通常被分为几大类:协同过滤推荐算法、基于内容的推荐算法、基于关联规则的推荐、混合推荐算法、流行度推荐算法。除了这些种类以外,还有一些高级非传统的推荐算法,例如基于深度学习的、基于上下文感知的推荐算法等。

## (五)算法指标

自对推荐系统进行研究以来,对预测和推荐结果的评估一直都是十分重要的环节,一个推荐算法的优劣直接体现在这些评估指标的表现上。一般来说,按照推荐任务的不同,最常用的推荐质量度量方法可以划分为三类:第一,对预测的评分进行评估,适用于评分预测任务。第二,对预测的商品集合进行评估,适用于 Top-N 推荐任务。第三,按排名列表对推荐效果加权进行评估,既可以适用于评分预测任务也可以用于 Top-N 推荐任务。三类度量方法对应的具体评价指标分别为:评分预测指标,如准确度指标、平均绝对误差(MAE)、均方误差根(RMSE)、标准化平均误差(NMAE)和覆盖率(coverage);集合推荐指标,如精密度(precision)、召回率(recall)、ROC 和 AUC;排名推荐指标,如 half-life(半衰期)和 DCG(discounted cumulative gain,一种衡量搜索引擎算法的指标)等。在下文将进行进一步详细介绍。

## 二、推荐系统模型

### (一)协同过滤的推荐算法

协同过滤(CF)推荐算法通过在用户活动中寻找特定模式来为用户产生有效推荐。它依赖于系统中用户的惯用数据,例如通过用户对其阅读过书籍的评价可以推断出用户的阅读偏好。这种算法的核心思想就是:如果两个用户对于一些项的评分相似程度较高,那么一个用户对于一个新项的评分很有可能类似于另一个用户。值得注意的是,他们推荐的时候不依赖于项的任何附加信息(如描述、元数据等),或者用户的任何附加信息(如喜好、人口统计相关数据等)。基于协同过滤的推荐算法又可以分为:基于用户的协同过滤推荐(user-based collaborative filtering recommendation)、基于项目的协同过滤推荐(item-based collaborative filtering recommendation)、基于模型的协同过滤推荐(model-based collaborative filtering recommendation)。

1. 基于用户的协同过滤推荐算法

基于用户的协同过滤推荐算法先使用统计技术寻找与目标用户有相同喜好的邻居,然后根据目标用户的邻居的喜好产生向目标用户的推荐。基本原理就是利用用户访问行为的相似性来互相推荐用户可能感兴趣的资源,图 7-2 为基于用户的协同过滤推荐机制的基本原理,假设用户 A 喜欢物品 A、物品 C,用户 B 喜欢物品 B,用户 C 喜欢物品 A、物品 C 和物品 D;从这些用户的历史喜好信息中,可以发现用户 A 和用户 C 的口味和偏好是比较类似的,同时用户 C 还喜欢物品 D,那么可以推断用户 A 可能也喜欢物品 D,因此可以将物品 D 推荐给用户 A。

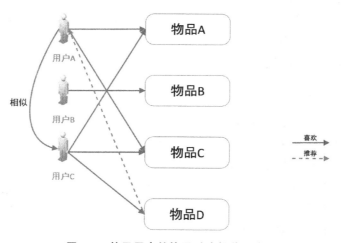

**图 7-2　基于用户的协同过滤推荐示意**

　　以上是一个最简单的基于用户的协同过滤的例子,并不能很好地描述如何具体地计算用户之间的相似度。通过以下的一个例子进行具体的描述。

　　假设有一组用户,他们表现出了对一组图书的喜好。用户对一本图书的喜好程度越高,就会给其更高的评分。可通过一个矩阵来展示,行代表用户,列代表图书。用户对图书的评分如图7-3所示。所有的评分范围从1到5,5代表喜欢程度最高,1代表喜欢程度最低。第一个用户(行1)对第一本图书(列1)的评分是4。空的单元格代表用户未给图书评价。

|   | a | b | c | d | e | f |
|---|---|---|---|---|---|---|
| A | 4 | 3 |   |   | 5 |   |
| B | 5 |   | 4 |   | 4 |   |
| C | 4 |   | 5 | 3 | 4 |   |
| D |   | 3 |   |   |   | 5 |
| E |   | 4 |   |   |   | 4 |
| F |   |   | 2 | 4 |   | 5 |

图7-3　用户对图书的评分

　　使用基于用户的协同过滤方法,首先要做的是基于用户给图书做出的评价计算出用户之间的相似度。要做到这一点,常见的做法是从一个单一用户的角度考虑问题,使用包含了用户喜好项的向量(或数组)代表每一个用户。相较于使用多样化的相似度量,这种做法非常直接。在这个例子中,我们使用余弦相似性。当把用户 A 和其他 5 个用户进行比较时,就能直观地看到用户 A 和其他用户的相似程度(见图7-4)。对于大多数相似度量,向量之间相似度越高,代表彼此更相似。图7-3 中,用户 A 与用户 B、用户 C 非常相似,有两本共同书籍;与用户 D、用户 E 的相似度低一些,只有一本共同书籍;而与用户 F 完全不相似,没有一本共同书籍。

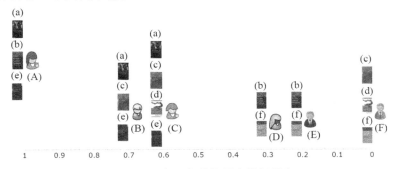

图7-4　用户 A 与其他用户的相似度

可以使用余弦相似性在一个单一维度绘制用户之间的相似度,可以计算出每个用户的相似性,并且在相似矩阵中表示它们(见图 7-5),用户之间的相似度是基于用户对所读图书的评价数据的相似度。这是一个对称矩阵,这意味着对它进行数学计算会有一些有用的特性。单元格的背景颜色表明用户相似度的高低,颜色越深表示他们之间更相似。

|  | A | B | C | D | E | F |
|---|---|---|---|---|---|---|
| A | 1.00 | 0.75 | 0.63 | 0.22 | 0.30 | 0.00 |
| B | 0.75 | 1.00 | 0.91 | 0.00 | 0.00 | 0.16 |
| C | 0.63 | 0.91 | 1.00 | 0.00 | 0.00 | 0.40 |
| D | 0.22 | 0.00 | 0.00 | 1.00 | 0.97 | 0.64 |
| E | 0.30 | 0.00 | 0.00 | 0.97 | 1.00 | 0.53 |
| F | 0.00 | 0.16 | 0.40 | 0.64 | 0.53 | 1.00 |

图 7-5　用户间的相似度矩阵

现在使用基于用户的协同过滤方法准备好了为用户生成推荐。在一般情况下,对于一个给定的用户,这意味着找到最相似的用户,并推荐这些类似的用户欣赏的项,并根据用户相似度对其进行加权。先来看第一个用户,为他们生成一些推荐。首先,找到了与用户 A 最相似的另一用户,删除用户已经评价过的书籍,给最相似用户正在阅读的书籍加权,然后计算出总和。在这种情况下,$n=2$,表示为了产生推荐,需要找出与目标用户最相似的两个用户。这两个用户分别是用户 B 和用户 C(见图 7-6)。选取最相似的两个用户所评价的书,进行加权,然后推荐加权分数最高且目标用户未评价过的图书。用户 A 已经评价了图书 a、图书 b 和图书 e,最终所产生的推荐书是图书 c 和图书 d,它们的评分分别为 4.5 分和 3.0 分。

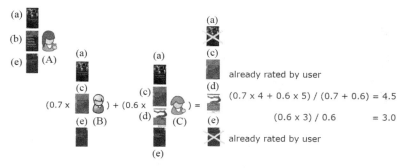

图 7-6　用户 A 进行推荐

## 2. 基于项目的协同过滤推荐算法

基于项目的协同过滤推荐算法是根据所有用户对物品或者信息的评价,发现物品和物品之间的相似度,然后根据用户的历史偏好信息将类似的物品推荐给该用户。

图 7-7 表明基于项目的协同过滤推荐的基本原理。用户 A 喜欢物品 A 和物品 C,用户 B 喜欢物品 A、物品 B 和物品 C,用户 C 喜欢物品 A,从这些用户的历史喜好中可以认为物品 A 与物品 C 比较类似,喜欢物品 A 的都喜欢物品 C,基于这个判断,用户 C 可能也喜欢物品 C,所以推荐系统将物品 C 推荐给用户 C。

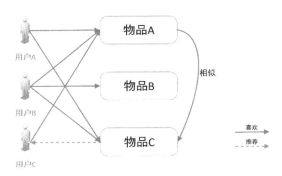

**图 7-7　基于项目的协同过滤推荐示意**

再举一个关于图书推荐的例子,可与基于用户的协同过滤推荐做对比。同样地,以评价过一些书籍的一组用户为基础(见图 7-3)。类似于基于用户的协同过滤,在基于项的协同过滤中,要做的第一件事也是计算相似度矩阵。然而,这一次要看的是项,而非用户的相似性。类似地,要计算出一本书和其他书的相似性,将使用评价过一本书的用户向量(或数组)表示这本图书,并比较他们的余弦相似性函数。针对图书 a 而言,最类似的是图书 e,因为评价他们的用户大致相同(见图 7-8)。图书 c 有两个相同的评价用户,图书 b 和图书 d 只有一个共同评价用户,而图书 f 与图书 a 最不相似,因为它们没有共同的评价用户。图书用评价过它们的用户表示。使用相似值(0~1)表示相似度。两本书越相似则相似值越高。

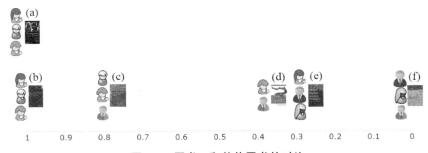

**图 7-8　图书 a 和其他图书的对比**

为了更充分地显示结果,可以显示表示所有图书之间相似度的相似矩阵(见图 7-9)。同样地,单元格背景颜色的深浅表示相似度的高低,颜色越深表明相似度越高。

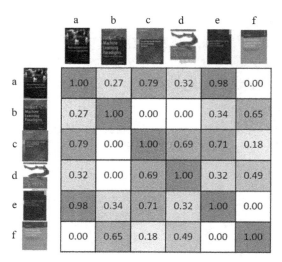

**图 7-9　书的相似度矩阵**

现在,已经知道了图书之间的相似度,可以为用户进行推荐。在基于项目的协同过滤推荐的算法中,采用被用户评价过的项,推荐和被采取项最相似的项。在图 7-9 的例子中,用户 A 首先将被推荐图书 c,其次是图书 f(见图 7-10)。同样设置 $n=2$,只计算和用户已经评价过的图书最相似的两本图书。

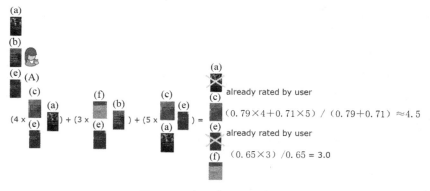

**图 7-10　为用户 A 进行推荐**

基于用户或者项目的协同过滤推荐算法由于其简单性和高效率具有相当的知名度,同时也是由于它们有产生准确的和个性化的推荐的能力。然而,它们也有一些可扩展性的限制,因为在用户数量和项的数量增长的情况下,它们需要一个相似度的计算(基于用户或项)。在最坏的情况下,这种计算的时间复杂度可能是 $O(m \times n)$,但在实践中的情况稍微好一点,是 $O(m+n)$,部分原因是利用了数据的稀疏度。虽然稀疏有助于可扩展性,但它也对基于邻域的方法提出了一个挑战,因为大部分的用户仅仅对庞大数量项中的很少一部分进行了评分。例如,在 Mendeley(一款免费的文献管理软件),有数以百万计的文章,而一个用户可能只读了其中几百篇文章。两个读过 100 篇文章的用户有一篇相同文章的概率(共 5000 万篇文章)是 0.0002。

### 3. 基于模型的协同过滤推荐算法

基于模型的协同过滤推荐算法是基于样本的用户喜好信息，训练一个推荐模型，然后根据实时的用户喜好的信息进行预测推荐。针对上一节基于用户或者项目的协同过滤算法并不能处理的可扩展性限制问题，基于模型的方法可以帮助克服这些局限性。它不像基于用户或者项目的方法，使用用户项评分直接预测新的项。基于模型的方法会在使用评分去学习预测模型的基础上，去预测新项。一般的想法是使用机器学习算法建立用户和项的相互作用模型，从而找出数据中的模式。在一般情况下，基于模型的协同过滤方法被认为是建立协同过滤推荐系统的更先进的算法。有许多不同的算法可用于构建模型并基于这些模型进行预测，例如，贝叶斯网络、聚类、分类、回归、矩阵因子分解、受限玻尔兹曼机等。这些技术在为了最终赢得 Netflix（网飞，一家会员订阅制的流媒体播放平台）奖的解决方案中扮演了关键角色。Netflix 发起了一个竞赛，从 2006—2009 年提供 100 万美元奖金，颁发给产生的推荐比他们自己的推荐系统精确 10% 以上的推荐系统团队。成功获奖的解决方案是 Netflix 研发的一个集成（即混合）了超过 100 种算法的模型，这些算法模型都采用了矩阵因子分解和受限玻尔兹曼机。

矩阵因子分解（如奇异值分解）将项和用户都转化成了相同的潜在空间，它代表了用户和项之间的潜在相互作用（见图 7-11）。用户偏好矩阵可以被分解成一个用户主题矩阵乘以一个主题项矩阵。矩阵分解背后的原理是潜在特征代表了用户如何给项进行评分。给定用户和项的潜在描述，可以预测用户将会给还未评价的项多少评分。

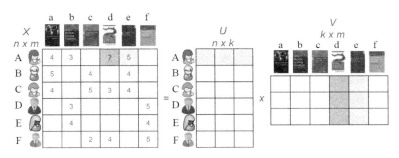

**图 7-11　矩阵分解表示**

由于它们仅依赖于用户的惯用数据，协同过滤算法需要最低限度专业技术人员的努力，以产生足够好的结果，但是，它们也有局限性。例如，协同过滤倾向于推荐流行的项，很难推荐给有独特口味的人（即感兴趣的项并没有产生足够多的惯用数据）。这被称为流行性偏见，它通常用的是基于内容的过滤方法。协同过滤方法的一个更重要的限制是所谓的"冷启动问题"，系统是不能够给没有（或非常少）惯用活动的用户进行推荐的，又叫新用户问题，或推荐新项问题。新用户的"冷启动问题"可以通过流行性和混合方法进行解决，而新项问题可以通过使用基于内容的推荐进行解决。

### （二）基于内容的推荐算法

基于内容的推荐算法是根据物品或内容的元数据，发现物品或内容的相关性，然后基于用户以前的喜好记录推荐给用户相似的物品的算法。它不同于协同过滤算法，因为它是基于 item（物品）的内容（如标题、年份、描述）比较 item 之间的相似度。并没有考虑用户过去如何使用 item 的情况。例如，如果一个用户喜欢电影《指环王：魔戒再现》和《指环王：双塔奇兵》，然后使用电影的标题信息，推荐系统可以向用户推荐电影《指环王：王者无敌》。在基于内容的推荐中，假设可以获取到 item 的描述信息，并将其作为 item 的特征向量（如标题、年份、描述）。这些特征向量将被用于创建一个反映用户偏好的模型。各种信息检索（如 TF-IDF，一种用于信息检索与数据挖掘的常用加权技术）和机器学习技术（如朴素贝叶斯、支持向量机、决策树等）可被用于创建用户模型，从而为用户产生推荐。

图 7-12 给出了基于内容推荐的一个典型的例子——电影推荐系统。首先需要对电影的元数据进行建模，这里只简单地描述了一下电影的类型；其次通过电影的元数据发现电影间的相似度，因为类型都是"爱情，浪漫"，电影 A 和电影 C 被认为是相似的电影（当然，只根据类型是不够的，要得到更好的推荐，还可以考虑电影的导演、演员等）；最后进行推荐，对于用户 A，他喜欢看电影 A，那么系统就可以给他推荐类似的电影 C。

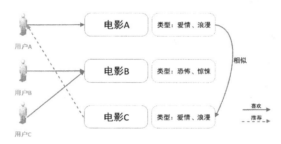

**图 7-12　基于内容的推荐案例**

依旧举和前两节相同背景的案例，假设有一些用户表达过对于一系列书籍的偏好。他们越喜欢一本书，他们对书籍的评分就会越高，通常划分为从 1 到 5 的 5 个等级，5 表示最喜欢，1 表示最不喜欢。可以将用户对于书籍的偏好表示为一个矩阵，其中行代表用户，列表示书籍，如图 7-13 所示。用户 A 对于第一本书的偏好给出了一个 4 分的评分。如果一个单元格是空的，表示用户没有给出对于该书籍的评分。

|   | a | b | c | d | e | f |
|---|---|---|---|---|---|---|
| A | 4 | 3 |   |   | 5 |   |
| B | 5 |   | 4 |   | 4 |   |
| C | 4 |   | 5 | 3 | 4 |   |
| D |   | 3 |   |   |   | 5 |
| E |   | 4 |   |   |   | 4 |
| F |   |   | 2 | 4 |   | 5 |

**图 7-13　用户对书籍的偏好**

在基于内容的推荐中需要做的第一件事是基于内容计算书籍之间的相似度。在这个例子中仅仅使用了书籍标题中的词汇，这是为了将例子进行简化，以方便理解基于内容的推荐算法的工作原理，如图 7-14 所示。在实际应用中，可以使用更多的属性。

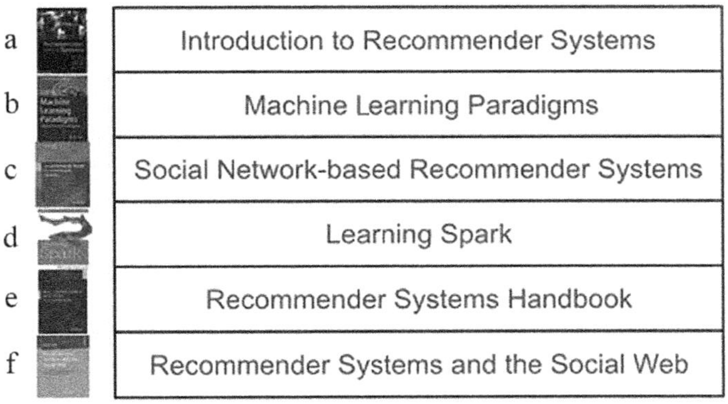

**图 7-14 用户已经评分过的书籍的标题**

首先，从内容中删除停止词（如语法词语、常见的词语）是非常普遍的，然后将书籍用一个向量表示（或数组），这代表使用了哪些词，这被称为矢量空间表示，如图 7-15 所示。当有相应的词汇在标题中时，对应的单元格中标注 1，否则为空白。

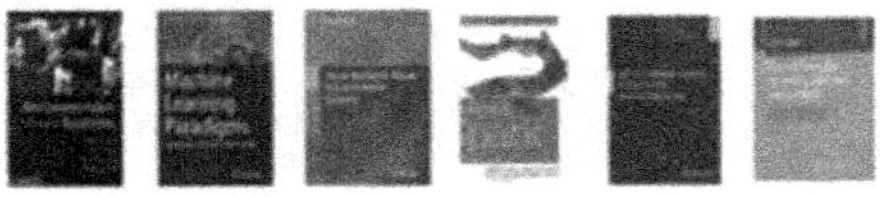

|  | a | b | c | d | e | f |
|---|---|---|---|---|---|---|
| introduction | 1 |  |  |  |  |  |
| recommender | 1 |  | 1 |  | 1 | 1 |
| systems | 1 |  | 1 |  | 1 | 1 |
| machine |  | 1 |  |  |  |  |
| learning |  | 1 |  | 1 |  |  |
| paradigms |  | 1 |  |  |  |  |
| social |  |  | 1 |  |  | 1 |
| network-based |  |  | 1 |  |  |  |
| spark |  |  |  | 1 |  |  |
| handbook |  |  |  |  | 1 |  |
| web |  |  |  |  |  | 1 |

**图 7-15 使用书籍标题中的词汇作为描述书籍的向量表示**

给定每本书的表示之后，使用一系列的相似度度量来对书籍进行比较就变得非常简单了。在这个例子中，选择了余弦相似性度量。当把第一本书与其他 5 本书进行比较时，就能得到这本书与其他书之间的相似程度,如图 7-16 所示。如同大多数相似度度量一样,向量之间的相似性度量值越高,表明两个对象之间越相似。在这种情况下,图书 a 与图书 c、图书 e、图书 f 非常类似,因为它们的表示之间有两个词汇相同(recommender 和 systems),但是其中一本书的描述的词汇最少,它与图书 a 最相似,因为它有最少的多余的词汇。而图书 a 与图书 b、图书 d 之间因为没有共同的描述词汇,因此可以表示为一点都不相似。

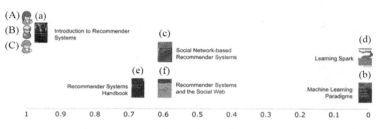

**图 7-16　图书 a 与其他书籍之间的相似度**

更进一步,就可以在一个相似度矩阵中显示所有书籍之间的相似程度,如图 7-17 所示。单元格的背景颜色的深浅表示两本书之间的相似程度,颜色越深,它们之间越相似。

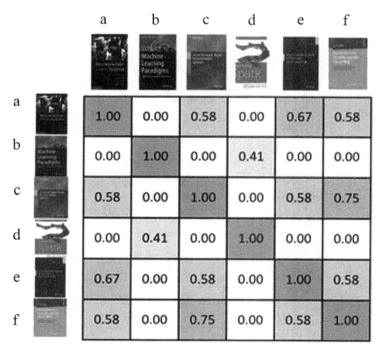

**图 7-17　书籍之间的相似度矩阵**

每个相似度是基于书籍的词汇向量表示,用余弦相似性度量进行计算的。在知道书籍之间有多相似之后,就可以为用户推荐书籍了。类似于在第二部分所介绍的基于项目的协同过滤的推荐算法,选取一个用户此前评分过的书籍,并推荐与它们最相似的书籍。与协同过滤的推荐算法不同的是,这里的相似性度量是基于书籍的内容,在这个例子中,准确来说是标题,而不是使用用户过去的行为数据。在这个例子中,用户 A 将会被推荐图书 d,之后是图书 f,如图 7-18 所示。

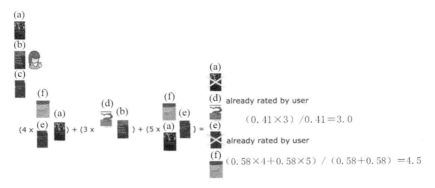

**图 7-18　针对用户 a 产生的推荐**

基于内容的方法克服了协同过滤方法的很多不足。具体来说,基于内容的推荐算法可以克服流行度偏离和项的冷启动问题,这些问题在第二部分介绍协同过滤的推荐算法的时候已经讨论过。然而,值得注意的是,纯粹基于内容的推荐算法的性能通常不如协同过滤的推荐算法。基于内容的推荐算法通常还存在过度专业化(over-specialization)的问题,即用户可能会得到过多相同类型的 item(如推荐所有的"指环王"系列电影),而不会推荐其他不同的、但用户可能感兴趣的 item。最后,基于内容的推荐算法中,仅仅使用了包含在 item 元数据中的词汇(如标题、描述、年份),这限制了推荐算法的实用性,不能帮助用户探索和发现词汇之外的内容。

### (三)基于关联规则的推荐算法

推荐算法其实都涉及这样的场景:"看过××的还看过×××",或者"买过××的用户还买过×××"。实际上,支撑类似理由的一个很重要的推荐算法就是关联规则。即通过一定的逻辑来寻找物品之间的相关关系,请注意是相关关系并不是相似关系,又或者说并不是寻找严格意义上属性上的相似,单纯只是为了寻找它们之间的关联性。

"啤酒与尿布"就是一个基于关联规则推荐的案例,即当用户浏览尿布的时候适当对其推荐啤酒,从而提升搭配销售的效果。通过搭配售卖情况的历史数据,来分析每个搭配之间的合理性,即分析不同商品组合之间的相关性,这种相关性很难去解释,但确实在生效。

而关联规则算法主要有 Apriori 算法和 FP-Growth 算法,FP-Growth 算法是一种比 Apriori 算法更加高效的频繁项集挖掘算法,这两种算法都能够挖掘频繁项集。

1. Apriori 算法

(1)概述

Apriori 算法是常用的用于挖掘出数据关联规则的算法,它被用来找出数据值中频繁出现的数据集合。这些找出的集合有助于业务决策,同时也可以认为这些频繁出现的数据集合中的数据项存在一定的关联性,简而言之,可以认为这些数据项之间存在某种"相似性"。比如在电商的网购数据中,如果发现某些商品经常一起被购买,那么可以认为这些商品之间存在某种"相似性",从而可以优化网站中这些商品的排列位置、优化商品的仓库位置或者将这些"相似"的物品推荐给正在浏览对应物品的客户,从而可以达到增加经济效益、节约成本的目的。

(2)主要概念介绍

交易集:包含所有数据的一个数据集合,数据集合中的每条数据都是一笔交易。

项:交易集中的每个商品被称为一个项。

模式/项集(item set):项组合被称为模式/项集。

支持度(support):一个项集在整个交易集中出现的次数/出现的频度,比如 support({A,C})=2 表示 A 和 C 同时出现的次数是 2 次。

最小支持度:交易次数达到最小支持度的情况下,该项集才会被计算。

频繁项集:如果项集的支持度大于等于最小支持度,那么该项集被称为频繁项集。

置信度(confidence):关联规则左件和右件同时出现的频繁程度,该值越大,表示同时出现的概率越大。

支持度和置信度的计算公式为

$$support(X,Y)=\frac{X \bigcap Y \text{ 的数据量}}{\text{总的数据量}} \tag{7-1}$$

$$confidence(X,Y)=\frac{X \bigcap Y \text{ 的数据量}}{\text{含 } X \text{ 的数据量}} \tag{7-2}$$

(3)算法原理

Apriori 算法本质的作用是找出购物数据集中的最频繁的 $k$ 项集。Apriori 算法采用了迭代的方法,先搜索出候选 1 项集及对应的支持度,剪枝去掉低于最小支持度的 1 项集,得到频繁 1 项集。然后对剩下的频繁 1 项集进行连接,得到候选的频繁 2 项集,筛选去掉低于最小支持度的候选频繁 2 项集,得到频繁 2 项集,以此类推,迭代下去,直到无法找到频繁 $k+1$ 项集为止,对应的频繁 $k$ 项集的集合即为算法的输出结果。Apriori 算法示意如图 7-19 所示。

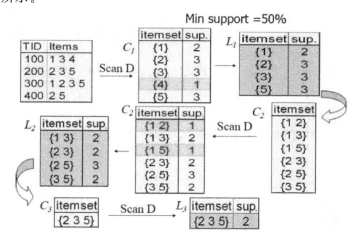

图 7-19 Apriori 算法示意

（4）步骤

输入：数据集合 $D$，支持度阈值 $\alpha$。输出：最大的频繁 $k$ 项集。

步骤 1：扫描整个数据集，得到所有出现过的 1 项集，得到候选频繁 1 项集。

步骤 2：令 $k=1$。

步骤 3：挖掘频繁 $k$ 项集；扫描数据，计算候选频繁 $k$ 项集的支持度去除候选频繁 $k$ 项集中支持度低于阈值的数据集，得到频繁 $k$ 项集。如果得到的频繁 $k$ 项集为空，则直接返回频繁 $k$ $-1$ 项集的集合作为算法结果，算法结束。如果得到的频繁 $k$ 项集只有一项，则直接返回频繁 $k$ 项集的集合作为算法结果，算法结束。基于频繁 $k$ 项集和频繁 1 项集，连接生成候选频繁 $k$ $+1$ 项集。

步骤 4：$k=k+1$，转入步骤 3。

Apriori 算法是一种非常经典的频繁项集的挖掘算法，理解掌握 Apriori 算法原理，对于数据挖掘相关算法的学习具有非常好的作用。不过，现在一般很少直接使用 Apriori 算法来进行数据挖掘了，原因是 Apriori 算法的数据挖掘效率比较低。

2. FP-Growth 算法

FP-Growth 算法最核心的内容是构建 FP 树，这个树的特点是每一个枝叶脉络就是满足最小支持度的频繁项集，而且既可以统计某个元素出现的全部次数，也可以看到这个元素在某个频繁项集里出现的次数，相当于将频繁项集结构化了。更为神奇的是，它只需要扫描两次数据集即可。算法过程包括两步。

第一步：构建 FP 树。第一次遍历所有项集元素，获取每个元素出现的总次数，去掉支持度（FP-Growth 算法中的支持度是一个数值阈值）以下的元素，存储在头指针表里。回到数据项集，由高往低排序形成一个新的事务集合，这个集合和 FP 树是相通的。通过第二次遍历这个事务数据集，便可以轻松地构建 FP 树，可以把这个 FP 树看作是一元元素的频繁项集。

第二步：生成 FP 条件树。首先根据头指针表里的单个频繁元素获取条件模式基，这个条件模式基其实就是 FP 树构造过程的逆过程，从叶子节点往根方向寻找，找出单个频繁元素和这个前缀路径的对应关系，条件模式基就是前缀路径，是新生成的数据项集。其次根据条件模式基构建条件 FP 树，这个过程和第一步思想一致，也是去掉不满足支持度的元素。生成条件 FP 树其实就是寻找二元、三元等以上元素的频繁项集的过程。

上述算法原理较为抽象，接下来举一个实际例子进行说明。实例背景为一些工程项目需要有专家组进行审核，每一个项目均需要几个专家进行审核，那么可以通过 FP-Growth 关联挖掘专家频繁项集，即挖掘哪些专家经常组合在一起进行审核，便于将这些频繁项集用于最终项目推荐给专家的参照，提升推荐系统的合理化和高效性。

首先通过读取历史项目审查专家集数据，得到专家频繁 1 项集 Set，且 Set 中频繁 1 项集按照频繁度降序排序。对于每一个历史项目审查专家组合即每一种专家组合项，过滤非频繁专家项，并依据 Set 中频繁 1 项集把剩余频繁专家项集按照对应的顺序排序。

如表 7-1 所示，共有 5 个历史项目，由 a、b、c、d、e、f、g 7 位专家参与审查，items 为每种专家组合项，frequent items 为过滤并排序后的频繁项，即此时 set 为｛g, a, d, c, e, b｝。首先建立 FP 树，树中所有分支和节点均来源于专家项集，且完全相同路径能够实现分支上的公用,并在公用的情况下增加相应的权重值,如图 7-20 所示。

表 7-1　专家频繁项表

| 项目 | 专家组合项 | 频繁项 |
|---|---|---|
| 1 | {g,a,d,c} | {g,a,d,c} |
| 2 | {e,a,d,g,b} | {g,a,d,e,b} |
| 3 | {b,a,c,g} | {g,a,c,b} |
| 4 | {a,g,d,e} | {g,a,d,e} |
| 5 | {b,c,d,e} | {d,c,e,b} |

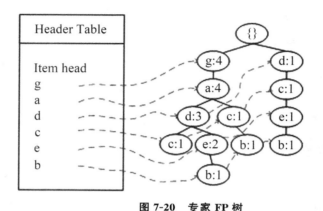

图 7-20　专家 FP 树

通过 FP 树得到每个专家项的前缀路径,即每个专家项对应的条件模式基,如表 7-2 所示。根据表 7-2 不断挖掘每个条件模式基,例如专家项 d(item)的频繁项集如表 7-3 所示。

表 7-2　专家条件模式基

| 专家项 | 条件模式基 |
|---|---|
| b | gade:1,dce:1 |
| e | gad:2,dc:1 |
| c | gad:1,ga:1,d:1 |
| d | ga:3 |
| a | g:4 |
| g | {} |

表 7-3　项对应的频繁集

| 序号 | 频繁集 |
|---|---|
| 1 | eg:2 |
| 2 | ea:2 |
| 3 | ed:3 |
| 4 | ec:1 |
| 5 | egad:2 |
| 6 | ega:2 |
| 7 | egd:2 |
| 8 | edc:1 |
| 9 | ead:2 |

可想而知,如果将关联规则算法应用到当今网上商城中,如天猫超市、京东超市,可以对用户购物单进行关联分析,挖掘潜在的商品之间的联系,而天猫超市和京东超市在做推荐的时候将这些商品之间的联系规则融入,可以提升用户的购买力和相应的购买体验。

综上所述,基于内容的推荐算法只考虑了对象的本身性质,将对象按标签形成集合,如果你消费集合中的一个,则向你推荐集合中的其他对象。基于协同过滤的推荐算法,充分利用集体智慧,即在大量的人群的行为和数据中收集答案,以帮助对整个人群得到统计意义上的结论,推荐的个性化程度高。它基于以下两个出发点:第一,兴趣相近的用户可能会对同样的东西感兴趣;第二,用户可能较偏爱与其已购买的东西相类似的商品。也就是说考虑进了用户的历史习惯,对象客观上不一定相似,但由于人的行为可以认为其主观上是相似的,就可以产生推荐了。而基于关联规则的推荐,并不是简单地计算物品之间的相似度距离,而是通过对历史数据进行数据挖掘,挖掘潜在的物品之间的关联,这些关联可能表面看并非由物品之间的属性决定,而由别的因素决定,即从数据中发现潜在的价值应用于推荐系统,有时候会产生意料之外的效果。

### （四）相似度度量方法

相似度计算方法能够精确计算用户特征向量之间的距离,从而得出用户之间的相似程度,同理,如果也存在商品属性特征向量,相似度计算方法也能够在协同过滤推荐算法中大展身手。假设现在仅仅计算两个实体向量之间的距离,实体向量分别用 $x$、$y$ 表示,默认表示是一维向量。

1. 余弦相似度

相似度计算最常见的方式是余弦相似度,对于 $n$ 维空间的两个向量,通过以下公式计算相似度。其几何意义就是两个向量的空间夹角的余弦值,取值范围在 $-1$ 到 $1$ 之间。取值为 $-1$ 表示完全相反,取值为 $1$ 表示完全相同,其余值表示介于两者之间。

$$\cos <x,y> = \frac{x,y}{|x||y|} \tag{7-3}$$

2. 皮尔逊相关系数

相似度计算的另一种常见方式是皮尔逊相关系数。皮尔逊相关系数的实际意义是两个随机变量 $x$ 和 $y$ 之间的线性相关性,取值范围在 $-1$ 和 $1$ 之间。$-1$ 表示负线性相关,$1$ 表示正线性相关,其余值表示介于两者之间。

$$\rho_{x,y} = \frac{\text{cov}(x,y)}{\sigma_x \sigma_y} \tag{7-4}$$

3. 欧几里得距离(Euclidean distance)

距离度量最常见的是欧几里得距离,计算多维空间中两个点之间的绝对距离。

$$d(x,y) = \sqrt{\sum_{i=1}^{n}(x_i - y_i)^2} \tag{7-5}$$

### （五）推荐算法评测方法

自推荐系统研究开始以来,对预测和推荐结果的评估一直都是十分重要的环节,一个推荐算法的优劣直接体现在其在这些评估指标上的表现。一般来说,按照推荐任务的不同,最常用的推荐质量度量方法可以划分为评分预测指标和集合推荐指标两类。

1. 评分预测指标

为了衡量推荐算法结果的准确性,通常使用一些最常见的预测误差指标的计算,其中平均绝对误差(mean absolute error,MAE)及其相关指标、均方误差(mean squared error,MSE)、均方根误差(root mean squared error,RMSE)和标准平均绝对误差(normalized mean absolute error,NMAE)是其中最具有代表性的指标。首先对符号进行定义,$U$ 代表测试集中 user 集合,$I$ 代表测试集中 item 集合,$r_{u,i}$ 代表 $u$ 对 $i$ 的评分,• 代表空缺的评分($r_{u,i} = $ • 代表 $u$ 没有对 i 评过分),$p_{u,i}$ 代表预测的 $u$ 对 $i$ 的评分,$O_u = \{i \in I \mid p_{u,i} \neq \bullet \wedge r_{u,i} \neq \bullet\}$ 代表测试集中既有用户 $u$ 评分记录,又有模型产生的预测评分的 item 集合。

(1)平均绝对误差

$$MAE = \frac{1}{U} \sum_{u \in U} \frac{1}{O_u} \sum_{i \in O_u} | p_{u,i} - r_{u,i} | \qquad (7\text{-}6)$$

单个用户 $u$ 的标准平均绝对误差为

$$NMAE = \frac{MAE}{r_{max} - r_{min}} \qquad (7\text{-}7)$$

其中 $rmax$ 和 $rmin$ 分别为用户 $u$ 评分区间的最大值和最小值。

(2)均方根误差

$$RMAE = \frac{1}{U} \sum_{u \in U} \sqrt{\frac{1}{O_u} \sum_{i \in O_u} (p_{u,i} - r_{u,i})^2} \qquad (7\text{-}7)$$

将上式的根号去掉即是均方误差。

(3)覆盖率(coverage)

覆盖率最简单的定义是,推荐系统能够推荐出来的物品占总物品的比例。覆盖率越高表明模型能够针对更多的 item 产生推荐,从而促进长尾效应的挖掘。将 $K_u$ 定义为 $u$ 的近邻集合,那么可以将覆盖率定义如下

$$C_u = \{i \in I \mid r_{u,i} \neq \bullet \wedge K_{u,i} \neq \varnothing\} \qquad (7\text{-}9)$$

$$D_u = \{i \in I \mid r_{u,i} = \bullet\} \qquad (7\text{-}10)$$

$$coverage = \frac{1}{U} \sum_{u \in U} \left(100 \times \frac{C_u}{D_u}\right) \qquad (7\text{-}11)$$

除此之外,信息熵和基尼系数也可以用来度量覆盖率。

2. 集合推荐指标

由于数据稀疏和冷启动问题的存在,有时直接预测用户对 item 的评分是困难的,为此有学者提出了 Top-N 推荐方法,即不预测用户对 item 的评分,而是根据 user-item 的隐式交互(如点击数、收藏数)来生成一组用户最有可能喜欢的 items 集合推荐给用户。

接下来,将对 Top-N 推荐中最广泛使用的推荐质量度量指标展开介绍。

以下是对应的符号定义，$R(u)$代表根据用户在训练集上的行为给用户做出的推荐列表，$T(u)$代表用户在测试集上的行为列表。

（1）命中率 Precision，表示推荐项目总数中相关推荐项目的比例。

$$\mathrm{Precision} = \frac{\sum\limits_{u \in U} |R(u) \cap T(u)|}{\sum\limits_{u \in U} |R(u)|} \tag{7-12}$$

（2）召回率 Recall，表示相关推荐项目数量中相关推荐项目的比例。

$$\mathrm{Recall} = \frac{\sum\limits_{u \in U} |R(u) \cap T(u)|}{\sum\limits_{u \in U} |T(u)|} \tag{7-13}$$

（3）F1，表示精确性和召回的结合。

$$\mathrm{F1} = \frac{2 \times \mathrm{precision} \times \mathrm{recall}}{\mathrm{precision} + \mathrm{recall}} \tag{7-14}$$

（4）receiver operating characteristic（ROC，受试者工作特征曲线）与 area under curve（AUC，ROC 曲线下与坐标轴围成的面积）。

由于 ROC 曲线绘制步骤比较烦琐，可以用以下方法来近似计算系统的 AUC：每次随机从相关商品集，即用户喜欢的商品集中选取一个商品 α，与随机选择的不相关商品 β 进行比较，如果商品 α 的预测评分值大于商品 β 的评分，那么就加一分，如果两个评分值相等就加 0.5 分。这样独立地比较 $n$ 次，如果有 $n'$ 次商品 α 的预测评分值大于商品 β 的评分，有 $n''$ 次两评分值相等，那么 AUC 就可以近似写作

$$\mathrm{AUC} = \frac{n' + 0.5n''}{n} \tag{7-15}$$

显然，如果所有预测评分都是随机产生的，那么 AUC＝0.5。因此 AUC 大于 0.5 的程度衡量了算法在多大程度上比随机推荐的方法精确。AUC 指标仅用一个数值就表征了推荐算法的整体表现，而且它涵盖了所有不同推荐列表长度的表现。因此，AUC 衡量一个推荐系统能够在多大程度上将用户喜欢的商品与不喜欢的商品区分出来。但是AUC 指标没有考虑具体排序位置的影响，导致在 ROC 曲线面积相同的情况下很难比较算法好坏，所以它的适用范围也受到了一些限制。

### 3. 其他评估指标

上文讨论了试图提高评分预测任务的推荐结果（RMSE、MAE 等）准确性的方法，在Top-N 推荐的命中率、召回率、ROC 等方面尝试改进也是很常见的。但是，为了获得更高的用户满意度，还应考虑其他指标，例如主题多样性、新颖性和推荐的公平性等。目前，该领域对生成具有多样性和创新性建议的算法越来越感兴趣，即便会牺牲准确性和精度。学界提出了各种衡量新颖性和多样性的指标。

（1）多样性和新颖性

假设 $\mathrm{sim}(i,j) \in [0,1]$ 为物品 $i$，$j$ 之间的相似性，那么用户 $u$ 的推荐列表 $R(u)$ 的多

样性可以定义为

$$\text{Diversity}(R(u)) = \frac{\sum_{i,j \in R(u), i \neq j}(1 - \text{sim}(i,j))}{\frac{1}{2}|R(u)|(|R(u)|-1)} \tag{7-16}$$

除了多样性以外,新颖性也是影响用户体验的重要指标之一。它指的是向用户推荐非热门非流行商品的能力。推荐流行的商品纵然可能在一定程度上提高推荐的准确率,但是却使得用户体验的满意度降低了。推荐新颖性最简单的方法度量是利用推荐商品的相似度。推荐列表中商品与用户已知商品的相似度越小,对于用户来说,其新颖性就越高。由此得到推荐新颖性指标

$$\text{novelty}_i = \frac{1}{Z_u - 1}\sum_{j \in Z_u}[1 - \text{sim}(i,j)], \ \ i \in Z_u \tag{7-17}$$

式中 $Z_u$ 表示推荐给用户 $u$ 的 $n$ 个 item 集合。

（2）稳定性

预测和推荐的稳定性会影响用户对推荐系统的信任,如果一个推荐系统提供的预测在短时间内没有发生强烈变化,则它是稳定的。稳定性的质量度量指标为 mean absolute shift(MAS,平均绝对位移)。

假设现有一系列已知的用户评分数据集合 $R_1$,根据 $R_1$ 对一组用户未评分的 item 集合进行预测,得到一组预测评分数据集合 $P_1$。经过一段时间的交互后,用户对一些未评分的 item 有了评分,此时再对 $P_1$ 中的 item 评分进行预测,得到新的预测评分数据集合 $P_2$,则 MAS 可表示为

$$\text{stability} = \text{MAS} = \frac{1}{|P_2|}\sum_{(u,i) \in P_2}|P_2(u,i) - P_1(u,i)| \tag{7-18}$$

## 三、推荐系统应用

推荐系统对用户来说,可以帮助用户发现自己想要的商品;对于商品来说,可以找到对其感兴趣的用户。前者如电影、歌曲的推荐,后者如广告推送。推荐系统的出现主要是因为信息过载,用户难以从大量信息中发现自己想要的信息,而线上购物网站包含大量的商品信息,如何发觉长尾商品,并且将这些长尾商品推荐给用户,是推荐系统的重要作用。

### （一）亚马逊图书推荐

亚马逊的图书推荐(见图 7-21)包括与用户浏览的图书相关的图书,即经常一起购买的商品,通过图书之间的关联推动关联图书的销售。同样,亚马逊也推荐一些用户曾经浏览过的书目,这些书籍与当前用户浏览的书籍在某种程度上是高度相似的,有的是中英文之间的区别,有的是相同类别的书籍,这种做法可以给用户更好的体验,满足推荐系统的新鲜性。这些推荐系统为亚马逊带来 20%~30% 的销售。

图 7-21　亚马逊图书推荐

## （二）淘宝商品推荐

淘宝对于商品的推荐大多以用户的浏览记录或者用户的购物车作为依据，如图7-22所示。用户最近浏览过水杯并将水杯放入了购物车。淘宝可以根据商品相似度进行推荐，也可根据用户基础信息进行推荐，还可以根据用户的行为数据进行推荐。

图 7-22　淘宝商品推荐

1. 基于商品相似度的推荐

淘宝有一套加权求和的推荐方法,就是选取商品的某些属性,并且针对各种属性对于用户选择的重要性进行一个主观的评估,然后赋上权值,进行累加计算,得出每种商品和其他商品的相似性,下面以案例进行分析。

水杯类目中选择三个属性:材质、样式、颜色,其中,材质重要等级为 3,样式重要等级为 2,颜色重要等级为 1。现有如下三种水杯。

- 水杯 A(塑料,大肚杯,透明色)。
- 水杯 B(陶瓷,直筒杯,透明色)。
- 水杯 C(玻璃,直筒杯,白色)。

比对的两个商品每种属性的相似度关系值如下。

- 材质是否相同(不同为 0,相同为 1)。
- 样式是否相同(不同为 0,相同为 1)。
- 颜色是否相同(不同为 0,相同为 1)。

再根据加权累加公式 $x = x_1 f_1 + x_2 f_2 + \cdots + x_n f_n$,可以得到如表 7-4 所示结果。

表 7-4　水杯相似度结果表

| 相似度 | 水杯 A | 水杯 B | 水杯 C |
|--------|--------|--------|--------|
| 水杯 A | 8 | 1 | 0 |
| 水杯 B | 1 | 8 | 2 |
| 水杯 C | 0 | 2 | 8 |

假设当前用户加入购物车的为水杯 A,那么淘宝的推荐系统就会推荐这个相似度分数比较高的其他类型目录下的商品了。可以验证的是,图 7-22 中所有水杯的材质均为塑料,这也表明最终的推荐商品材质都基本一样。

除此之外,由于淘宝用户量庞大,浏览等数据量随之爆炸增长。对于这样的海量数据,可以对人群进行划分,将有相似的属性、相似行为的用户分为一类人,然后这一类中的某一个人喜欢 A 产品,那么其他人也有极大的可能喜欢 A 产品。

2. 基于用户基础信息的推荐

首先,可以针对用户的基础信息进行推荐,用户注册行为和后期行为过程中系统可以收集分析出一些固定数据,这类数据是长期稳定的,可以刻画成一些人群特征,俗称标签。而整个推荐系统最重要的作用,也在于标签的大范围深度应用,其中基础标签可能就是年龄标签、性别、收入范围、兴趣爱好、星座、生活区域等,那么标签完全相同的这一类人就极有可能有相同的喜好(一般还会把行为加入到一起来判断相似性)。比如一个用户的标签组成为:21~28 之间、女性、低收入人群、爱宠人士、双鱼座等。如果一个客户最近刚好购买了一袋某品牌的狗粮,那么另外一个标签与她相符的人,也可能在某个时间段产生这个需求,因此可以通过推荐系统进行推荐。

3. 基于用户行为数据的推荐

也可以根据用户行为数据进行推荐,比如在电商的场景下,常见的用户行为就会有搜索、浏览、咨询、加购、支付、收藏、评价、分享等,那么通过记录这些用户行为数据,就可以对应地进行推荐了。根据用户行为数据进行推荐可以分为基于搜索关键词的推荐、基于浏览记录的推荐、基于购买记录的推荐。

基于搜索关键词的推荐。如果是个新注册的买家,大部分数据都存在缺失,因为这个买家除了具备一些基本的人群属性外,购物行为和购物偏好方面是空的。这时候可以根据他搜索的关键词来进行跟踪推荐,依据搜索同样关键词的其他用户最后达成的商品成交概率来进行合理推荐。举个例子,如连衣裙这个产品,在风格上有韩版的、欧美的、复古的风格等。那么搜索引擎通过分析以前搜索"连衣裙"这个关键词的其他消费者,发现70％以上的消费者最终都购买了韩版风格的,那么韩版就是一个高概率成交风格。所以,就会展现这一类型的商品在这个新用户面前。

基于浏览记录的推荐。对于淘宝这种大型系统而言,在整个网站和 APP 中的所有浏览记录的时间脉络,它是全部有记录的,可以做到判断用户在何时看到什么商品,同时浏览的行为背后即代表关注,表明用户对此商品感兴趣,那么完全可以根据这一类商品的相似度进行关联推荐,用户的所有浏览行为都是商品推荐的重要依据。举个例子,每次你搜索并且看完一些宝贝后,关闭淘宝,过一段时间再打开淘宝,你就可以看到在"猜你喜欢"模块中出现之前浏览过的同类商品。

基于购买记录的推荐。先前用户已经对某商品进行了购买,这证明了用户对产品的认可,甚至是对这个店铺的认可,尤其是在衣服、鞋子、宠物用品等复购率较高的商品中。如果用户在这个店铺里面买过,那么用户在搜索相关的关键词的时候,这个店铺符合要求的商品就会被优先展现(尤其是新上架的商品)。举个例子,淘宝中,用户收藏的店铺、浏览过的店铺等都会以一种强个性化的方式得到优先推荐,而且还会帮你添上"购买过的店铺"的标签。在绝大多数类目里面,这种最高级别的推荐都是非常明显的。

## 四、推荐系统案例

前面几个小节已经对推荐系统概念、推荐系统常用算法和相关的推荐指标进行了介绍,并简单介绍了推荐系统在电子商务、视频网站系统上的应用,接下来将重点对案例进行分析,主要涉及网易云音乐和豆瓣电影推荐。

### (一)网易云音乐推荐

网易云音乐的歌单推荐有两种,第一种是推送每日推荐歌曲,第二种是推送歌单组合,如图 7-23 所示。这里只给出每日推荐歌曲的推荐方法。

每日推荐歌曲的原理较为简单,即在海量的用户数据(行为记录等)中对用户进行划分,对同一群体的用户推荐其余用户喜欢的音乐。其中的算法很复杂,本书仅仅对相关的基础算法和过程进行一个经验上的推断。

图 7-23　网易云音乐主页

首先给音乐进行归类并建立评分规则,这是前面说到的给内容分类,是每个平台推荐前要做好的准备。简单说就是把音乐贴标签,把相同/相似标签的音乐归到一块,所以一首歌可能会被归到多个类别里,比如说同一个歌手的歌、同种曲风或者表达某一种情绪的歌等。其次对用户听音乐的行为建立评分规则,这有助于更好地分析用户的喜好,从而进行更精确的推荐,如图 7-24 所示。

| 听歌操作 | | 收录操作 | |
|---|---|---|---|
| 完整听过 | 1 | 喜欢 | 1 |
| 频繁听 | 3 | 收藏 | 2 |
| 跳过 | −1 | 评价 | 1 |
| 频繁跳过 | −3 | 喜欢的歌手 | 1 |
| 多次单曲循环 | 3 | | |

图 7-24　网易云音乐评分规则举例

接着建立用户模型,制定评分规则后,就可以得到每个用户和该用户相关的每首歌的一个得分,那么根据这些数据就可以给用户建立相应的模型从而为其做精确推荐(见图 7-25)。

| 用户 | 歌曲 | | |
|---|---|---|---|
| | 《最长的电影》 | 《车站》 | 《每天爱你多一点》 |
| A | 3 | 2.5 | 3 |
| B | 1.5 | 3.5 | 3.5 |
| C | 3 | 2.5 | 3 |
| D | 2.5 | 2 | 3.5 |
| E | 3 | 3.5 | 4 |

图 7-25　网易云音乐用户打分

然后寻找相似的用户,这里的相似度计算方法就拿欧几里得距离进行举例。欧几里得距离非常直观,如图 7-26 所示,根据上面得出的评分,可以制作二维图,简单明了地看出用户在哪个位置,比如 A 用户就与 D 用户距离最近,所以可以给用户 A 推荐用户 D 喜欢的歌曲。

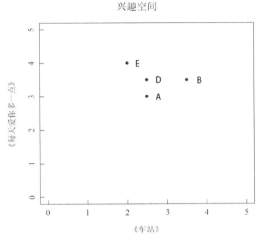

图 7-26　用户相似度

### (二)电影推荐

以下我们将通过具体实验案例的方式讲解如何在经典数据集 MovieLens 上进行推荐。MovieLens 包含用户对电影的评分数据集,对 MovieLens 以协同过滤的推荐算法对用户进行电影推荐。

1. 数据描述

MovieLens 数据集的链接为 http://files.grouplens.org/datasets/movielens/,MovieLens 是推荐系统常用的数据集。MovieLens 数据集中,用户对自己看过的电影进行评分,分值为 1~5,其中包括两个不同大小的库,适用于不同规模的算法,小规模的库包含 943 个独立用户对 1682 部电影做的 10000 次评分的数据,大规模的库包含 6040 个独立用户对 3900 部电影做的 100 万次评分的数据。

实例用的语言为 Python 3.5,用 pandas(基于 Numpy 的一种工具,是为了解决数据分析任务而创建的)库读取 MovieLens 中的小数据集,如图 7-27 所示。

| | user_id | item_id | rating | timestamp |
|---|---|---|---|---|
| 0 | 196 | 242 | 3 | 881250949 |
| 1 | 186 | 302 | 3 | 891717742 |
| 2 | 22 | 377 | 1 | 878887116 |
| 3 | 244 | 51 | 2 | 880606923 |
| 4 | 166 | 346 | 1 | 886397596 |

图 7-27　MovieLens 数据集前五条

## 2. 数据统计与分析

接着通过 pandas 查看各列数据细节情况,如图 7-28 所示。

|  | user_id | item_id | rating | timestamp |
|---|---|---|---|---|
| count | 100000.00000 | 100000.000000 | 100000.000000 | 1.000000e+05 |
| mean | 462.48475 | 425.530130 | 3.529860 | 8.835289e+08 |
| std | 266.61442 | 330.798356 | 1.125674 | 5.343856e+06 |
| min | 1.00000 | 1.000000 | 1.000000 | 8.747247e+08 |
| 25% | 254.00000 | 175.000000 | 3.000000 | 8.794487e+08 |
| 50% | 447.00000 | 322.000000 | 4.000000 | 8.828269e+08 |
| 75% | 682.00000 | 631.000000 | 4.000000 | 8.882600e+08 |
| max | 943.00000 | 1682.000000 | 5.000000 | 8.932866e+08 |

**图 7-28　MovieLens 数据集每列情况**

通过对 user_id 和 item_id 进行去重操作,得到 user_id 共有 943 个,item_id 共有 1682 个,与数据对应的 user_id 及 item_id 的编号刚好是 1—943 和 1—1682,且经验证 user_id 与 item_id 均不存在重复的情况,可见数据已经清洗好了,不需要重新处理。接着可以将数据集拆分为训练集和测试集,分别进行处理。

## 3. 评分矩阵

接着生成 $m \times n$ 的评分矩阵,$m$ 表示用户数量,$n$ 表示电影的数量,即评分矩阵就表示所有用户对所有电影的评分。图 7-29 仅展示前 5 个用户对 1682 个电影的评分。

|  | 0 | 1 | 2 | 3 | 4 | 5 | 6 | 7 | 8 | 9 | ... | 1672 | 1673 | 1674 | 1675 | 1676 | 1677 | 1678 | 1679 | 1680 | 1681 |
|---|---|---|---|---|---|---|---|---|---|---|---|---|---|---|---|---|---|---|---|---|---|
| 0 | 5.0 | 3.0 | 4.0 | 3.0 | 3.0 | 5.0 | 4.0 | 1.0 | 5.0 | 3.0 | ... | 0.0 | 0.0 | 0.0 | 0.0 | 0.0 | 0.0 | 0.0 | 0.0 | 0.0 | 0.0 |
| 1 | 4.0 | 0.0 | 0.0 | 0.0 | 0.0 | 0.0 | 0.0 | 0.0 | 0.0 | 2.0 | ... | 0.0 | 0.0 | 0.0 | 0.0 | 0.0 | 0.0 | 0.0 | 0.0 | 0.0 | 0.0 |
| 2 | 0.0 | 0.0 | 0.0 | 0.0 | 0.0 | 0.0 | 0.0 | 0.0 | 0.0 | 0.0 | ... | 0.0 | 0.0 | 0.0 | 0.0 | 0.0 | 0.0 | 0.0 | 0.0 | 0.0 | 0.0 |
| 3 | 0.0 | 0.0 | 0.0 | 0.0 | 0.0 | 0.0 | 0.0 | 0.0 | 0.0 | 0.0 | ... | 0.0 | 0.0 | 0.0 | 0.0 | 0.0 | 0.0 | 0.0 | 0.0 | 0.0 | 0.0 |
| 4 | 4.0 | 3.0 | 0.0 | 0.0 | 0.0 | 0.0 | 0.0 | 0.0 | 0.0 | 0.0 | ... | 0.0 | 0.0 | 0.0 | 0.0 | 0.0 | 0.0 | 0.0 | 0.0 | 0.0 | 0.0 |

**图 7-29　用户评分矩阵**

通过 Python 代码查看评分矩阵的稀疏性,结果为 6.3%,即只有 6.3% 的用户和电影有互动记录。

## 4. 相似度矩阵

由经验分析可得,使用基于用户的协同过滤的推荐算法应该胜于基于物品的协同过滤的推荐算法,所以下文仅讲解基于用户的协同过滤的推荐算法。

图 7-30 对 $i,j$ 用户进行相似度计算,可以采用余弦相似度或者皮尔逊相关系数等方法,依次类推对所有用户之间都进行相似度计算,得到 $m \times m$ 的相似度矩阵,矩阵 $s(i,j)$ 即表示用户 $i$ 与 $j$ 的相似值(见图 7-31)。

| | 1 | 2 | 3 | | | $n-1$ | $n$ |
|---|---|---|---|---|---|---|---|
| 1 | | | | ... | ... | | |
| ... | ... | ... | ... | ... | ... | ... | ... |
| $i$ | $R(i,1)$ | $R(i,2)$ | $R(i,3)$ | ... | ... | $R(i,n-1)$ | $R(i,n)$ |
| $j$ | $R(j,1)$ | $R(j,2)$ | $R(j,3)$ | ... | ... | $R(j,n-1)$ | $R(j,n)$ |
| ... | ... | ... | ... | ... | ... | ... | ... |
| $m$ | | | | | | | |

**图 7-30　以用户评分矩阵进行相似度计算**

| | $m$ | 1 | 2 | | $j$ | $m-1$ | |
|---|---|---|---|---|---|---|---|
| 1 | | | | ... | ... | | |
| | ... | ... | ... | ... | ... | ... | ... |
| | | | | | ... | ... | |
| | ... | ... | ... | ... | ... | ... | ... |
| $i$ | | | | $s(i,j)$ | | | |
| | ... | ... | ... | ... | ... | ... | ... |
| $m$ | | | | | | | |

**图 7-31　用户相似度矩阵**

5. 预测用户对电影的评分

将 $m \times m$ 的用户相似度矩阵与 $m \times n$ 的评分矩阵进行矩阵的乘法操作,就得到 $m \times n$ 的最终得分矩阵,如相似度矩阵第 $i$ 行 $Si$,乘以评分矩阵第 $j$ 列 $R,j$ 得到 $Pi,j$ 即预测到的用户 $i$ 对电影 $j$ 的评分。

接着需要对评分进行归一化处理,考虑到两种要素,第一种是需要将最终的评分归一化为 1~5 之间,第二种是针对用户的评分进行归一化,假设用户 $i$ 对他最喜欢的电影打分为 3 分,对其他好电影的评分为 3 分,而 $j$ 用户则对他最喜欢的电影打分为 5 分,而对一些无聊的烂电影打分都为 3 分,这时候就要区别对待,进行归一化处理。所以最终的结果计算如以下公式所示(S 表示相似度矩阵,R 表示评分矩阵)

$$P_{i,j} = \bar{R_i} + \frac{\sum_{k=1}^{n} [ (S_{i,k} - R_{k,j} \bar{R_k}) ]}{\sum_{k=1}^{n} S_{i,k}} \tag{7-19}$$

最后,将均方根误差(RMSE)作为评价指标,读者也可以选用前面所讲到的别的评价指标进行评分,计算公式为

$$\text{RMSE} = \sqrt{\frac{1}{n} \sum x - \hat{x}} \tag{7-20}$$

最终,基于用户的协同过滤的推荐算法预测均方根误差为 3.1659,而基于物品的协同过滤的推荐算法预测均方根误差为 3.4641,与之前的判断相符。

总之,对于不同的数据,要做到更好的推荐,不要首先对数据进行分析,在没有经验的情况下对每种方法可以进行相关实验对比,选出较优的推荐方法。这种对比不仅需要注重最终的算法误差,还需要考虑额外的因素,例如长时间的精准推荐会让用户产生乏味感,需要掺杂推荐相似度低一点的物品。还有,如用户已经购买过 iPad,系统就不应当继续再推荐 iPad,而是需要推荐 iPad 保护套等衍生品,而这一规则对于衣服、书籍则不适用。所以,推荐系统千人千面,好的推荐系统十分复杂,必须不断调整,才能带来好的用户体验和良好的效益。

### 习题

1. 简述推荐系统的概念及其框架模块和计算流程。

2. 比较目前常用的几种推荐算法模型,尝试从数据角度阐述其优缺点。

3. 请在 https://grouplens.org/datasets/movielens/ 网站上下载用户看电影的数据,尝试用协同过滤的推荐算法对用户进行电影推荐,并计算出相应的评价指标。

4. 结合各大电商网站上的推荐系统,探索推荐系统的应用前景及其未来发展方向。

# 第八章

# 社交商务分析

社交商务分析

## 一、社交商务的概念

社交商务(social commerce,S-Commerce),又被称为社会化电子商务、社会化商务、社交电子商务,就是利用社交网络开展的电子商务活动。其相关概念最早由雅虎公司(Yahoo!)提出,2005 年 11 月 14 日,雅虎购物(Yahoo! Shopping)为了迎战即将到来的年底网上购物狂潮,推出了一项可以设置精选商品列表(Pick List)功能的新服务——Shoposphere,用户可以通过该服务进入朋友、熟人,甚至陌生人的最喜欢的商品目录中。

社交商务依靠电子商务中的用户口口相传,把销售商的产品与购买者的互动结合在一起,是电子商务的一个分支。口口相传、可信的建议和借助朋友的帮助购物是众多社交商务定义的关键词。社交网络和商务活动是社交商务的核心,是通过用户共享内容和社会交流促进产品和服务的交易。社交商务的销售者是个人而非企业,企业不对顾客直接销售产品,而是通过消费者分享他们的体验去营销。社交商务是企业有效影响消费者购买行为的活动。企业可以通过公共社交网络、自己创建的虚拟品牌社区开展社交商务活动。企业通过社交商务对更好地了解消费者、提高产品创新率、缩短新产品测试周期、培养消费者忠诚度、精准营销、增加企业销售额、提高服务质量、降低服务费用、创立品牌、提升产品知名度等具有重要的意义,是企业有效的营销工具。

社交商务的商务行为主要包括社交营销、社交购物、社交广告、社交评级与评论、社交客户关系管理等。这些社交活动是社交商务产生和发展的根本目的,同时这些社交活动会产生海量的数据,对这些数据的深度应用才是社交商务最核心的内容。用户在社交媒体上发表的文字、音频、视频、图片等内容,反映了用户的喜好偏向,商家可以根据这些数据向用户提供产品推荐和制定营销策略,本章主要关注用户的社交网络关系数据模型,有关用户的行为数据,比如用户的购物记录、评论数据等在其他章节里面已有很详细的论述。

## 二、社交商务分析模型

社交商务是在社交网络上展开的商务活动,社交网络是社交商务的基础。随着互联网和移动互联网的飞速发展,涌现出一批在线社交平台,国内有大家熟知的 QQ、微信、钉钉、新浪微博等,国外有著名的 WhatsApp、Facebook、Twitter、Flickr 等,这些在线社交网络都拥有大量的用户,以及复杂的用户—用户关系。以下将从网络的基本概念入手,介绍网络数据分析的相关模型和方法。

### (一)社交网络基本概念

网络可以看作由一些节点相连接而构成的系统。这些点可以指代多种有联系的事物,如城市、动物、蛋白质等,而由节点连成的边则对应这些个体之间的关系。网络在我们的社会生活中无处不在(见图 8-1):例如,城市之间可以由公路、铁路、航线相连接从而构成城市公路网、铁路网或航空网,网页和网页之间相互链接构成了万维网,动物之间存在捕食关系从而构成食物链,蛋白质可能需要相互协作才能完成生物的某种机能。社交网络是一类特殊的网络,在社交网络中,这些个体就特定为"人",而这些边则可以指代人与人之间的各种关系,如 QQ 上的好友关系、钉钉上的同事关系、通信网络中的通话关系、微博中的关注/被关注关系、人人网中的同学/朋友关系等。在图 8-1 中(a)是万维网:网页为节点,网页之间的连接为边;(b)是社交网络:用户为节点,用户之间的关系为边;(c)是蛋白质作用网络:蛋白质为节点,蛋白质之间的相关作用关系为边;(d)是国际航空网络:城市为节点,城市之间的航线为边。

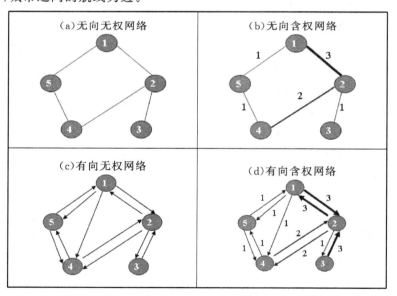

**图 8-1　常见的网络类型**

马克思指出人是一切社会关系的总和,社交网络是人的社会关系的重要组成部分。自人类文明诞生以来,社交网络便已经出现并持续至今,在社交网络中,我们每个人都是网络中的一个节点,人与人之间的关系,用网络中的边来表示。所有人在一起形成错综复杂的关系网:人是主体,关系是桥梁。这些关系可以是亲缘关系、朋友关系,也可以是同学关系、同事关系等;关系有强有弱,如好朋友就比普通朋友更加亲近,亲人就比普通同事更能牵动人们的神经;进一步地,不同的关系又构成了不同的圈子,如关系亲密的好友,共历寒窗的同学。

人与人之间的关系是复杂多样的,不仅有类型之分,更有强弱之分,这些差异在不同的在线社交网络中均有体现。从关系的方向性来看,QQ、微信、钉钉和 Facebook 等都是双向关系(也称为无向关系,必须通过验证才能加为好友),而新浪微博和 Twitter 都是基于单向关系建立起来的(用户的关注关系若为互相关注,则构成这两人之间的双向关系);从关系指代的类型来看,这些社交网络都包含了朋友关系和网友关系,朋友关系中又不乏同学关系和亲缘关系等。此外,除了朋友,也可能存在敌人或者是讨厌的人,如国外网站 slashdot.com 就允许用户标记别人为朋友或者敌人。投票选举中,人们会有三种态度——支持、反对和弃权,QQ 还有陌生人和黑名单功能。

用网络来刻画这些关系,是社会关系研究的重要手段,也是网络研究的基础。如图 8-1 所示的无向无权网络,每个节点表示一个用户,用户之间的关系用连边表示,如果用户之间没有关系,则用户之间不存在连边。为了方便后续模型和方法的描述,这里首先对社交网络中的几个重要的概念进行简要介绍(本章后续介绍的网络,如不做特殊说明,都以无向无权网络为例,其他类型网络的相关模型均是在无向无权网络模型上的相应拓展)。

(1)节点度(degree):一般用 $k$ 表示,其意义是该节点的连边数。在图 8-2 中,节点 A 与 2 个节点直接相连(节点 B 和 D),则节点 A 的度为 $k_A=2$;节点 D 与 4 个节点直接相连(节点 A、B、C 和 E),则节点 D 的度为 $k_D=4$。

(2)网络路径(network path):两点之间连通的路径。在图 8-2 中,节点 A 到节点 E 的路径有 A-D-E,A-B-D-E,A-B-C-D-E,即网络路径为 3。

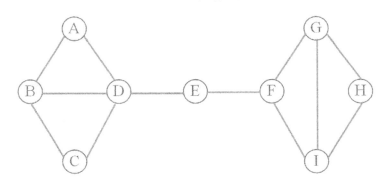

**图 8-2　社交网络示意**

(3)网络距离(distance):两点之间的最短路径中经过的边的数目。在图 8-2 中,节点 A 到节点 E 的最短路径为 A-D-E,则两点之间的网络距离为 2。

(4)聚类系数(clustering coefficient):每个节点的所有邻居节点之间存在连边的可能性,表示一个用户的两个朋友也是朋友的概率。假设目标用户 $i$ 的节点度为 $k_i$,这 $k_i$ 个节点之间存在的边数为 $E_i$,则用户 $i$ 的聚类系数为 $C_i=\dfrac{2E_i}{k_i(k_i-1)}$。在如图 8-2 中,对于节点用户 D 而言,其共有 4 个邻居节点(A、B、C 和 D),这 4 个邻居之间共有两对朋友关系(AB 和 BC),4 个邻居可能形成的所有朋友关系数为 6 个(AB、BC、AC、AE、BE 和 CE),

则用户 D 的聚类系数为 $C_D = \dfrac{2}{6} = \dfrac{1}{3}$。

（5）介数（betweeness）：网络中通过该节点（或边）的最短路径的条数，表示该节点（或边）的位置的重要程度。如图 8-2，对于节点 B 而言，有一条最短路径经过该节点（A-B-C），则节点 B 的介数为 1。思考一下，根据图 8-2，可计算节点 E 的介数，体会节点 E 在网络中的重要性。

### （二）社交网络数据形式及其获取

网络表示的是节点之间的关系，其数据描述方式主要有邻接矩阵和多维列表两种形式。假设网络共有 $N$ 个节点，$M$ 条边。则其邻接矩阵中 $A$ 是一个 $N \times N$ 的矩阵，其中元素 $A_{ij} = 1$ 表示节点 $i$ 和 $j$ 之间有边相连，否则 $A_{ij} = 0$；其多维列表数据共有 $M$ 行，每一行表示相应的两个节点之间有连接关系。表 8-1 是图 8-2 所示网络的邻接矩阵表示形式，表 8-2 是图 8-2 所示网络的多维列表表示形式。两种表示方式各有优缺点，邻接矩阵表示更为直观，在进行分析的时候比较方便，比如统计节点的度，只需要对矩阵进行每列求和即可，但是对于节点数很大的时候（比如微信里 10 亿人以上的活跃用户），邻接矩阵的维数很高，处理的空间复杂度过高；多维列表形式直接表示网络的各条边的信息，数据所占空间相对较小，方便数据的存储和传输。

表 8-1　社交关系的邻接矩阵表示形式

| 用户 | A | B | C | D | E | F | G | H | I |
|---|---|---|---|---|---|---|---|---|---|
| A | 0 | 1 | 0 | 1 | 0 | 0 | 0 | 0 | 0 |
| B | 1 | 0 | 1 | 1 | 0 | 0 | 0 | 0 | 0 |
| C | 0 | 1 | 0 | 1 | 0 | 0 | 0 | 0 | 0 |
| D | 1 | 1 | 1 | 0 | 1 | 0 | 0 | 0 | 0 |
| E | 0 | 0 | 0 | 1 | 0 | 1 | 0 | 0 | 0 |
| F | 0 | 0 | 0 | 0 | 1 | 0 | 1 | 0 | 1 |
| G | 0 | 0 | 0 | 0 | 0 | 1 | 0 | 1 | 1 |
| H | 0 | 0 | 0 | 0 | 0 | 0 | 1 | 0 | 1I |
| I | 0 | 0 | 0 | 0 | 0 | 1 | 1 | 1 | 0 |

表 8-2　社交关系的多维列表表示形式

| 边序号 | 用户 1 | 用户 2 |
|---|---|---|
| 1 | A | B |
| 2 | B | C |
| 3 | B | D |
| 4 | A | D |

续表

| 边序号 | 用户 1 | 用户 2 |
|:---:|:---:|:---:|
| 5 | C | D |
| 6 | D | E |
| 7 | E | F |
| 8 | F | G |
| 9 | F | I |
| 10 | G | I |
| 11 | G | H |
| 12 | H | I |

在线社交数据可以通过网络爬虫的方法进行采集,网络爬虫(web crawler)又被称为网络蜘蛛(web spider),它是一种使用编程语言开发的用于自动搜集互联网信息的程序。在社交网站上先抓取几个种子用户的信息,然后找到这些种子用户的所有好友,采用广度优先搜索①的方法,依次抓取种子用户的一级、二级、三级……邻居,直至算法终止,将抓取的节点关系数据保存到本地数据库。此外,互联网上有许多不同来源的社会网络数据,如斯坦福的 SNAP②、Pajek Datasets③、LPG 链路预测小组④的数据收集网站等,其数据可供分析与研究。

### (三)社交网络中心性

在社交网络中,意见领袖或者说网络中的重要用户对于网络的影响很大。面对众多商品,人们倾向于购买他们喜欢的明星所代言的那个商品;置身于舆论争辩之中,粉丝更愿意支持自己的偶像;社会化营销的关键在于人人参与,然而从微博实际被转发的情况来看,意见领袖的作用依然不可忽略。事实上,早在 1957 年,研究者就指出,社会中的意见领袖对人们的观点、表现和行为的影响甚于媒体,相比之下他们更具影响力也更值得信任。研究者还道出了意见领袖所具备的特质:价值观念的展现、专业能力和其社交网络特性。马尔科姆·格拉德威尔在《引爆点》一书中提出了"个别人物法则",认为在社会中存在为数不多的有巨大影响力的人,如果你能联系并影响他们,那么就可借助他们影响数百、数千甚至数百万的人。这一观点被广泛用于微博营销中,而此行为也产生了大量的微博大号用以支持这种营销手段。《引爆点》一书将这些有影响力的人的特质总结为人脉广、说服力强并在其领域深受信任。近年来,人们的行为越来越多地呈现在线上的社会网络中,这一点极大地加深了科学家们对于意见领袖的认识。

---

① 广度优先搜索:英语 breadth-first-search,缩写为 BFS,是一种图形搜索算法,搜索速度快。从根节点开始,沿着树的宽度一层层遍历树的节点。假如所有节点均被访问,则算法终止。
② 斯坦福的 SNAP 数据收集网站网址为:http://snap.stanford.edu/data/。
③ Pajek Datasets 网站网址为:http://vlado.fmf.uni-lj.si/pub/networks/data/default.htm。
④ LPG 链路预测小组的数据整理网站网址为:http://www.linkprediction.org/index.php/link/resource/data。

接下来所要阐述的主要问题就是如何寻找网络中的这些意见领袖,进而发挥他们在网络中的作用。网络研究中有一个重要的工具,网络中心性(centrality),其测量的就是用户在网络中的重要程度。对社交网络中的意见领袖的挖掘,可以通过网络中心性度量来完成,社交网络上的用户的价值不取决于用户本身,而是通过网络效应,取决于周围用户的评价。由于网络中心性的重要性,近年来,研究者发展出了大量的方法来定义网络中心性。清华大学的刘路教授将网络中心性的定义方法分为基于数量、位置和质量三个维度。

1. 基于数量的社交网络中心性方法

基于数量的定义方法比较简单,就是用户的好友数,亦即前面提到的节点度。用户拥有的好友数越多(节点度越大),就越重要。这个概念在商业环境中被广泛应用,比如由于有庞大的粉丝数量,流量明星成为各种产品代言和广告的首选。他们由于收到广大粉丝的直接关注,其广告行为能够直接影响其他用户,影响人数众多,进而形成更多转化和购买,因此也就不难理解为什么明星会那么受广告商的青睐。在信息传播过程中也有同样的效果,名人发的微博,常常能够引起大量转发而形成热门话题;名人的行为,常常能够受到大量粉丝的关注而上热搜。名人之所以能被称为名人,就是因为其有大量的粉丝用户。

因此,在社交网络数据分析中,可以直接通过计算用户的度,来判断用户的重要性。假设社交网络 $A_{ij}$,则其用户 $i$ 的节点度可以表示为:

$$k_i = \sum_{j}^{N} = 1 A_{ij} \qquad (8-1)$$

其中,$N$ 为网络中的用户总数。大量的实际网络数据分析证明,网络中的节点度分布不是我们所预期的正态分布,而是更异质性的幂律分布。如图 8-3 所示,类似于经济社会中的二八定律,网络中存在少部分人,他们拥有庞大的粉丝数,而大部分用户只拥有少量的粉丝。这一实证发现引起了科学家的大量关注,美国东北大学的 Barabási 教授提出了优先连接机制[1],从理论上构建网络演化模型,重现了网络中的幂律分布特性。该模型是现代网络科学研究的奠基性的工作,使得网络科学的研究有了质的飞跃。

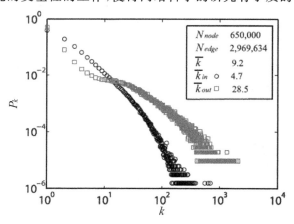

图 8-3　一个新浪微博数据集上的用户度分布

---

① A-L Barabási, R. Albert. Emergence of Scaling in Random Networks[J]. *Science*, 286(1999):509-512.

微博的关注关系是有方向性的,灰色矩形表示的是用户的出度分布(粉丝数),黑色圆圈表示的是用户的入度分布(用户关注的人数)。

2. 基于位置的社交网络中心性方法

首先想一下秘书这个职业,其本身职位的权力并不大,但是我们都知道,秘书是一个很有实权的岗位。秘书的权力来自于其在网络中的位置,其他人要和领导之间进行信息或者资源的传递,必须要通过秘书才能实现,这个就是秘书比较重要的秘密。古语常言"相府仆人七品官"说的也是这个道理。这个就是基于位置的社交网络中心性,某些用户可能本身并不掌握资源(朋友数量不太大),但是他处在网络中比较重要的位置,缺少了这些用户,网络就不复存在。回看图 8-2 中的用户节点 E,其本身只有两个邻居,和其他节点比较没有任何优势,但是左边的用户(A、B、C 和 D)要想与右边的用户(F、G、H 和 I)发生联系,必须通过节点 E,其重要性就凸显出来了。这类节点一般又被称作桥节点,或是结构洞[①]。

根据前面介绍的介数的定义可知,处在很多最短路径上的节点的介数比较高,亦即其他节点要发生信息或资源的交互,必须在很大程度上依赖于这类节点。因此可以直接用介数来定义基于位置的中心性。假设社交网络的用户节点集合为 $V$,则点 $i$ 的介数可以表示为

$$B_i = \sum_{s \neq i \neq t \in V} \sigma_{st}(i) \tag{8-2}$$

其中,$s,i,t$ 为三个不同的用户节点,$\sigma_{st}(i)$ 为网络中用户 $s$ 到 $t$ 的最短路径中经过节点 $i$ 的数目。介数可以很好地刻画基于位置的中心性,但是由于在计算结束时,需要计算网络中所有节点对之间的最短路径,这个算法的复杂度很高,在大规模网络中几乎无法计算。因此该中心性指标只能在小规模的社交网络中计算,适用性并不好。

除了基于网络最短路径之外,还有一种基于位置的网络中心性指标,即考察用户是处于社交网络的核心位置还是边缘位置。在社交网络中,如果一个用户节点处于网络的核心位置,其往往也有较高影响力;而处在边缘的大度节点影响力往往有限。现在的问题是,对于一个社交网络来说,该如何确定哪里是核心位置?Kitsak[②] 等人提出用 k-shell 分解法(k-shell decomposition)来确定网络中节点的位置,将外围的节点层层剥去,处于内层的节点即是网络的核心位置,拥有较高的影响力。这一方法可以看成是一种基于节点度的粗粒化排序方法。具体的分解过程为:网络中如果存在度为 1 的节点,从度中心性的角度看它们就是最不重要的节点。把这些度为 1 的节点及其所连接的边都去掉,剩下的网络中会新出现一些度为 1 的节点,再将这些度为 1 的节点去掉,循环操作,直到所剩的网络中没有度为 1 的节点为止。此时,所有被去掉的节点组成一个层,记为 $k_s=1$。对

---

① 结构洞:1992 年,伯特在《结构洞:竞争的社会结构》一书中提出了"结构洞"理论(structural holes),研究人际网络的结构形态,分析怎样的网络结构能够带给网络行动主体更多的利益或回报。所谓"结构洞"就是指社会网络中的空隙,即社会网络中某个或某些个体和有些个体发生直接联系,但与其他个体不发生直接联系,即无直接关系或关系中断,从网络整体看好像网络结构中出现了洞穴。

② M. Kitask, et. al. Identification of Influential Spreaders in Complex Networks[J]. *Nature Physics*, 6 (2010): 888-893.

一个节点来说,剥掉一层之后,在剩下的网络中节点的度就叫该节点的剩余度。按上述方法继续剥壳,去掉网络中剩余度 2 的节点,重复这些操作,直到网络中没有节点为止。那么,最后剥离出来的节点就是最核心的节点,越往深处,节点的重要性越大。

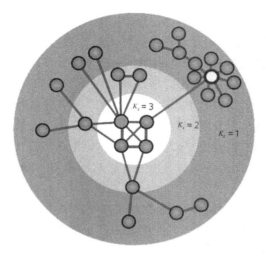

**图 8-4　社交网络的 k-shell 分解过程示意**

图 8-4 给出了一个 k-shell 分解的示例。其中所有节点为原网络,中间白色部分就是最内层的核心节点,浅灰色部分是第二层节点,深灰色部分是最外层节点。可见,大度节点有可能因处于核心位置而拥有较大的 $k_s$ 值(最内层中的节点),也可能因为处于边缘而具有较小的 $k_s$ 值(最外层中的节点)。在这个方法下,大度节点不一定是重要节点。在社交网络上的信息传播实验验证了该方法的有效性,分别从网络中的最内层节点和最外层节点为信息传播源,让信息在网络中按照一定的规则进行传播,最后以最内层节点为初始传播源得到的信息传播范围广,传播速度快,这在一定程度上验证了处于核心位置的节点在信息交互中的重要作用。k-shell 分解法计算复杂度低,在分析大规模网络的层级结构等方面有很多应用。然而,此方法也有一定局限性:第一,k-shell 分解法有很多不能发挥作用的场景。比如在星形网络[①]中,显然中心节点有最强的传播能力,但是 k-shell 分解的时候,星形网络的所有节点会被划分在同一层($k_s = 1$)。第二,k-shell 分解法的排序结果太过粗粒化,使得节点的区分度不大。k-shell 分解法划分的层级比度中心性方法划分的层级少很多,很多节点处在同一层上,它们之间的重要性难以比较。第三,k-shell 分解法在网络分解时仅考虑剩余度的影响,这相当于认为同一层的节点在外层都有相同的邻居数目,显然不合理。

3. 基于质量的社交网络中心性方法

在度中心性的描述中,我们关注的仅仅是用户的朋友的数量。假设在一个社交网站中,用户知道该评价规则,刻意地通过"买粉"等不正当手段,获得了大量的"僵尸粉",虽然

---

① 星形网络的结构以一个节点为中心,其他节点都与该中心节点直接相连,除了与中心点有连接之外,其他节点之间没有连边。

该用户的粉丝数是很高,但是其重要程度依然值得怀疑。因此,在考虑用户中心性的时候,其好友的质量也是不得不考虑的因素。如果和用户相连的都是中心性比较高的用户,该用户的中心性自然也就很高。

早期搜索引擎在给网页排序的时候也遇到同样的问题。早期的搜索结果排名,都是按照与一个网页建立链接的其他网页的数量来排序。但是有的网站了解到这个排名规则之后,就制造了大量的"水军"网页,把它们与想要提高排名的网页链接起来,在这个规则之下,该网页就自然能够在搜索结果里面排在前面。在这种情况下,谷歌的创始人拉里·佩奇提出了一种新的算法——PageRank,它不仅关注一个网页有多少链接指向它,还关注指向它的网页的自身的影响力。PageRank 是 Google(谷歌)搜索引擎的核心,它用一种迭代的思想来衡量网络中节点的质量。PageRank 最初用于网页排序,并由此诞生了Google 公司,成为 Google 搜索的基本核心算法。将互联网中的网页链接关系看成用户之间的社交关系,PageRank 算法思想同样适用于重要用户的挖掘。

PageRank 的基本思想是:一个页面的重要性取决于指向他的其他页面的数量和质量。初始阶段,网页通过链接关系构建起网络图,每个页面设置相同的 PageRank 值(简称 PR 值),通过链接关系对网页的 PR 值进行更新。在每一个时间步的迭代更新中,每个页面将其当前的 PR 值平均分配到本页面连出的页面上,这样每个链接即获得了相应的权值。而每个页面将所有指向本页面的入链所传入的权值求和,即可得到新的 PR 值。当每个页面都获得了更新后的 PR 值后,就完成了一轮 PageRank 迭代计算。通过若干轮的迭代,会得到每个页面的最终稳定 PR 值,最终 PR 值越大的网页在系统中就越重要。

假定给定所有节点的初始 PR 值 $PR_i(0), i = 1, 2, \cdots, N$,把每个节点在第 $t-1$ 步时的 PR 值平分给它所指向的节点。则每个节点的新的 PR 值为它所分得的 PR 值之和,于是有

$$PR_i(t) = \sum_{j=1}^{N} a_{ji} \frac{PR_j(t-1)}{k_j^{out}} \tag{8-3}$$

其中,$k_j^{out}$ 表示节点的出度,如果有从节点 $i$ 指向节点 $j$ 的边,则 $a_{ji} = 1$,否则 $a_{ji} = 0$。式(8-3)表明,一个节点的重要性等于指向它的那些节点的重要性的加权组合,PageRank 算法过程可以用有向网络上的随机游走[①]的过程进行描述和解释。

现在来看一个例子,如图 8-5 所示,由 4 个节点构成的社交网络,箭头表示指向关系。则 A 节点的出度为 0,入度为 3;B 节点的出度为 2,入度为 1;C 节点的出度为 1,入度为 2;D 节点的出度为 3,入度为 0。按照式(8-3),该网络的 PR 值的计算公式为

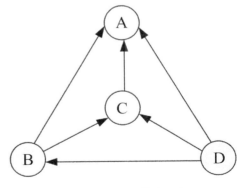

图 8-5    PageRank 算法示意

---

① 有向网络上的随机游走是假设一定的资源在网络上从一个节点开始,按照网络路径,随机地朝着他的连出节点游走,最后该资源落在每个节点上的概率也趋于稳态,结果和 PageRank 类似。

$$PR_A(t) = \frac{1}{2}PR_B(t-1) + \frac{1}{1}PR_C(t-1) + \frac{1}{3}PR_D(t-1)$$

$$PR_B(t) = \frac{1}{3}PR_D(t-1)$$

$$PR_C(t) = \frac{1}{2}PR_B(t-1) + \frac{1}{3}PR_D(t-1)$$

$$PR_D(t) = 0$$

假设初始 PR 值均为 0.25,则其 PR 迭代计算过程如表 8-3 所示。

表 8-4　PageRank 迭代示例 1

| PR 值 | $PR_A$ | $PR_B$ | $PR_C$ | $PR_D$ |
|---|---|---|---|---|
| 初始值 | 0.25 | 0.25 | 0.25 | 0.25 |
| $t=1$ | 0.4583 | 0.0833 | 0.2083 | 0 |
| $t=2$ | 0.25 | 0 | 0.0417 | 0 |
| $t=3$ | 0.417 | 0 | 0 | 0 |
| $t=4$ | 0 | 0 | 0 | 0 |

通过上述计算,我们发现一个问题。在这种假设计算下,对于类似图 8-5 结构的社交网络,最后的 PR 值都为 0,没有收敛到一个稳态。因此,上述 PageRank 过程的缺陷在于一旦到达了某个出度为零(如图 8-5 中用户 A)的节点之后就会永远停留在该节点处而无法走出来,有时候也称为陷阱。出度为零的节点被称为悬挂节点(dangling node),指向出度为零的节点的边称为悬摆链(dangling link)。这些悬挂节点的存在使得 PageRank 算法失效。为解决这一问题,在基础的 PageRank 算法基础上引入一个随机跳转概率 $c$,认为人们在浏览网页的时候可能会随机打开别的网页,即每一步上网者将以概率 $c$ 跳转到一个随机选择的页面,以 $1-c$ 的概率沿着当前网站上的链接浏览,当他浏览到达一个没有链接的网站时(即出度为零的节点),就以相同概率 $1/N$ 随机地访问网络中的任一页面。该过程也是模拟真实网络用户并非通过超链接,而是以直接输入网址的形式对网页进行访问,这也保证了没有任何入度的网页有机会被访问到。于是得到最终的 PageRank 算法如下

$$PR_i(t) = \frac{c}{N} + (1-c)\sum_{j=1}^{N}\left[\frac{a_{ji}}{k_j^{out}}(1-\delta k_j^{out},0) + \frac{1}{N}\delta k_j^{out},0\right]PR_j(t-1) \quad (8\text{-}4)$$

其中,$\delta k_j^{out},0$ 是指示函数,如果 $k_j^{out}=0$,则 $\delta k_j^{out},0=1$,否则 $\delta k_j^{out},0=0$。此外,也可用带重启的随机游走 RWR 解决陷阱问题,其思想与带跳转概率的 PageRank 思想类似,认为粒子在随机游走的过程中有一定概率返回原点。

按照公式 8-4,重新对网络图 8-5 进行 PageRank 迭代计算,一般情况下,$c$ 为 0.15,其迭代结果如表 8-4 所示,具体的算法流程如图 8-6 所示。在稳态时,用户节点 A 的 PR 值最高,因此在这个系统中,A 用户就最为重要。

表 8-4　PageRank 迭代结果示例 2

| PR 值 | $PR_A$ | $PR_B$ | $PR_C$ | $PR_D$ |
|---|---|---|---|---|
| 初始值 | 0.25 | 0.25 | 0.25 | 0.25 |
| $t=1$ | 0.4802 | 0.1615 | 0.2677 | 0.0906 |
| $t=2$ | 0.4614 | 0.1652 | 0.2338 | 0.1395 |
| $t=3$ | 0.4441 | 0.1751 | 0.2453 | 0.1355 |
| $t=4$ | 0.4532 | 0.1703 | 0.2447 | 0.1319 |
| $t=5$ | 0.4515 | 0.1712 | 0.2435 | 0.1338 |
| $t=6$ | 0.4511 | 0.1714 | 0.2441 | 0.1334 |
| $t=7$ | 0.4515 | 0.1712 | 0.2440 | 0.1334 |
| $t=8$ | 0.4514 | 0.1712 | 0.2440 | 0.1334 |

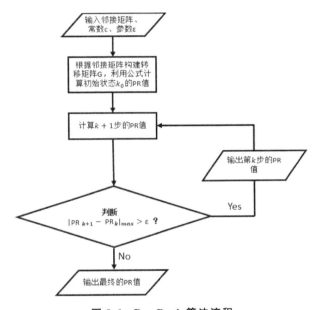

图 8-6　PageRank 算法流程

其中，$\varepsilon$ 为迭代终止条件，即两次迭代 PR 值的差小于 $\varepsilon$，认为算法达到稳态。

由于 PageRank 算法需要预先设置一个参数 $c$，对于实际社交网络来说，该参数的设置对最后中心性的度量影响很大，而且无法评判 $c$ 取多少比较合适。为了解决这个问题，在网络中引入一个节点（图 8-7 中的平台节点），此节点与原网络中所有节点都有双向的连边，这样一来，迭代过程就可以避免引入概率参数，并提高了迭代收敛的速度。初始时刻给定网络中除该引入的平台节点以外其他节点的 LR 值均为 $1/N$，即 $LR_i(0)=1/N$ $(i=1,2,\cdots,N)$，$LR_{N+1}(0)=0$，迭代过程为

$$LR_i(t)=\sum_{j=1}^{N+1} a_{ji}\frac{LR_j(t-1)}{k_j^{out}} \tag{8-5}$$

直到稳态,得到节点的分数值 $LR_i(t_c)$ 。$k_j^{out}$ 表示节点的出度,如果有从节点 $i$ 指向节点 $j$ 的边,则 $a_{ji}=1$,否则 $a_{ji}=0$。由于引入节点的存在,系统中所有的节点都至少有一个出度和一个入度,原 PageRank 中的悬挂节点的问题就得以解决。通过在美味书签网络上的 SIR 传播模型的验证发现,LeaderRank 比 PageRank 能够更好地识别网络中有影响力的节点。此外,LeaderRank 比 PageRank 在抵抗垃圾用户攻击和随机干扰方面有更强的鲁棒性。

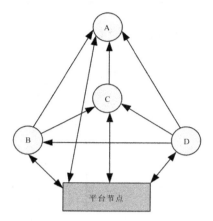

图 8-7 是在图 8-5 所示的网络上面引入了一个平台节点,与系统中所有节点相连。在此网络下,具体的迭代结果如表 8-5 所示。在迭代 9 步之后,各个节点的 LR 值就达到了稳态。在稳态时,用户节点 A 的 LR 值最高,因此在这个系统中,A 用户就最为重要。

**图 8-7 LeaderRank 算法网络示意**

**表 8-5 LeaderRank 迭代结果**

| LR 值 | $LR_A$ | $LR_B$ | $LR_C$ | $LR_D$ | $LR_{New}$ |
|---|---|---|---|---|---|
| 初始值 | 0.25 | 0.25 | 0.25 | 0.25 | 0 |
| $t=1$ | 0.2708 | 0.0625 | 0.1458 | 0 | 0.5208 |
| $t=2$ | 0.2240 | 0.1302 | 0.151 | 0.1302 | 0.3646 |
| $t=3$ | 0.2426 | 0.1237 | 0.1671 | 0.0911 | 0.3754 |
| $t=4$ | 0.2414 | 0.1166 | 0.1579 | 0.0939 | 0.3902 |
| $t=5$ | 0.2388 | 0.1210 | 0.1599 | 0.0975 | 0.3827 |
| $t=6$ | 0.2403 | 0.1201 | 0.1604 | 0.0957 | 0.3835 |
| $t=7$ | 0.2400 | 0.1198 | 0.1598 | 0.0959 | 0.3845 |
| $t=8$ | 0.2399 | 0.1201 | 0.1600 | 0.0961 | 0.3838 |
| $t=9$ | 0.2400 | 0.1200 | 0.1600 | 0.0960 | 0.3840 |
| $t=10$ | 0.2400 | 0.1200 | 0.1600 | 0.0960 | 0.3840 |

社交网络中对重要用户的挖掘是一个很热门的研究和应用方向,目前已开发出来的算法模型有几十种之多。其他方法就不在这里赘述,有兴趣的读者可以参看相关论文。不同模型和方法考虑的侧重点不同,在实际应用的时候要根据问题做具体的判断,或者是综合考虑多种方法,得到一个比较好的结果。

### (四)小世界模型

我们或许有过这样的经历:偶尔碰到一个陌生人,同他聊了一会后发现你认识的某个人居然他也认识,然后一起发出"这个世界真小"的感叹。那么对于世界上任意的两个人来说,借助第三者、第四者这样的间接关系来建立起他们两个人的联系平均来说最少要通过多少人呢?大家可以做这样一个设想:比如微信上有 10 亿名活跃用户,那么任意两个人要建立联系(在社交网络上形成通路),平均意义上来说,需要经过几个好友的传递?

早在 1967 年,哈佛大学的社会心理学家米斯坦利·米尔格兰姆就设计了一个连锁信件实验。他将一套连锁信件随机发送给居住在内布拉斯加州奥马哈的 160 个人,信中放了一个波士顿股票经纪人的名字,信中要求每个收信人将这套信寄给自己认为是比较接近那个股票经纪人的朋友。大致过程如下,首先把信交给志愿者 A,告诉他信最终要送给收信人 S。如果 A 不认识 S,那么就送信到某个他认识的人 B 手里,理由是 A 认为在他的交集圈里 B 是最可能认识 S 的。但是如果 B 也不认识 S,那么 B 同样把信送到他的一个朋友 C 手中……就这样一步步最后信终于到达了 S 那里。从 A 到 B 到 C 经过不同的人最后到 S 连成了一个链,如图 8-8 所示。斯坦利·米尔格兰姆就是通过对这个链进行统计后做出了六度分离的结论,即任何两个陌生人之间通过有限的六步(六度)就可以相互联系。这就是著名的六度分隔理论,亦称小世界(small world)网络[1]。

图 8-8　六度分隔理论示意

在各种社交网络中,小世界特性都被反复发现,是复杂网络的一个普遍规律。在电影合作网络中,如果两个演员在一部电影里面合作过,就有一条边相连表示其合作关系。贝肯数[2](Bacon Number)就是用来刻画任何一个演员和凯文·贝肯之间的距离,贝肯本人的贝肯数是 0,与贝肯直接合作过的演员的贝肯数为 1(与贝肯的网络距离),与这些演员合作过的演员的贝肯数为 2,依此类推。虽然好莱坞演员有近百万人,但是美国电影演员中没有一个人的贝肯数超过 4,所有的演员中,最大的贝肯数也仅为 8。此外还有学术合作网络上的埃尔德什数[3](Erdös Number),围棋圈的秀策数[4](Shusaku Number)等。这些实验都验证了社交网络的小世界特性,即在社交网络中虽然用户数目众多,但是用户之间的距离却是非常有限的。近年来,随着在线社交网络的普及,用户之间的距离被进一步拉近,在 Facebook 上的实验发现,用户之间的平均距离仅为 4 左右。

---

①　小世界网络一般是指既具有较大的聚集系数又具有较短的平均距离的网络。D. J. Watts 等于 1998 年提出了小世界网络模型(SW 模型):考虑一个规则网络(保证聚集系数较大),以概率 $p$ 随机地重新连接网络中的每条边,即将边的一个端点保持不变,而另一个端点取为网络中随机选择的一个节点。其中规定,任意两个不同的节点之间至多只能有一条边,且每个节点都不能有边与自身相连。当对部分边进行断开重连之后,网络就具有了小世界特征。相关论文参见 D. J. Watts, S. Strogatz. Collective Dynamics of Small-World Networks [J]. Nature,393(1998):440-442。

②　源自美国弗吉尼亚大学的计算机专家布雷特·加登设计的一个游戏,参见 http://oracleofbacon.org/。

③　保罗·埃尔德什,出生于匈牙利的犹太籍数学家,也是一名论述颇丰的数学家(仅次于欧拉),被公认为 20 世纪最伟大的天才之一。

④　秀策数代表了一名围棋玩家与本因坊秀策(日本围棋三圣之一)之间的距离,以围棋对弈者的数量作为距离单位。

### （五）社交网络社群划分

对于身处互联网时代的我们来说,社群的概念相信大家并不陌生。我们会与各样的人群形成自己的社交圈:有自己的亲人圈子、朋友圈子、同学圈子及同事圈子,并可能与朋友的朋友产生关联。我们的社交圈会随着年岁的增长而发展、变化:进入大学,来到新的城市,接触新的朋友,会渐渐淡忘孩童时期的玩伴,慢慢融入新的团体。于是,多数人都拥有多个朋友群,这些朋友群也可能会有重叠。

总体说来,社群是由一群有相似兴趣或爱好的人构成的一个社交群体。社群结构还可能具有层级性,即一些社群可能包含更小的社群。比如一个企业是一个整体,企业下面有各个部门,每个部门下面又可能分不同的工作小组。现在常见的大型社群如微信、微博、钉钉、小米、大众点评、今日头条、罗辑思维、知乎等,这些社群占据着我们大部分的注意力。社群的商业应用非常广泛,比如识别出具有相似兴趣并且在地理上邻近的用户就能为其提供更优质的互联网服务,又如找到具有相似兴趣的用户群,电商就可以为用户提供更准确的推荐。基于社群而演化出来的社群经济[①],甚至被认为是未来经济发展的重要趋势。

社群结构是真实社交网络的一个重要特征。在真实生活中,社群是由一些具有相同特征的人构成的集合;相应地,在网络中,社群是一组可能拥有共同属性的节点,也可能是一组在网络中扮演相似角色的节点,如图 8-9 所示。直观来看,社群内部的连边应比较稠密,且多于社群内节点指向外部的连边。现在的问题是,如何通过网络结构,来寻找相同兴趣和属性的社群。社群划分模型的目的就是通过网络拓扑结构来找出这些模块,并尝试分析其层级结构。

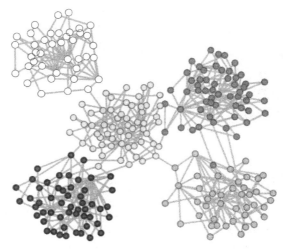

注:其中不同颜色表示不同的社群。社群内部联系紧密,社群之间的联系相对稀少。

**图 8-9 包含 5 个社群的网络**

---

① 社群经济是指互联网时代,建立在产品与用户群体之间的情感信任和价值反哺共同作用形成的自运转、自循环的范围经济系统。

基于模块度优化的社群发现算法是目前研究最多的一类，其思想是将社群发现问题定义为优化问题，搜索目标值最优的社群结构。由 Newman 等[1]首先提出的模块度 $Q$ 值是目前使用最广泛的优化目标。该指标通过比较真实网络中社群的边密度与此网络的随机化网络中相应节点之间的边密度，来度量此社群结构的显著性。模块化程度本质上是描述真实网络划分群落后在多大程度上比相应的随机网络具有更多的内部连边，定义为

$$Q = \frac{1}{2M} \sum_{i \neq j} (A_{ij} - \frac{k_i k_j}{2M}) \delta^{ij} \tag{8-6}$$

其中，$A_{ij}$ 是网络的邻接矩阵，$M$ 是网络总边数，$k_i$ 为节点 $i$ 的度，如果节点 $i$ 和 $j$ 同属于一个群落，$\delta^{ij} = 1$，否则为 0。

模块度优化算法根据社群发现时的计算顺序大致可分为三类：聚合、分裂及直接寻优，其中基于聚合算法的计算流程为：第一步：初始化，将每个点划分在不同的社群中，系统中共有 $N$ 个社群，计算此时的模块度 $Q$；第二步：对每个节点，将每个点尝试划分到与其邻接的点所在的社区中，计算此时的模块度 $Q$，计算划分后的模块度的差值 $\Delta Q$，若 $\Delta Q > 0$，则接受本次的划分，否则放弃本次的划分；第三步：重复第二步直到模块度 $Q$ 不再增大为止；第四步：构造新图，新图中的每个点代表的是第三步中划出来的每个社群，继续执行第二步和第三步直到社群的结构不再改变为止。

基于聚合的思想，Newman 快速算法将每个节点看作是一个社群，每次迭代选择产生最大 $Q$ 值的两个社群合并，直至整个网络融合成一个社群，找出最大 $Q$ 值对应的结果；在此基础上，CNM 算法[2]采用了更快的数据结构来计算和更新网络的模块度，大大提高了计算速度；而 MSG-MV 算法[3]则引入了多步扩展，即迭代过程中每次可合并多对社群，以避免过早地收缩到少数较大的社群。基于分裂的思想，与前一类算法相反，是将整个网络不断分割，代表的算法有 Newman 的 GN 算法，方法是依次删去网络中边介数最大的边，直至每个节点单独退化为社群，然后从整个删边过程中选取对应最大 $Q$ 值时的结果。直接寻优法有 Duch 等提出的 EO 算法[4]及 Agarwal 等提出的整数规划方法[5]，前者将每个节点对模块度 $Q$ 值的贡献大小定义为局部变量，通过贪婪策略对局部变量进行调整以提高全局目标函数，后者则是通过求解对应的松弛线性规划问题从而给出最大模块度 $Q$ 值的一个上界。

① M. E. J. Newman. Fast Algorithm for Detecting Community Structure in Networks[J]. *Physical Review E*，2004，69(6)：066133.

② A. Clauset. Finding Local Community Structure in Networks[J]. *Physical Review E*，2005，72：026132.

③ P. Schuetz，A. Caflisch. Multistep Greedy Algorithm Identifies Community Structure in Real-world and Computer-generated Networks. *Physical Review E*，2008，78：026112.

④ J. Duch，A. Arenas. Community Detection in Complex Networks Using Extreme Optimization. *Physical Review E*，2005，72：027104.

⑤ C. Agarwal，D. Kempe. Modularity-maximizing Graph Communities via Mathematical Programming [J]. *The European Physical Journal B：Condensed Matter and Complex Systems*，2008，66：409-418.

### （六）社交网络上的信息传播

信息传播是在线社交网络的一个主要用途,在线社交网络上的信息传播的重要优势体现在通过点对点的传播方式,信息的可达性更好,用户接收和参与度更高。在线社会网络的迅速普及,极大地降低了人与人、人与社会之间的连接门槛,使得人们接收信息的速度更为快捷、信息资源更为丰富、表达对信息的观点和看法的方式更为方便直接。当在社交网络上进行产品信息推广和发布时,如果能够对信息的传播过程进行预测和控制,可以有助于提升产品的品牌效应。图 8-10 展示了微博上一条普通信息的传播过程,社交网络上的信息传播主要关注以下几个问题[①]。

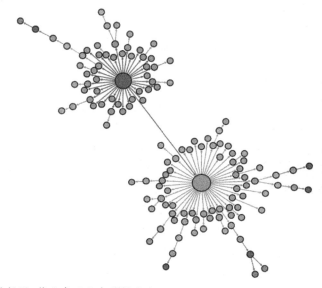

注：中心点为传播源,箭头表示信息传播方向。

**图 8-10　社交网络上一条信息的传播过程**

1. 用户传播能力度量和传播意见领袖发现

社交网络的去中心化特点,使得每一个个体都可能成为一个信息的发布者、传播者或者是接收者,更多社交网络用户倾向于从社交网络直接获取信息,比如很多用户喜欢通过刷微信"朋友圈"来获取信息。如前文所述,在社交网络中,用户之间有非常大的异质性,使得用户的传播能力差距很大,一条信息在社交网络上能否广泛传播,与是否被重要的用户(意见领袖)转发有很大的关系。因此,有效地定义用户的传播能力,就显得尤为重要。一般来说,社交网络上的重要节点,其传播能力都相对较高。

2. 信息传播范围预测

信息的传播范围是指信息在发布一段时间之后,能够被多少用户所接收。比如视频分享网站上的视频浏览数、分享数,微博上的总转发数、评论数和浏览数等。信息传播范

---

① 张伦,王成军,许小可.计算传播学导论[M].北京:北京师范大学出版社,2018.

围的预测,就是采用一定的方法模型,利用信息传播初期的行为和数据,来预测一段时间之后信息的传播范围。目前使用比较多的方法是基于回归分析的模型来进行预测(见图 8-11)。回归模型主要是认为历史的传播范围和未来的传播范围之间存在某种关联,通过考虑初期的传播节点、传播时间、传播范围、传播网络结构等特征与最终的传播范围,建立相应的回归模型,预测目标信息能够在社交网络上爆发,甚至预测到具体的爆发规模。

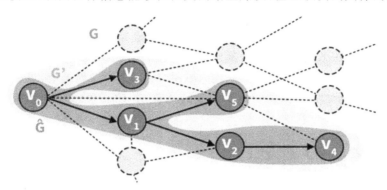

注:深灰色节点为目前已经观测到的传播节点,基于特征来预测该信息可能达到的传播规模。

**图 8-11    基于回归模型的信息传播规模预测**

### 3. 用户传播行为预测

信息传播范围的预测是针对信息的整体传播特征预测,关注的是信息传播的宏观趋势;用户的传播行为是针对特定用户是否会对目标信息进行转发进行预测,关注的是微观个体对于信息的反应,比如,微博中用户的转发行为预测。用户的转发行为通常与用户的个人兴趣特征和用户的网络行为特征相关,比如信息是否是用户本身所感兴趣的内容、用户的朋友对该信息的转发情况的反馈等,都会影响用户的转发行为。

下面以微博中用户的转发为例来说明用户传播行为预测。在进行用户转发预测时,可以将转发行为预测转化为一个二元分类问题(转发和不转发),采用逻辑回归、SVM(support vector machine,支持向量机)、决策树等方法进行说明。以逻辑回归为例,可以用公式 8-7 进行预测

$$P(y=1/x_1,x_2,\cdots x_n)=\sigma(w^T X)=\frac{1}{1+\exp[-w^T X]} \tag{8-7}$$

其中,$X=x_1,x_2,\cdots,x_n$,表示用户各个维度的特征,$P(y=1/x_1,x_2,\cdots,x_n)$表示在该特征下,用户转发的概率。研究表明,社会关系维度的特征相对于其他特征更为重要。

### (七)常用社交网络分析工具

社交网络分析是数据分析的一个重要分支,随着社交网络的发展,越来越受到各界关注,大量的相关社交网络分析工具被开发出来。这里对以下三种常用的分析工具做简要介绍。

  Gephi[①] 是一款跨平台的免费开源(GPL3)网络分析和可视化软件,采用 Java 语言开发,OpenGL 为显示引擎,支持中文菜单显示。Gephi 软件的分析功能较弱,支持数据中心性分析和较少的聚类分析,但能很好地支持动态图数据分析。数据可视化效果强大,可以支持超过 5 万个点的复杂条件动态实时过滤。Gephi 分析示例如图 8-12 所示。图 8-12 中节点表示用户,连边表示用户之间的关系,节点大小表示用户的度,连边粗细表示用户之间的关系强弱,不同颜色表示用户所处的不同社群。

  Pajek[②] 是一款 Windows 平台的免费(非商业用途)软件,用于分析和显示社会网络,其采用 Pascal 语言开发,能够分析普通网络(有向、无向、混合网络)、多关系网络及动态网络。Pajeck 分析处理功能强大,能挖掘输入数据的结构关系,根据节点的核心性、连通性等进行聚类分组,能够输出和显示社群划分的结果,并动态显示节点删减对划分结果的影响。

  NetworkX[③] 是一个用 Python 语言开发的图论与复杂网络建模工具,内置了常用的图与复杂网络分析算法,可以方便地进行复杂网络数据分析、仿真建模等工作。NetworkX 采用字典模式构建图的数据结构,实现了多种图的经典算法,能够进行度、边、密度、图半径、最短路径、聚集系数等基本分析特征的计算,通过组合这些算法能够按需进行中心性分析、凝聚子群分析等多种较复杂属性分析。NetworkX 软件不具有数据可视化功能,但通过与 Python 的 Matplotlib 库相结合能够很方便美观地输出二维及三维图形。

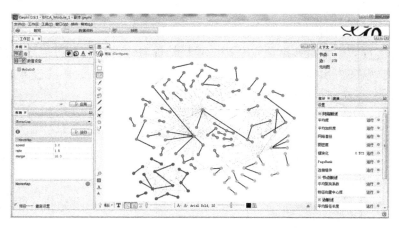

**图 8-12 Gephi 软件分析社交网络示意**

## 三、社交商务分析应用

  社交商务通过对用户注册信息和访问页面行为的数据挖掘与分析,得到用户的网络行为特征,利用用户挖掘真实需求从而产生巨大的商业价值。以下将从社交商务特点介

---

① Gephi 下载地址为:https://gephi.org/。

② Pajek 下载地址为:http://vlado.fmf.uni-lj.si/pub/networks/pajek/。

③ NetworkX 下载地址为:https://pypi.org/project/networkx/。

绍其在相关领域中的应用。

### （一）社交推荐

社交推荐是利用社交网络或者结合社交行为的推荐，具体为推荐 QQ 好友，微博以好友关系推荐内容等。根据前文所述的推荐系统推荐原理，社交推荐可定义为一种"协同过滤"推荐，即不依赖于用户的个人行为，而是结合用户的好友关系进行推荐。社交推荐的基本假设是"你的朋友的朋友也是你的朋友"，因此最简单的方法是通过社交网络结构，找到和目标用户有更多共同朋友的用户，或者是与目标用户更多相同群的用户，作为潜在朋友推荐给目标用户。当然，实际的算法比这个要更为复杂，针对类似这种社交推荐问题，网络科学研究里面有一个重要的研究领域——链路预测，即通过已知信息，来预测网络里面的未知边信息，具体方法在《链路预测》[①]一书中有详细介绍。

对于互联网上的每一个用户，通过其社交账户能很快定义这个用户的众多特点，再加之社交网络用户数之多，使得利用社交关系的推荐近些年备受关注。此外，根据不同社交网络之间进行信息匹配再进行推荐，可以解决新注册用户的冷启动等问题，从而增加整个社交网络的稠密程度和社交网站用户的活跃度。总之，社交推荐在内容分发、广告宣传等领域有着十分重要的地位。

### （二）谣言检测

谣言检测在社交网络中占有重要的地位，是舆情分析的一部分，谣言的确定对于舆情管理非常重要。舆情分析在互联网出现之前就被广泛应用在政府公共管理、商业竞争、情报搜集等领域。在社交媒体出现之前，舆情分析主要应用于线下的报纸及线上门户网站的新闻稿件，这些信息的特点是相对专业准确，而且易于分析和管理。但随着社交媒体出现，舆情事件第一策源地已经不是人民日报、新华社这样的大媒体，而是一些名不见经传的微博用户、个人微信公众号。由于微博中充斥着大量谣言，新浪微博不得不推出"微博辟谣"官方账号，一些微博里面的大 V 也有官方的辟谣账号，微信公众号也是如此。

传统辟谣方法需要找到证据来消除谣言，随着机器学习技术的迅速发展，我们也可以通过信息传播的轨迹、信息内容等维度自动判断消息是否属于谣言，而且判断地越迅速，对于舆情管理的意义就越大。为了实现上述目的，可以通过基于内容、用户多因素分析的社交网络谣言检测方法来进行谣言检测。方法具体步骤如下。

（1）获取文本信息例，并获取文本信息例的文本信息和用户信息。

（2）根据所述文本信息，建立所述文本信息例的文本内容特征模型，所述文本内容特征模型包括关键词匹配模型、情感倾向模型、情感波动模型、主题聚类匹配模型和内容影响力评价模型（见图 8-13）。

（3）根据所述用户信息，构建所述文本信息例的用户特征模型，所述用户特征模型包括内容一致性评判模型和用户影响力评价模型。

（4）根据所述文本内容特征模型和所述用户特征模型，构建特征向量，训练分类器，将

① 吕琳媛,周涛. 链路预测[M]. 北京：高等教育出版社,2013.

所述特征向量输入所述分类器并输出结果，以完成识别社交网络谣言。

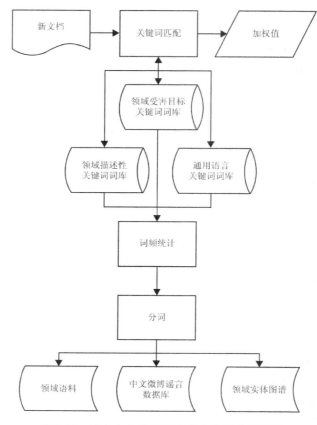

**图 8-13　建立文本信息例的文本内容特征模型**

### （三）消费金融反欺诈

近年来，消费金融行业快速发展，相比于传统商业银行，形成了自己独特的优势：填写字段少、在线操作便捷、审核速度快、放贷及时。这类申请人群通常因缺乏征信信息（一是客户年轻化，二是一些消费金融公司不具有查询征信的资格）而给消费金融企业带来了巨大的信用和欺诈风险。

如何在有限信用记录甚至是"零"信用记录下进行更准确的风险控制和欺诈识别是消费金融公司降本增效的关键问题。解决这个问题通常有两种方案，一是运用商业银行广泛使用的成熟的评分卡模型；二是运用新兴的基于机器学习的信用预测评分模型。事实上，巧妙利用机器学习，可以将两种方案结合，互为补充，对预测用户信用和防欺诈有明显的效果。

传统的信用预测评分模型考虑更多的是用户行为数据、设备数据、通讯录用户个人数据。近期的研究发现，欺诈行为具有明显的网络团伙特征（见图 8-14），社交网络数据的有效应用，可以大大提高信用预测评分模型准确性。

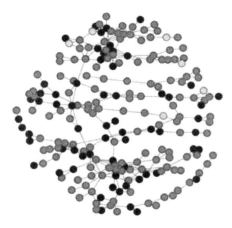

**图 8-14　一个欺诈用户团伙的社交网络**

图 8-14 为一个社交网络,图中深灰色的点的点代表申请贷款被拒绝的用户(信用不好),黑色的点代表穿越用户(通过申请但有逾期表现的用户),浅灰色的点代表贷款通过且表现良好的用户。总结一下,该团伙的拒绝率达到 66.8%,说明该团伙的平均用户信用值较低;穿越用户占所有通过用户的 91.4%,进一步验证了该团伙的欺诈性。

此外,社交网络分析在用户画像、推荐系统等方面也得到了很好的应用,可以为相关的模型和算法提供更好的数据维度和思考角度。相关方法和模型在本书的其他章节有详细介绍,这里就不再赘述。

## 四、社交商务分析案例

下面以人人网的好友关系数据为例,详细介绍社会网络分析的过程和应用(见表 8-6)。相应的分析和计算,主要采用 Python 中的 igraph 包来完成。

### （一）数据描述

**表 8-6　好友间的姓名和 ID**

| 姓名 1 | ID1 | 姓名 2 | ID2 |
| --- | --- | --- | --- |
| A | 1 | B | 2 |
| B | 2 | C | 3 |
| B | 2 | D | 4 |
| A | 1 | D | 4 |
| C | 3 | D | 4 |
| D | 4 | E | 5 |
| E | 5 | F | 6 |
| F | 6 | G | 7 |
| F | 6 | I | 8 |
| G | 7 | I | 8 |

其中,第一行数据表示"A"与"B"是好友关系,ID1 与 ID2 为相应的用户 ID。由于人人网中不可避免地会出现同名用户的情况,因此把 ID 作为用户的唯一标识。

### (二)绘制简单的好友关系网络图

由于用户与用户之间关系密切又复杂,为了更直接地观察用户的好友之间形成的关系分布,可以通过网络图来直观地展示网络的结构。首先,从上述读取到的数据集中筛选出需要分析的网络子集。这个子集包含了两个条件:网络中没有用户自身,网络中的用户都是自己的好友。然后利用 Python 的 NetworkX 包的作图功能绘制相应的网络图。考虑前面提到的用户同名情况,直接用 ID 来做后续的分析。

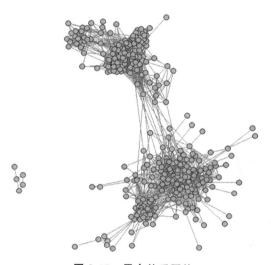

**图 8-15　用户关系网络**

从图 8-15 中可以直观地看出,用户的好友网络存在一定的人群分割,可以尝试对这个网络进行一些分析以提取出其中相对独立的子群。

### (三)社群划分

信息的分类和过滤是社会网络服务的一项特征,如人人网对好友关系有一套自己的分类方式,用户可以自行对好友进行分组,从而对信息的收发做分组的管理。但是作为用户却未必能够养成并保持这种分组的习惯。与此同时,我们揣测,作为真实关系的线上反映,人人网的好友网络是能够自动呈现出一定的人群分割的,而在社会网络分析中,对网络成分的分析也确实是一项重点。通过分析网络的结构,提取出其中的子群,能够让我们更好地理解这个网络的组成方式,从而更好地管理和利用信息流。

社群划分的算法有很多,Python 的 igraph 包提供了若干函数以实现对网络子群的搜索,本文采用了其中的 walktrap.community(　　)函数来进行社区划分,为了在网络图中展示这些子群,对不同的社区赋值不同的颜色,可扫描二维码查看。

用户关系网络
社群划分

可以直观地看出好友网络已经被划分为若干相对独立的子群。这也与我们对人人网的直观理解相符合——人人网的好友关系基本都是真实线下关系的反映,很自然地可以划分为初中同学、高中同学、大学同学等(例如网络的上半部分子群为小学及中学的同学,下半部分子群为大学同学)。

有了这种社群划分,并且知道了各个社群的主要人群特征,在进行信息传播或是商品营销时,可以根据目标用户的群体进行相应的商务活动,大大提升活动效果。

### (四)起中介作用的好友

对于前面提到的介数的概念,我们可以从中介的角度进行新的理解。介数(又可以成为中间度)衡量了节点作为中介的程度,当网络中某个个体的中间度较大时,我们认为它在很大程度上起到了中介和沟通的作用。在 igraph 包中,betweenness( )函数能够简单地计算网络中各个节点的中间度,得到的中间度分布结果如图 8-16 所示。

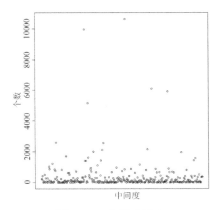

图 8-16 中间度散点

根据得到的中间度散点图,我们人为地选择了 3000 作为分界点,选取中间度高于3000 的节点并在图形中利用节点的大小展示出来,如图 8-17 所示。

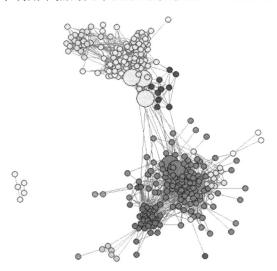

图 8-17 介数较高点在社交网络中的分布

从图 8-18 中也可以直观地看出,中间度最高的 5 个节点,确实位于中介的地位。对这 5 个节点,基本上都有比较合理的解释,其中有 3 个人是"高中校友"兼"大学校友",而另外两个则沟通了"网络好友"与"大学好友",处于网络中的"结构洞"的位置。对这类节点的挖掘,是进行社交商务的基础,社交商务需要很好地应用这类人在社交网络中的能力。

### 习题

1. 利用文中提供的数据链接,对网络数据进行分析,计算相应的网络指标,并理解其在社交网络中的具体意义。

2. 我们常说"一个人的成功不在于他的个人能力有多强,而在于其调动资源的能力",试从社交网络的角度谈谈你对这句话的理解,并从社交网络的观点出发,探讨如何能够快速成为某个社群的关键人物?

3. 如何基于社交网络分析,进行更有效的客户关系管理。

4. 对现有的社群电商模式进行调研,试想社交网络分析在商业上的应用场景,探索其未来可能的发展方向。

第四编

PART 4

# 实践部分

# 第九章

# 平台店铺数据分析

平台店铺
数据分析

全球速卖通（AliExpress，以下简称速卖通）是阿里巴巴旗下唯一面向全球市场打造的在线交易平台，被广大卖家称为"国际版淘宝"。速卖通面向境外买家，通过支付宝国际账户进行担保交易，并使用国际快递发货，是全球第三大英文在线购物网站。速卖通的"数据纵横"功能，是基于平台海量数据打造的一款数据产品，卖家可以根据数据纵横提供的数据，为自己的店铺营销指导方向，做出正确决策。

本章主要以速卖通为分析平台，以"数据纵横"为分析工具，让读者以速卖通卖家的身份，细致地了解速卖通店铺起步和优化的过程。速卖通卖家通过"数据纵横"，能将整个店铺的运营建立在科学分析的基础之上，将各种指标定性、定量地分析出来，从而为决策者提供最准确的参考依据。

在数据分析之前，我们首先要记住的是：所有的数据分析，都要以辅助运营、提升业绩为目标。例如，网站的页面设计要尽量满足用户的使用习惯，活动策划要戳中用户痛点或是利益点，广告投入要选择精准的用户群体，商品发配要符合用户需求，甚至数据分析报告也要以提升业绩销售为目标。

一个大型店铺的设计所涉及的数据非常广泛，店铺数据分析对象涉及流量、用户、商品、销售、服务、竞争者这几个方面，数据分析的流程如图 9-1 所示。

**图 9-1　数据分析流程**

从店铺中收集数据时，会面临三大难题，分别是采集内容方法问题（问题数据类型、采集技术手段）、埋点问题（埋点混乱，出现埋错、漏埋）和团队配合问题。

一般而言，采集的数据要具有准确性、一致性、可用性、完整性、及时性的特点。进行店铺数据分析时，应注意数据分析的信度、效度和深度这三个维度。信度是指分析结果的可靠程度，体现分析的准确性；效度是指数据分析的效率，体现分析的时效性；深度则是指数据分析对店铺的支持程度，体现分析的价值。

量化分析是指根据分析目的，用适当的方法和工具，对从电商店铺收集来的大量的第一手资料进行分析，从中获取有效结论从而提高店铺收益的过程。量化分析的目的主要有三点。

第一，从大量看似无序的数据中发现其内在的规律，提高店铺访客数和买家转化率。

第二，及时从数据中发现店铺问题，并深入挖掘原因。

第三，基于历史数据进行分析预测，形成有效决策。

根据量化分析结果，店铺可以根据不同的指标提出方案，使店铺收益最大化。提出方案时，优秀的店铺数据分析师和运营人员要具备以下几点思维：数据逻辑思维、结构化思维、商业认知。商业行为的认知能力，它需要专业的数据分析人员具备"上帝视角"，能够模仿CEO的思维方式和决策方法。

在优化改进的过程中，要对整理好的数据进行取舍，按照说服逻辑排序，编写相关文字观点，让读者最终接受我们分析的观点。值得注意的是：店铺的目标不是一成不变的，具体分析时也并非要将全部数据进行分析，而应根据不同阶段的运营目标进行选取和适当调整。

## 一、流量来源分析

流量是所有网站运营的核心，电商店铺只有有了流量才能继续发展。没有一定流量的保证，就好比我们有最优质的商品、最便宜的价格，但是我们将商品藏在家里，而别人将商品摆在商业街的货架上。"酒香不怕巷子深"的时代已经过时，店铺有好商品，就应该配给大量的流量。

### （一）数据流量来源

我们知道要给店铺增加流量，可是店铺的流量从哪里来？

首先，业内一般把流量分为"站内流量"和"站外流量"，站内流量是指电商平台本身的流量，即用户是先进入平台，再通过各种方式进入店铺得到的流量；站外流量是指用户从电商平台以外的渠道进入店铺，如用户通过搜索引擎、社交网站、电子邮件中附带的链接进入店铺或者商品详情页时店铺获得的流量。由于在行业中，站外流量在店铺流量总和中的占比很小（一般不超过2%），所以店家们主要分析的是站内流量类型。

作为卖家，我们可以进入卖家后台后，找到"数据纵横"图标，进入"数据纵横"总页面，如图9-2所示。

**图9-2　"数据纵横"界面**

在"数据纵横"中,我们可以很直观地看到流量数据。打开"数据纵横"—"经营分析"—"商铺流量来源",在上方选择栏中我们可以选取所需要观察流量的时间段。在这里我们可以通过商铺浏览量、浏览量占比、访客数、新访客占比来观察流量的来源,如图9-3所示。

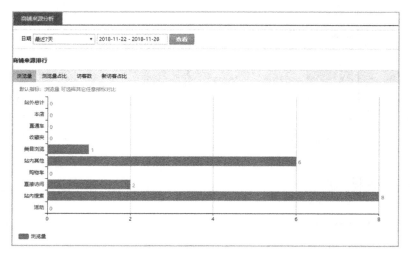

图 9-3　商铺流量来源界面

根据卖家想要观察的时间段,顶端下拉列表中的日期可以选择最近1天、最近7天、最近30天3个时间段,再根据"查看"按钮选择流量数据分析的时间段,如图9-4所示。根据卖家想要优先发展的市场,目前除了可以查看全球数据外,还可以自定义国家(地区)查询当地浏览量。

图 9-4　商铺来源分析:日期选择界面

同时,卖家可以选择一个项目进行查看,还可以同时选择两个项目进行查看,操作灵活度非常高,在图9-5中就是选择了浏览量和访客数进行查看。在这里,我们需要注意以下两个概念。

浏览量:指页面浏览量,用户每次刷新页面即被计算一次。

访客数:指网站独立访客,即访问网站的一台电脑客户端为一个访客。

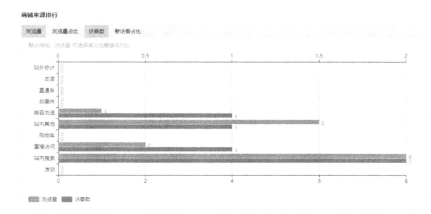

**图 9-5　浏览量和访客数分析**

在得到所有数据后，我们的目的显而易见，就是提高总有效浏览量。相应地，店铺应该通过分析优化增加新访客和由老客户转化的"回头客"。

### （二）站内流量

#### 1.站内类目流量

站内类目流量是商铺流量中非常重要的组成部分。当我们访问速卖通时，我们可以通过搜索路径找到我们想要的商品，也可以在左侧的类目导航栏搜索浏览商品。如图 9-6 所示，首页左边的导航栏就是类目（CATEGORIES），通过类目搜索到商品所获得的流量计入站内流量。

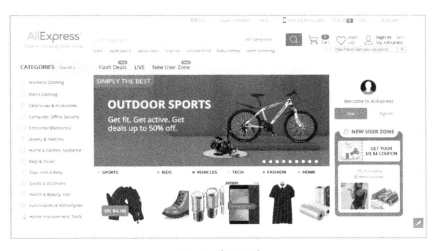

**图 9-6　类目示意**

在搜索商品时，在页面左侧一直都会有类目栏伴随着出现，且该类目栏会随着我们访问页面的具体化而具体化。类目会帮助浏览者对商品进行精准的定位，然后帮助浏览者快捷地找到自己需要的商品，如图 9-7 所示。

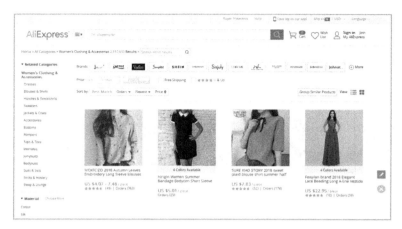

**图 9-7　具体类目示意**

## 2. 站内搜索流量

站内搜索流量即自然搜索流量,是买家在搜索框中搜索关键字出现搜索结果后,点击某个搜索结果产生的流量。如图 9-8 所示,买家想在速卖通上买一件衬衫,在搜索框中输入"shirt",在所有的输出结果中,买家随便选择一个商品点击进该商品详情页,就会给相应的卖家增加一个普通站内搜索流量。

**图 9-8　站内搜索示意**

对于商家来说,站内搜索流量的特点是免费且流量转化率高。虽然站内搜索流量具有如此显著的优点,但它仍会受到以下因素的影响:店铺活跃度、店铺违规扣分情况、卖家服务等级和商品排名。

## 3. 站内其他流量

站内其他流量包括本店流量、收藏夹流量、购物车流量、直接访问流量、活动流量和直通车流量。

本店流量是指用户进入店铺后,通过在店铺中浏览"店铺宝贝"而获得的流量。

收藏夹流量顾名思义,就是用户直接从收藏夹进入商品详情页获得的流量,通过收藏夹流量可以从一定程度上显示店铺的客户忠诚度和老客比例。

相应地,购物车流量就是用户把商品加入购物车后,再从购物车内访问商品获得的流量。

用户保存了某商品的网页链接或者将其存入了收藏夹后,再次在网页地址栏输入地址进入商品详情页时,该部分流量会被计入直接访问流量。需要注意的是,如果商家在某网站直接投放了商品链接,客户通过该网站直接点击链接访问商品,虽然这是从站外获取的流量,但是仍然计入直接访问流量。

活动流量和直通车流量属于营销流量,具体内容会在第十章进行详细分析,现在我们只需要知道这两种流量并不是免费流量。

把站内流量来源能归类的进行归类后,剩下的所不能归类的就被笼统地归入了站内其他流量。

#### 4. 站内流量优化

很多速卖通卖家都在苦恼,为什么活动也参加了,营销也做了,可流量就是上不去。卖家们不管是参加活动也好,投钱做营销也好,都是为了增加流量,提高商品曝光,实现浏览到订单的转化。如果卖家做了活动,还是没有流量,这个时候就应该反思一下,我们选择的商品是否迎合消费者的需求、商品发布时属性和关键词是否填写正确、图片是否吸引人、物流是否能够满足消费者的需求等问题。

#### (1)类目流量优化

优化类目流量的目的就是提高商品的类目流量,优化类目浏览的相关数据,从而带来更多的订单。得到类目流量来源数据后,如果类目流量不甚理想,我们就要对类目流量数据进行分析,重新为商品选好类目,填好属性。所以更具体地说,我们的任务就是如何给商品选择最适宜的类目和属性。

在为商品确定类目时,我们首先要确保我们的分类是正确的。如果不确定商品具体属于哪个类目,我们可以回到图 9-7 所示的网站首页,点击类目导航栏最上方的按钮文字"All Categories",这时我们就可以看到全部的细分类目,如图 9-9 所示。根据类目总览图将商品和细分目录逐一匹配排查,最终确定适合商品的类目。

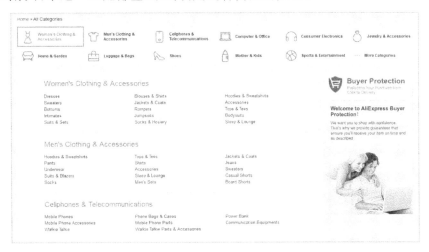

**图 9-9　类目总览**

因为类目的选择与商品本身相关，我们的主要目的是根据店铺商品为其选择每一个商品合适的类目，而不是根据类目去拼凑商品。在碰到一个商品可以选择多个类目的情况下，我们尽量为商品选择流量大的类目。

那么如何找出流量大的类目呢？"数据纵横"给了我们很好的答案。打开"数据纵横"—"商机发现"—"行业情报"，在"行业情报"中，卖家能够得到所有类目的相关数据，也能筛选出有广阔利润空间的精细类目。如店铺内商品与女装有关，我们可以在顶端下拉列表里选择"女装"类目，如图 9-10 所示。点击"确定"后，会弹出与"女装"类目有关的数据，如图 9-11 所示。

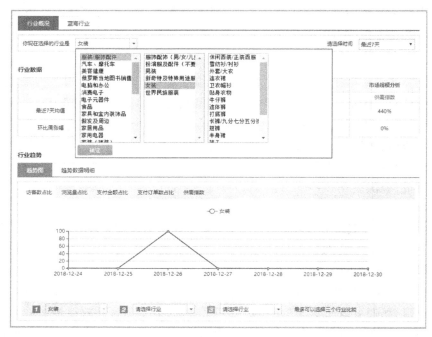

图 9-10　类目选择示意

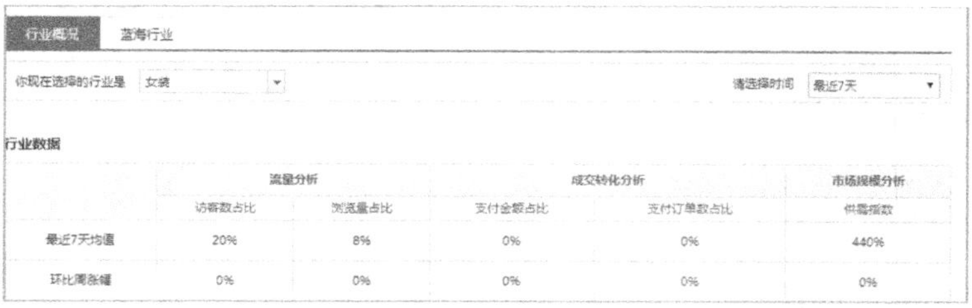

图 9-11　"女装"类目流量

在这里，我们主要关注"流量"数据，尽可能为商品选择访客数占比、浏览量占比尽可能大的类目。在这里我们只关注流量分析，其下的两个概念如下。

访客数占比，即统计时间段内行业访客数占上级行业访客数的比例。一级行业占比为该行业访客数占全网访客数的比例。

浏览量占比,即统计时间段内行业浏览量占上级行业浏览量的比例。

要注意的是,这里的访客数(浏览量)占比并不是某商品的访客数(浏览量)占整个店铺访客数(浏览量)的比例,而是"女装"类目的访客数(浏览量)占平台总访客数(浏览量)的比例。

(2)站内搜索流量优化

想要获得尽可能多的站内搜索流量,就要从多个角度进行分析优化。一方面,站内搜索流量受店铺情况影响,店铺的相关信息(活跃度、信誉、服务等)都有极大可能会影响站内搜索流量。

店铺运营者可以尝试从以下几个方面优化站内搜索流量。

①增加店铺活跃度,多在平台参与活动。

②减少店铺违规扣分情况,减少店铺退货率。

③提高卖家服务等级,优化客服服务体系。

④关注商品排名,尽量发布流量较高的商品。

⑤开通直通车(推广),提高关键词曝光量。

(3)站内其他流量优化

对于其他流量来源,包括本店流量、收藏夹流量、购物车流量、直接访问流量、活动流量和直通车流量等,我们都需要进行引流,因为这些流量之间是相互影响、相互转化的。

从店铺诊断的角度而言,我们可以关注店铺的一个重要数据指标:店铺收藏总数。收藏数越多,说明此品牌的粉丝越多,店铺用户运营的基础越好,也就可以断定该店的流量不会太差。

长期的数据跟踪结果显示,当流量第一次出现在店铺时,其在首页登录的概率达到70%以上。因此,店铺首页的装修显得尤其重要。

电商相比于传统的线下零售店铺,能够展现的只有视觉。买家在线上商铺无法亲手抚摸衣服的面料,也无法查看剪裁的细节,更无法在落地镜前进行衣服试穿。电商店铺几乎都是由图片构成的,如POP(店头展示海报),banner(横幅),商品列表图,详情页的商品大图、模特试穿图、细节图、礼品图、优惠券标示等。

这是一个看脸的时代,电商的脸就是店铺首页,它需要承担以下责任。

第一,突出品牌形象,通过视觉建立用户对品牌的信任感。

第二,做好流量梳理,让用户更精准地找到目标需求商品。

第三,抓住利益点,让用户找到留下来的理由。

文案是POP的点睛之笔,好的文案可以瞬间击中顾客内心的利益点。最没创意的文案就是在首页的POP上写着:"全场3折起,满1000元减100元"。这样的文案,仅仅是从刺激用户的利益点着手,而且方式太过于简单粗暴,在折扣横行的网络时代其实弊大于利,因为它损伤了品牌的形象。以速卖通上某女装店铺的POP举个正面例子,我们可以看到图9-12所示的POP上的文案,这样的文案第一点很美观,第二点突出了品牌的形象,可以给顾客留下很好的印象。

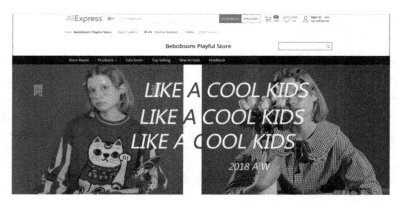

**图 9-12　速卖通上某女装店铺 POP 文案**

店铺首页的逻辑结构是否合理有效,对于电商店铺而言非常重要。有些电商店铺的首页流量非常高,但是详情页的流量却非常少,这就是首页流量分配不合理导致的。

### （三）站外流量

1. 站外流量概述

在"数据纵横"的店铺流量来源分类(图 9-3)中,我们可以看到左边坐标轴第一行就是"站外总计",站外总计流量来源是指从速卖通以外的站点访问店铺的流量总和。当平台本身流量不足时,站外引流对商家来说也是比较重要的流量来源组成部分。

对于大多数卖家来说,站外引流的主要方式如下。

(1)SEO(搜索引擎优化)引流(通过 Google 获取关键字)。

(2)联盟营销数据分析及引流。

(3)EDM(电子邮件营销)引流。

(4)SNS(社交网站)引流。

接下来,我们将以 SEO 引流为例为大家介绍如何进行站外引流。

2. 使用 SEO 的思路引流

SEO(search engine optimization)就是搜索引擎优化,是一种利用排名引擎的搜索规则,来提高目前网站在有关搜索引擎内自然搜索结果中的收录数量及排名的优化方式。也就是说,使网站在搜索引擎中保持排名靠前,更容易让客户搜索到。

但是使用 SEO 引流会消耗店铺大量的时间和成本,而且比起在平台内的推广方式来说收效甚微,因此速卖通卖家极少会有店铺在 SEO 站外引流上花费很多的经历。

## 二、成交转化率分析

店铺有了稳定的流量以后,店铺的总访客数有了根本性的保证。为了更好地提高店铺业绩,我们接下来要关注的就是成交用户的人数。在确保总访客数稳定上升的前提下,我们引入了另一个关键指标:成交转化率。在这里,我们指的"成交"是指下了订单并且完成付款的过程。

成交转化率可细分为单品转化率和店铺成交转化率,以下为两个概念的公式

$$单品转化率 = 单品成交用户数/单品总访客数$$
$$店铺成交转化率 = 店铺成交用户数/店铺总访客数$$

单品转化率重点关注的是流量优化、商品优化及客服优化。店铺成交转化率更多地取决于热销商品的转化率,要从平均停留时间、热销爆款流量的去向及老客户营销来提高店铺的整体转化率。

### (一)单品转化率

商品的单品转化率可以从"数据纵横"—"经营分析"—"商品分析"页面中查看,页面上首先展示的全部商品的信息如图 9-13 所示。

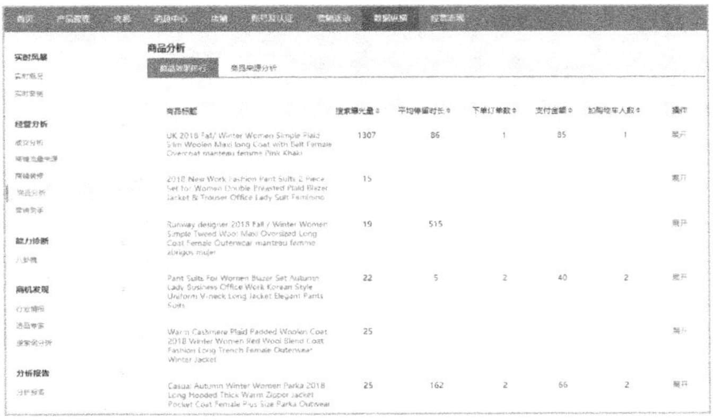

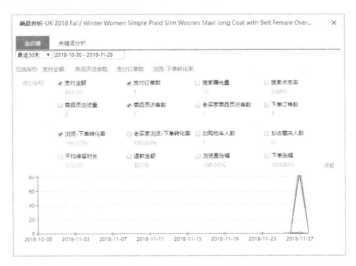

**图 9-13　"商品分析"页面**

点开第一栏商品右边的"展开",我们可以看到第一行商品的相关数据,在勾选框选择支付订单数、商品页访客数、浏览－下单转化率,即可查看商品的成交转化率,如图 9-14 所示。

**图 9-14　商品成交转化率**

需要注意的是,图中"浏览—下单转化率"并不是下单数/浏览数,而是下单数/访客数,而我们通常所说的成交转化率就是支付订单数/访客数。

单品转化率的影响因素主要有流量、商品本身和客服跟进这三个方面。除此之外,品牌影响力、老客户黏度、关联营销等也会影响转化率。

在流量方面,宏观影响因素是不同流量来源的占比问题,如推广导致的流量比例变动,通过增加直通车流量导致的商品访客数的增加可能会使商品的成交转化率降低。

在商品本身方面,价格、销量、评价、商品描述都会影响单品转化率。

在客服跟进方面,优质的服务会提高客户的咨询率、下单率和付款率,售后服务也会影响买家的复购率,进而影响单品的转化率。

### (二)单品转化率优化

#### 1. 流量优化

流量来源骤变会导致单品转化率的变化,我们需要明确具体原因才能有相应的优化方向,表 9-1 列举了浏览来源和转化率之间的关系。

表 9-1    流量来源和转化率

| 流量来源 | 转化率 | 说明 |
|---|---|---|
| 站内搜索 | 高 | (1)主动搜索代表明确的购物意愿<br>(2)影响搜索流量的重要因素是关键词 |
| 站内活动 | 高 | (1)活动基本以宝贝单品参加<br>(2)由于活动有促销机制,转化率高<br>(3)活动会带动非活动商品的关联销售 |
| 直通车 | 中 | (1)新客为主<br>(2)营销可能存在精准问题 |
| 其他(收藏) | 高 | 老客为主,转化率高 |
| 类目浏览 | 低 | 流量大但精准率低 |

如果店铺近期参加了站内的平台活动,如某单品参加了"满减"或者"满赠"活动,导致单品直接访问流量增加,单品转化率降低,那么此时卖家应该做的就是针对这次平台活动进行分析,确定单品转化率和流量的增长情况是不是一致。一般来说,参与平台活动的单品价格会比平时低(排除店家平时抬价的状况),所以转化率不会是价格的问题。在商品足够吸引顾客的条件下,此时单品转化率降低的元凶是库存问题。例如,参加抢购活动的商品库存较少,商品售完后仍然有大量的访客访问,或者符合买家审美的颜色款式已经售罄,都会导致大量客户的流失。

如果店铺在站外做了推广,单品的站外流量剧增,商品的直接访问流量就会增加。但是一般来说,站外推广的转化率会比站内推广的转化率低很多,因此单品转化率肯定会降低。站外推广而导致的单品转化率降低是正常情况。在这种情况下,卖家需要做的就是优化推广策略,提高站外的单品转化率,如给来自投放推广网站的顾客发放赠品,从而促进购买。

## 2. 商品优化

从流量角度优化了单品转化率后,接下来要做的就是对商品本身进行成交转化率优化。

从商品本身而言,单品转化率受以下方面影响。

(1)商品描述方面影响因素:详情页样式设计和文字描述。

(2)价格方面的影响因素:定价策略和销售手段。

(3)销量方面的影响因素:累积销量、近期销量、物流方案、尺码模板。

(4)评价方面的影响因素:买家评价、评分等。

在速卖通发展早期,商品描述都是简单的文字和几张清晰度不高的图片。但是在现在的速卖通平台上几乎已经看不到以一两张图片和简单文字作为商品详情介绍的商品了,取而代之的是介绍卖点、具有传递价值、建立信任、引导购买等多重营销功能的商品详情页。

详情页设计只是商品优化方面的表面因素,真正促进购买的往往是针对商品进行的营销手段和定价策略。

商品的评价是用户除去商品详情外获得商品信息的另一大来源。商品评价从很大程度上决定了客户的购买倾向,因为通过评价,用户可以知道商品的色差、尺码偏差和质量好坏。具体带图的好评会促进顾客购买,提高用户对商品的把控度;而差评则会让用户对商品的印象变差,从而转向同类其他店铺的商品。

## 3. 客服优化

随着网购的普及,如今资深的电商买家越来越多,因此他们在网购过程中向商家咨询的问题就越来越少。由于网上店铺实在太多,即使有些买家对店铺的某一商品感兴趣,他也不会直接咨询问题,而是直接去对比另一家店铺的同类商品。所以现在电商店铺的咨询率已经越来越低,从顾客开始浏览到最后咨询,一般一件商品的咨询数仅仅只占浏览数的 1%。

因此,对于如何让这仅有的 1% 的顾客不再流失,是一个非常值得卖家思考的问题。其中客服服务对保留客户的影响效果十分可观,客服优化也是每个卖家都应该注重的优化方向。在此我们只给出了客服优化的理由,至于客服服务具体怎么优化,我们将在以下内容中给予详细的讲解。

## (三)店铺转化率

全店转化率可以在"数据纵横"—"经营概况"—"界交分析"界面中查看,如图 9-15 所示。

在图 9-15 的左上角,选择网页端(非 APP)的成交概况,也可以选择移动端(APP)的转化率进行分析。在图 9-15 右上角,可以选择天数,如果选择"最近 7 天",那么分析的是短期的成交转化率,适宜重大活动数据的观测和店铺调整期的数据跟踪;如果选择"最近 30 天",那么分析的则是长期的成交转化率,适合做月度报表和下月预测。

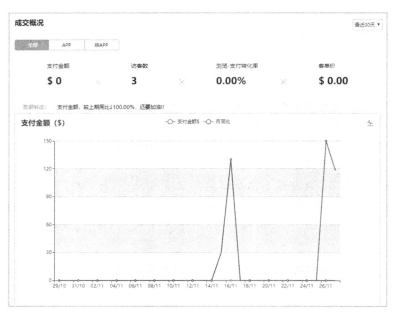

**图 9-15　店铺成交转化率分析**

支付金额的计算公式为

$$支付金额＝访客数×成交转化率×客单价$$

这个公式十分重要，我们在接下来的章节中还会讲到，在这里我们只需要关注浏览－支付转化率这个概念。

浏览－支付转化率计算公式为

$$浏览－支付转化率＝支付订单数/商品页访客数$$

除了关注整体数据外，我们还应该关注不同板块、不同国家（地区）的数据，如图9-16所示。

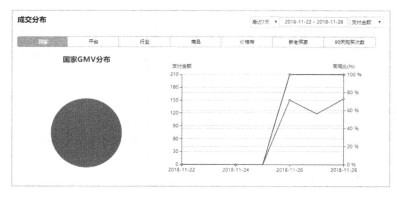

**图 9-16　成交分布分析**

影响全店转化率的最重要因素还是单品转化率，毕竟大多数顾客都是通过单品的详情页进入店铺的，"客户是否会购买正在浏览的商品"很大程度上会影响全店转化率。但是除了上述影响单品转化率的因素外,关联营销、店铺装修、老客户黏度、品牌影响力对全店转化率的影响也非常大。

### （四）店铺转化率优化

优化店铺转化率,我们可以通过指标进行优化。店铺转化率虽然是一个数值,但是其影响因素非常多,我们需要优化的也不单是店铺转化率这一个数值,而是影响店铺转化率的多个指标。

第一个指标是平均访问深度,平均访问深度的计算公式为

$$平均访问深度＝浏览数/访客数$$

数值越大,买家访问停留页面的时间越长,购买意向越大。

访问深度是用户访问质量的重要指标,访问深度越大意味着用户对网站内容越感兴趣。但访问深度并不是越高越好,过高的访问深度可能意味着用户在网站中迷失方向而找不到目标内容。一般来说,平均访问深度在 2 以上算正常。从这个指标中,我们可以看出店铺装修做得好不好。

第二个指标是单品流量去向。在"数据纵横"—"经营分析"—"商品分析"—"商品来源分析"的界面中,"到本店其他商品"和"到本店其他页"这两列数据足够说明商品的关联营销情况。

第三个指标是回头购买率,这个指标代表了老客户黏度。但是现在的速卖通后台无法统计回头购买率,店家可以借助第三方软件来统计回头购买率,作为老客户营销的数据依据。

第四个指标是品牌词的搜索热度,说明了店铺的品牌影响力。速卖通平台已经产生了很多"速品牌"的雏形,有心打造"速品牌"的卖家,应该密切关注品牌词搜索热度这个重要指标。

## 三、网店商品分析

当我们引来了流量,优化了成交转化率以后,接下来要做的就是分析网店内的商品。网店商品分析主要分为两大模块,一是数据化选品,二是已有单品的优化。接下来,我们对网店商品分析具体方法进行讲解。

### （一）新品上市模型

一个新商品入市能否取得成功是受多方面因素联合影响的,就商品本身而言,商品的外观、材质、样式、价格等都是影响因素。因此,研究预测新商品在未来市场上的表现就要综合考评上述因素的综合作用。

市场实践表明,影响新商品上市的成败原因有很多,因此,在综合评判时可以采用"模糊综合评判方法"对新商品上市的前景进行评判,具体方法如下。

1. 第一步:模糊综合评价指标的构建

模糊综合评价指标体系是进行综合评价的基础,评价指标的选取是否适宜,将直接影

响综合评价的准确性。在确定影响商品因素的时候,因素往往很难被直观表现出来,因此我们选用数据指标来代表这些因素,包括同类商品访客数、浏览量、订单数等指标。

2. 第二步:构建评价矩阵

建立适合的隶属函数从而构建好评价矩阵 R,如表 9-2 所示。

**表 9-2　评价矩阵**

| 矩阵 | 指标 1 | 指标 2 | 指标 3 | 指标 4 | 指标 5 | 因素 |
|---|---|---|---|---|---|---|
| | $X_{11}$ | $X_{12}$ | $X_{13}$ | $X_{14}$ | $X_{15}$ | 因素 1 |
| R | $X_{21}$ | $X_{22}$ | $X_{23}$ | $X_{24}$ | $X_{25}$ | 因素 2 |
| | $X_{31}$ | $X_{32}$ | $X_{33}$ | $X_{34}$ | $X_{35}$ | 因素 3 |

3. 第三步:评价矩阵和权重的合成

采用适合的合成因子对其进行合成,并对结果向量进行解释。在本章,我们采用最终结果向量"市场综合表现"水平来评判是否应该上市某商品。该向量在后续会进行系统介绍。

### (二)新品数据分析

#### 1. 选品分析

很多店铺在选品时,或者店铺在刚刚起步时,店家并不能确定什么类型的商品是能够让自己获利的。盲目的选品不仅会浪费店铺资金,消耗店铺库存空间,还会造成老客户回头率低等一系列影响。通过"数据纵横",店家能够把握各个类目下的商品受欢迎程度和利润空间,用数据找到一条安全的红海之路,这也是卖家的一个必修技能。

在选品时,我们可以利用"数据纵横"—"商机发现"—"选品专家",在选品专家中,店铺运营者可以直观看到速卖通各个行业的热销商品词和热搜商品词,如图 9-17 和图 9-18 所示。

在图 9-17 中,圆圈中的字均代表关键词,圆圈的大小代表销售量的高低,圆圈的颜色代表商品类别竞争力的大小,颜色越深代表竞争力越小。因此,店铺在选品时应该选择蓝色大圆对应的品类。

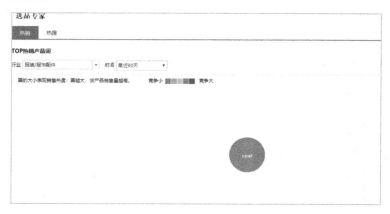

**图 9-17　选品专家:热销商品词**

在图 9-18 中,圆圈的大小代表热度,圆圈越大说明该类产品越畅销。圆圈的颜色不代表任何指标。

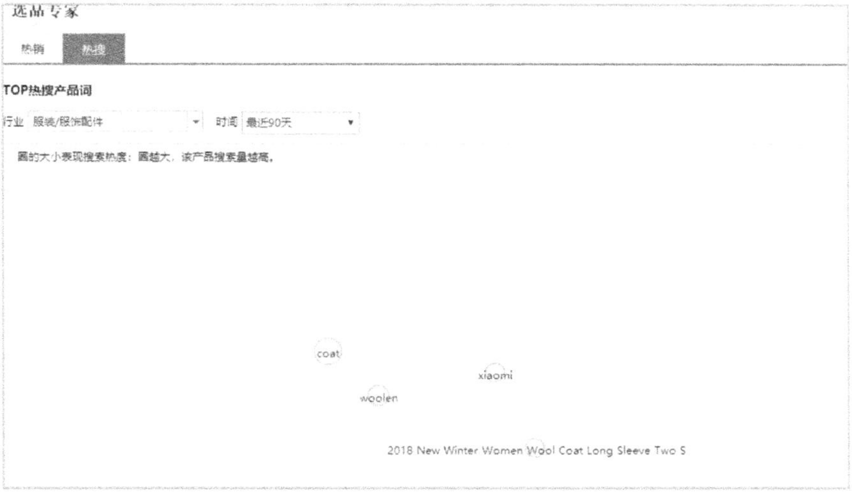

**图 9-18　选品专家:热搜商品词**

分析了应该选择的品类后,我们可以查看该品类的详细信息。点击图 9-18 中的"coat",会出现与"coat"相关的信息,包括该品类的热销属性和热销关联产品,如图 9-19、图 9-20 所示。

在图 9-19 中,我们可以看到一系列和"coat"相关的属性,相关的属性又进行了细分,如 coat-material-cotton。除了"coat"以外,在其中我们可以看到几个较大的圆形,如 short、zipper、cotton、O-Neck,这说明这几个属性的大衣销量很好,我们在选大衣时可以按照季节性,选以上几个属性的大衣品类进行销售。

**图 9-19　"coat"热销属性**

我们分析了热销品类的热销属性后,还可以进行热销品类的关联分析。在图 9-20 中,圆圈之间的连线粗细代表了品类关联性的大小。我们可以看到"coat"品类和"woolen"品类圆圈较大,且连线较粗,这意味着这两类产品结合售卖的时候效果理想。因此,在店铺里已经有"coat"品类的商品时,我们可以考虑选择添加"woolen"品类的新品。

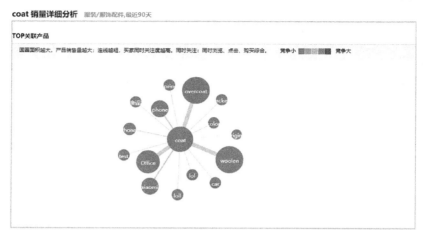

**图 9-20 "coat"关联商品**

2. 新品上市分析

在新品上市后,我们需要追踪新品的发售信息,以此来作为对新品进行评价和优化的根据。为此,我们可以根据店铺新品数据记录一个新品上市跟踪表,如表 9-3 所示。新品上市跟踪表,是一个集成库存与销售的交叉报表,它有几个关键指标:SPU(standard product unit,标准化商品单元)、消化率、落差。

SPU 是商品信息聚合的最小单位,是一组可复用、易检索的标准化信息的集合,该集合描述了一个商品的特性,与商品是一对一的关系。例如,绣花连衣裙{尺码,颜色}就是一组 SPU。通过 SPU 能够看出店铺上新的能力,在某种程度上能反映店铺开发新款的能力高低。

消化率是指一定时间段内某种货品的销售量占总进货量的比例,是根据一批进货销售多少比例才能收回销售成本和费用的一个考核指标,便于确定货品销售到何种程度可以进行折扣销售清仓处理的一个合理尺度。消化率是商品分析中至关重要的一个指标,通过消化率,并配合落差,可以直观地看到此波段商品的销售进度是否符合预定进度。

**表 9-3 新品上市跟踪**

| 波段 | SPU 数 | 库存额/元 | 累积销售金额/元 | 消化率/% | 计划消化率/% | 落差/% |
|---|---|---|---|---|---|---|
| 春 2 波 | 75 | 59622361 | 1865265 | 34 | 30 | 4 |
| 春 3 波 | 57 | 45679154 | 796625 | 48 | 35 | 13 |
| 春 4 波 | 40 | 27646794 | 894642 | 27 | 60 | —33 |

从表 9-3 中,我们可以得出以下结论。

(1)截止到统计周期内,店铺共上新约 172 款春季商品,店铺上新能力比较高。

（2）春3波的商品消化率最高,达到48%,但是高于计划消化率13%。这表明在后期的销售过程中,春3波商品的销售会持续升温,可能存在库存不足的风险。

（3）春4波的商品消化率仅为27%,但是计划消化率却有60%,逆落差为33%。这是本跟踪表展现出来的最大异常,极有可能是店铺将春4波商品的业绩预估太高,而实际业绩并没有达到要求。

### （三）商品分类

一个健康的店铺,通常有四种商品类型:爆款、活动款、利润款、长尾款,每种类型都有其各自的特征。

在经营店铺时,我们首先需要明确的是店铺需要什么类型的商品。如缺少曝光量就选择增加爆款商品;店铺品牌效应不够时添加形象款商品;店铺总销售额不足就添加利润款商品。关于如何选择商品,也需要进行系统的数据分析后再做打算。

#### 1. 爆款商品

爆款商品,就是销售非常火爆的商品;高曝光率、高点击率、高订单数就是它的具体表现。但是在有些时候,爆款并不是店铺的主要利润来源,甚至它还可能是一个亏钱的款。打造爆款的过程中,一定要经过测试和数据化的分析,否则十有九亏。

要打造爆款商品,店铺前期肯定会遇到商品销量少、促销费用高、制造成本高、销售利润低的情况。根据这一阶段的特点,店铺应努力做到:入市场的时机要合适,在合适的季节、合适的时段入市符合当季潮流和特征的商品;设法把销售力量直接投向最有可能的购买者,如把价格低的未来爆款商品推销给注重价格而且对质量要求不是特别高的顾客。

店铺可以尝试快速渗透策略,以低价格、高促销费推出新商品,目的在于先发制人,以最快的速度打入市场,取得尽可能高的市场占有率。实施这一策略的条件是该商品的市场容量相当大,潜在消费者对商品不了解,且对价格十分敏感,商品的单位制造成本可以随着生产规模和销售量的扩大迅速降低。

另外,虽然对于现有的运营环境来说打造爆品无可厚非,但是这种模式也不宜成为常规模式,店铺需要格外注意对商品利润的把握。当爆款多了,其实是对品牌调性(不能过度频繁打折)的严重伤害。

#### 2. 活动款商品

活动款商品,它的目的不是为了盈利,而是为了给店铺的其他商品带来流量。通常活动款的价格不会很高,卖家的成本投入也不高。但是这类商品通常不获利,或者获利极少,但其与爆款配合效果很好。

设活动款商品需要性价比高、库存足够,同时也需要经过数据测试潜质。根据卖家需要,它可以成为引流款,也可以成为爆款。但是爆款不能附加活动,因为其参加活动以后,店铺的人流标签会被完全打乱,原先的爆款就会失去意义。所以活动款又称为炮灰款。

#### 3. 利润款商品

利润款商品是店铺中利润点最高的款,是为了塑造店铺整体形象和品质而设的商品。这类商品客单价普遍很高,品质也普遍很高,利润是爆款商品的两倍以上。利润款商品的受众人群比较小众,目的以打造自身品牌内容为主,其卖点和特点能够激起特定人群的购买欲望。这类商品,如果作为爆款去打造的速度会很慢。

### 4. 长尾商品

长尾商品是需求不旺或销量不佳的商品。对于长尾商品,商品销售量不高,店铺很难从这种商品中获利,大量竞争者退出市场,消费者的消费习惯已经发生改变。在这种情况下,店铺需要认真研究分析策略及商品退出市场的时间。商铺有以下几种策略可供选择。

#### (1)收缩策略

抛弃无希望的顾客群体,大幅度降低促销水平,尽量坚守促销费用,以增加利润。这样可能导致商品在市场上的快速衰退,但也能从忠实于这种商品的顾客中得到利润。

#### (2)关联促销

至于如何选择与长尾商品相关联的产品进行促销,我们可以按照类目之间的相关性进行产品的关联,也可以以热销产品带动长尾商品来进行销售。

#### (3)放弃策略

对于衰退比较迅速的长尾商品,应该当机立断,放弃经营。可以采取完全放弃的形式,如把商品完全转移出去或者立即停止生产;也可以采取逐步放弃的方式,使其所占用的资源逐步转向其他的商品。

## (四)商品销售分析

### 1. 商品类别定位分析

店铺在经营的过程中,会出现新品价格定位高销售困难的现象,也就难免遇到大量的库存没办法销售的状况。在这种情况下,接近正价销售的新品就是利润款吗?积压久的商品就一定是长尾款吗?我们以图 9-21 商品销售柱形图为例,来进一步分析商品的属性。

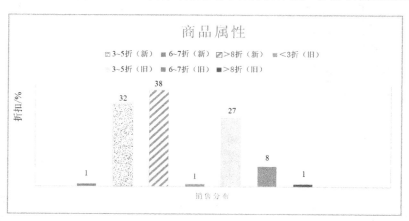

**图 9-21　商品销售分析**

从商品运营的专业术语来讲,新品以 3～5 折来销售是走量款,销售分布占到 32%,一般在重大活动中可以以这样的价格销售。而新品以 6～7 折来销售则不一定是走量款,我们可以看到在这家店铺新品以 6～7 折销售的占比最大,说明顾客更青睐于买 6～7 折的新品,那么卖家完全有可能按照这种特性将新品打折至 6～7 折,以销售量弥补客单价,把应规划于盈利款的商品打造成走量款商品,卖家可能获利更多。

2. 商品活动定位分析

表 9-4 是一个非常有电商特色的商品运营分析表。这份表通过 PV(浏览量)、UV(访客数)、转化率、销售件数、库存数等几个关键数据指标,构建了一个针对单品销售现状的分析表。

表 9-4　商品销售分析

| 货号 | 客单价/元 | 浏览量/次 | 访客数/人 | 成交转化率/% | 销售件数/件 | 剩余库存/件 |
|---|---|---|---|---|---|---|
| A01 | 98.88 | 21230 | 11500 | 1.23 | 1020 | 150 |
| A02 | 513.00 | 15100 | 93100 | 0.11 | 160 | 287 |

商品运营分析表在电商店铺做大型促销活动时非常有用,它帮助店铺运营者进行"爆旺平滞",然后制定不同的销售策略。同时,这张表格也可以及时发现"潜在畅销"款,提前规避库存不够的风险。

在表 9-4 中,货号 A01 的商品客单价较低,而浏览量很高,销售件数非常高,但是库存较少。在这种情况下,我们一般认为 A01 商品是该店铺的"活动款"商品,此现象是长期投放直通车所致。这类商品极有可能有"超卖"风险,因此在发现后应及时提醒店铺增加库存。

货号 A02 商品与 A01 有着完全不同的数据呈现。A02 商品客单价很高,虽然浏览量不低但是成交转化率只有 0.11%,还不足货号 A01 商品成交转化率的 10%。这时我们就要重新考虑 A02 商品的营销策略,可以将其作为店铺形象款继续观望,也可以参与活动提高 A02 商品的销售量。

## 四、网店客户服务分析

DSR(detail seller ratings)为卖家服务评价。速卖通 DSR 主要指的是评分系统,如图 9-22 所示。主要包括以下三个部分:描述(item as described)、客服(communication)和物流(shipping speed)。

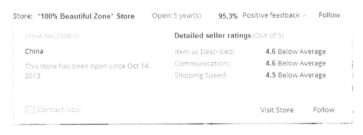

图 9-22　店铺 DSR

描述:要求卖家实事求是,把商品最真实的情况展示给买家,杜绝过分夸大和造假。店铺的维权数据与描述直接相关,退货率直接影响店铺评分。

客服：DSR 主要考察对象是客服，包括客服响应时间、礼貌用语、售后纠纷解决情况等。

物流：包括发货时间、发货速度、快递方服务态度和商品包装等。

## （一）店铺维权数据分析

众所周知，电商商品有滞后 15 天的退货周期，而退货率较高会影响店铺评分。针对这种现状，行业内有一种"订单 to 订单"退货率（A to A 退货率）的计算方式：按下单时订单号的月份来统计每月的退款率。例如，顾客在 7 月份购入一条女装连衣裙，不满意申请退款后 8 月才退货，那么该订单计入 7 月份的退款额度。店铺的退款情况在卖家后台——"交易"—"管理订单"—"退款 & 纠纷"中可以查看。

另外，店铺的纠纷情况分为未收到货物纠纷和货不对版纠纷两种，这两种纠纷都会计入店铺评分，可以在卖家后台——"店铺"—"店铺表现"—"卖家服务分"中查看，如图 9-23 所示。

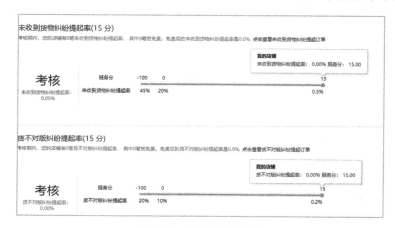

**图 9-23　店铺纠纷信息**

与退款率相对应的指标就是复购率。复购率在零售行业中是非常重要的一个指标。以服装店铺为例，复购率高的品牌，其用户忠诚度非常高，这意味着店铺的品牌调性、商品及服务质量都能得到用户的认同。对于女装店铺，行业可参考的复购率一般是 18% ～40%。如果低于这个值，说明品牌未形成有效的核心竞争力，或者其核心竞争力没有得到用户认可。如果高于这个值，证明店铺的服务体验或商品力方面已经高于同行。

在客户服务层面上，提升客户购物体验，降低用户退款率、刺激更多老客户回头购买是必要的手段。

## （二）店铺客服数据分析

店铺要发展，客服少不了。客服服务对于店铺影响非常大，不只会影响店铺客服评分，还会影响店铺的流量、成交转化率甚至物流评分。但随着店铺规模越来越大，客服数量逐渐增多，客服短板也会随之凸显。如何留住客服、用好客服，是一门非常大的学问。对于店铺管理者来说，优秀的客服团体不但可以节约运营成本，还可以给店铺带来实质性的收益提升。通过数据评判店铺客服服务的方式，我们主要关注以下几个指标。

1.客服销售指标

客服销售是指标主要有客服销售占比和咨询转化率。

客服销售是指额通过客服人员引导成交的客户,在所选时间内付款的金额。

$$客服销售占比＝客服销售额/店铺总销售额$$

$$咨询转化率 ＝通过客服咨询成交人数/店铺总访客数$$

一个好的客服,在工作中做的不仅仅是接待,还会在接待的同时,去主动引导,推荐顾客购买相关商品,从而提高客单价,最终提高个人及整个店铺的营业额。通过各项数据佐证,静默下单(不通过客服,买家自主拍下)的客单价,要低于客服客单价,并且要低很多,这就体现了客服的重要性。

2.客服工作指标

客服工作指标如下。

(1)总接待数

这是指所选时间内,客服接待的客户数。

(2)最大同时接待数

这是指在所选时间内,客服团队所有客服同时接待的最大值。

(3)平均响应时间

这是指客服对客服每次回复用时的平均值,帮助分析客服的首次响应够不够及时。

平均响应时间一般跟客服同时接待数有关,也就是与客服工作压力直接成正比。一般来说,五六十秒的响应时间是相对正常的,做得好的客服会把响应时间控制在二三十秒,做得不好的也可能让响应时间达到 100 秒甚至更高。顾客咨询半天客服才回应,这很容易导致客户流失,并且非常浪费时间。

可用消息回复率来作为客服响应的指标,计算公式为

$$消息回复率＝ 回复过的客户数/总接待数 ＝(总接待数－未回复人数)/总接待数$$

## （三）店铺物流评价

店铺的物流评价涉及店铺发货时间、商品物流情况、快递员态度问题。卖家可以在卖家后台—"店铺"—"店铺表现"—"卖家服务分"中查看店铺的物流评价,如图 9-24 所示。

**图 9-24　店铺物流评分**

店铺发货时间推迟会影响顾客体验,卖家应尽量把发货时间控制在 48 小时以内。当出现有商品 48 小时内未发出的情况,我们首先考虑的就是商品库存问题,店铺应该通过"点击查看未在 48 小时内发货订单"详细了解未发货的原因,并及时排查。

商品物流情况和快递员态度问题一般取决于店铺选取的合作物流公司。因此,店铺在考虑物流公司时,不仅仅要考虑运费问题,还要综合考虑物流公司的服务质量。

## 五、行业数据分析

"观史知今,而知进退。"行业规模和市场需求决定店铺进入策略和推广策略,掌握行业信息对店铺意义重大。店铺参与市场竞争,不仅要了解谁是自己的顾客,还要弄清楚谁是自己的竞争对手。因此,卖家们需要对整个行业数据进行分析才能够精准把握当前市场。

对内,店铺通过积累的消费者数据,分析顾客的消费者行为和价值趋向;对外,店铺可以通过获取数据加以统计分析来充分了解市场信息,掌握竞争者的行情和动态,知晓产品在竞争群中所处的市场地位,达到"知己知彼,百战不殆"的目的。

### (一)市场定位模型

对某一类新上市的产品来说,市场定位十分重要。正确的市场定位所以使该产品顺利地进入市场,并建立自己的品牌;相反,如果定位出现了偏差,会使市场营销计划受到严重阻碍,甚至导致产品入市失败。在实施市场定位中,我们通常使用的定位模型是基于利益定位的主要工具——品牌认知图(价值图)。

认知图可以用来反映相对于竞争对手而言,本产品在消费者感兴趣程度、产品和店铺形象之间的位置,如图 9-25 所示。在认知图中,线的长度代表了这些产品特征的重要性指标,品牌位置与向量的举例或角度表示该特点与品牌的接近程度。

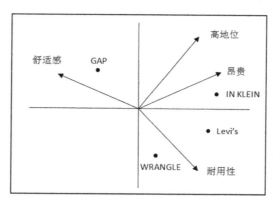

图 9-25  品牌认知图

1. 行情数据分析

在"数据纵横"—"商机发现"中,几乎所有卖家都能够用"行业情报"工具获取经系统处理后的行业数据,如整个行业的流量分析、成交转化分析、市场规模分析。因为所有卖家都能用行业情报工具获取这些经系统处理后的行业数据,所以利用行业情报分析行情是每一位卖家的必备技能。

　　卖家点击图 9-2"数据纵横"界面的"行业情报"后,在跳出界面中选择自己所在行业,就可以看到详细行业数据。如卖家想发展"彩妆"类产品,则可以根据提示选择适用于店铺的细分类目,如图 9-26 所示。

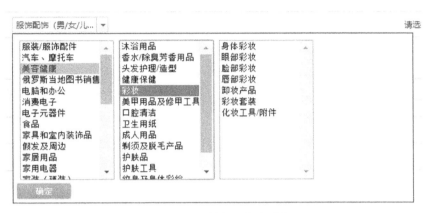

**图 9-26　行业情报与行业选择**

　　在"行业情报"中,卖家能够选择适合自己发展的一二级目录,也能筛选出有广阔利润空间的精细类目。不同的类目代表着不同的流量分布和不同的成交转换率。如卖家想发展"彩妆"—"脸部彩妆",条形框内会出现脸部彩妆更加精细的类目,如图 9-27 所示。

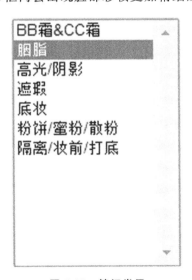

**图 9-27　精细类目**

　　在图 9-27 中,我们可以先选取一种特定类目进行分析,如选择"胭脂"。为了分析类目的客观情况,避免营销或者促销情况的干扰,我们在时间周期上选择"最近 7 天"。此时,底部会出现"胭脂"类目的主要数据,如图 9-28 所示。

图 9-28　"胭脂"数据分析

根据图 9-28,我们可以将图制成表格,新增"访问深度水平""客单价水平"两个指标,如表 9-5 所示。

表 9-5　"胭脂"数据

| 指标 | 访客数占比/% | 浏览量占比/% | 访问深度水平/% | 支付金额占比/% | 支付订单数占比/% | 客单价水平/% | 供需指数/% |
|---|---|---|---|---|---|---|---|
| 最近 7 天均值 | 78.81 | 67.18 | 83.24 | 53.31 | 57.21 | 93.18 | 62.95 |
| 环比周涨幅 | 0.99 | 0.48 | — | 0.7 | 0.21 | — | —1.79 |

在进行分析之前,我们先介绍以下几个概念。

支付金额占比:统计时间段内行业支付成功金额占上级行业支付成功金额的比例。

支付订单数占比:统计时间段内行业支付成功订单数占上级行业支付成功订单数的比例。

供需指数:统计时间段内行业下商品指数占流量指数的比例。该值越大,行业竞争越激烈。该值越小,行业竞争度越低。

在该例中,访客数占比是指访问"胭脂"的访客数在上级类目"脸部彩妆"访客数中的占比。浏览量占比是指搜索"胭脂"类目浏览量在搜索"脸部彩妆"浏览量中的占比。访问深度水平是指浏览量占比/访客数占比的值。访问深度水平可以从一定程度上显示该产品的受欢迎程度,访问深度水平越高,说明该产品更能吸引潜在客户,值得商户选择。

在成交转化分析中,我们可以关注正相关逆差。当支付订单数占比提高 0.21%,支付金额占比提升 0.7%,成交额提升比例更大,可以理解为商品的客单价提高了。

类目"胭脂"供需指数的环比周涨幅下降了 1.79%。供需指数的下降幅度大,可以理解为买家发展速度高于卖家,所以即使看似竞争激烈的背后,实际上"胭脂"的竞争度在下降。

分析了单个类目后,我们还需要比较各个精细类目,以确定什么样的产品才应该被店铺选择,我们选择"购买力水平"和"市场综合表现"两个指标,计算公式如下

"购买力水平"和"市场综合表现",计算公式为

$$购买力水平＝支付金额占比/浏览量占比$$

$$市场综合表现＝访客数占比×购买力水平×客单价水平/供需指数$$

市场综合表现并不是一个标准的量化性指标,它可以概括为单位访客的购买力在此市场供需关系的客单价水平下所能完成的营业额指数。可以通俗地理解为卖此类目产品的收益指数。该指数越高,代表此类目销量越大,发展速度越快。

### (二)竞争对手分析

#### 1.波特五力竞争模型

迈克尔·波特在行业竞争五力分析的基础上制定了行业竞争结构分析模型,从而使企业管理者可以从定性和定量两个方面分析行业竞争结构和竞争状况。五种力量分别为同业竞争者的竞争能力、新进者的威胁、替代品的威胁力、供方的议价能力及买方的议价能力。

潜在加入者指当行业前景乐观、有利可图时,会引来的新竞争企业,使该行业增加新的生产能力,并要求重新瓜分市场份额和主要资源。替代品是指与某一商品具有相同功能、能满足同一需求的不同性质的其他商品。品牌竞争者之间的产品相互替代性较高,因而竞争非常激烈,店铺均以培养顾客品牌忠诚度作为争夺顾客的重要手段。

#### 2.商品排名

行业内竞争对手的店铺运营同样会对自身店铺运营产生重大影响。从宏观来看,需要分析竞争对手的运营策略、定价策略、排期策略、营销策略等,以便制定针对性的实施方案。从微观角度来看,竞争对手的店铺中存在的显性因素,如产品价格、库存、销量、活动时间、参与商品、促销策略等,都很有可能成为自己的突破点。

假如竞争对手的某款宝贝上了聚划算,有 8570 次点击量的流量,以 89 元的价格,卖了 259 单,那么这个价位宝贝的活动转化率就是 3%,等你自己的宝贝也上聚划算的时候,如果需要提高转化率,那么价格就要低一点。

通过对竞争对手的分析,尽可能地帮助店铺从战略发展入手,了解对手的竞争态势,为店铺服务提供信息支持,进而为店铺持续发展和提高行业竞争力提供信息保障。例如,通过对竞争对手的分析,可以找到市场规模大、竞争对手少的价格段,从而对产品进行重新定价,抓住消费者心理,提高店铺产品点击率。

单击"数据纵横"—"实时风暴"工具,如图 9-29 所示。通过实时风暴,店家可以查看主营行业实时交易额排名及所占比例,这部分数据呈现了店铺在近 30 天内跟同行业同层级的其他卖家的总成交额对比得出的分层排名情况。卖家可以通过观察此实时数据,掌握规律,及时调整店铺至最优状态。

图 9-29　商铺排名

## （三）店铺分析

在店铺刚刚起步时，行情分析和对手分析可能对于新手卖家来说起不到太大的作用，这个时候卖家最好着眼于自己的店铺，从店铺数据中总结以下问题。

1. 找到什么样的产品，销量要做到什么程度

选品问题在本章有详细介绍，在此不多做解释。新店刚开张，应当主要通过上下架时间安排、优化店铺网页、获取自然流量来提高店铺销量。

2. 产品的特性和卖点的分析

卖家应该分析不同类型的产品带来的点击率、成交转化率和盈利，从而对不同的产品进行优化。在此过程中，卖家还可以通过产品树立自己的品牌特色，形成自己的店铺风格。

3. 找到合适的推广方式

店铺新开张，没有人气，浏览量、曝光量、销量自然很低，想参加平台活动肯定也很难，因为信誉等级不够。这时候卖家可以选择优质的第三方推广平台来增加站外流量，从而快速打破每天销量为零的局面。

在"数据纵横"—"实时风暴"—"实时概况"中，我们还可以查看店铺整体数据，尤其是商铺经营情况，包括店铺浏览量、店铺访客数、下单订单数、支付订单数、支付金额、下单买家数、支付买家数、浏览—下单转化率、加购物车人数和加入收藏夹人数。如图 9-30 所示，卖家如果经常关注这些数据，就可以更加细致地发现店铺存在的问题，找到改善的空间。

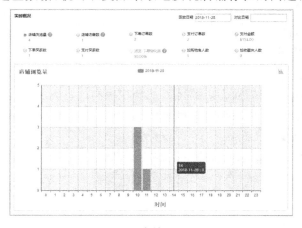

图 9-30　店铺实时概况

## 六、客户行为分析

"卖是表达，买是认同。"每个人都是消费者，店铺里每一天都会发生消费行为。一般而言，所有店铺都会有顾客，但并不是所有的客户都是消费者。由此可见，我们的目标就是极大可能地增加消费者占客户的比例。

基本上，客户行为的范畴，包括了与购买决策相关的心理和实体的活动。心理活动包括评估不同品牌的属性、对信息进行推论及形成内心决策等；实体活动则包括客户实际收集商品相关信息、店铺相关信息、与客服人员互动及商品的实际消费与处置等。

客户行为分析就是根据客户数据来分析客户特征、评估客户价值，从而为客户制定相应的营销策略与资源配置计划。通过合理、系统的客户行为分析，店铺可以知道不同的客户各有什么样的需求，分析客户消费特征与经济效益的关系，使运营策略得到最优的规划；更为重要的是可以发展潜在客户，从而进一步扩大商业规模，使企业得到快速的发展。

### （一）客户行为研究模型

在消费者行为研究中，使用习惯和态度是研究的核心（简称 U&A）。U&A 是一种相当成熟和完整的消费者研究模型，主要研究内容包括客户对产品的认知、客户使用和购买习惯、客户满意度评价、客户媒体习惯、客户对市场推广活动的态度等一系列指标，如图 9-31 所示。

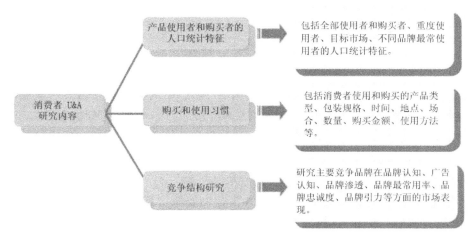

**图 9-31　U&A 研究内容**

影响客户购买行为的因素有很多，主要包括心理因素、内部因素和外部因素，U&A 研究常用于市场细分。进行市场细分的方法应根据客户对产品的偏爱程度，在同等条件下，将目标市场定位于客户偏爱较高的市场，通常按照表 9-6 所示开展研究。

**表 9-6　市场细分研究**

| 影响因素 | 基本变量 |
|---|---|
| 地理因素 | 地区 |
|  | 城市规模 |
|  | 运输发达程度 |
| 人口因素 | 年龄 |
|  | 性别 |
|  | 家庭收入 |
|  | 职业 |
| 心理因素 | 价值倾向 |
|  | 生活方式 |
|  | 媒体接触 |
| 行为因素 | 购买目的 |
|  | 品牌忠诚度 |
|  | 对产品态度 |

　　获得细分市场后,店铺就能够选择一个包含多个细分类别的消费者群体作为自己的目标市场。在选择细分时,有两个原则很重要:第一,细分市场足够大,并且有利可图;第二,通过自身的经营可以充分接触该市场。

### (二)客户人群结构分析

1.购物时间

　　速卖通平台面对全球的买家,但是不同国家(地区)的时差是不同的。一般来说,买家的购物时间主要集中在当地时间对应的下班时间段。作为卖家,要分析客户属于哪个国家(地区),这样才能够分析出客户的主要购物时间段。

　　我们在设置店铺活动时,起始时间要尽量匹配买家的购物高峰时期。因为活动在开始时有搜索加权,可以让店铺的销量更好。

　　另外,充分了解不同国家(地区)的重大节日也是颇为重要的。节日购物一直是假日经济中一种重要的经济模式,可在节日推出各种活动,给买家制造物美价廉、机不可失的购物感受。

2.地域

　　不同国家(地区)的客户偏爱不同的商品。在店铺商品已定的情况下,卖家可以选择在特定的市场内销售不同的商品。卖家需要根据目标客户所在的国家(地区),选择适合销售的产品,提高成交转化率。同时,卖家还可以根据顾客的所在地合理安排优化物流方式,提高整体竞争力。

　　卖家可以在"数据纵横"—"经营分析"—"成交分析"中的成交分布板块查看所选时

间内(7天、30天、自定义时间)按照平台(全部平台、PC 端、APP 端)访问店铺的买家地域分布,如图 9-32 所示。

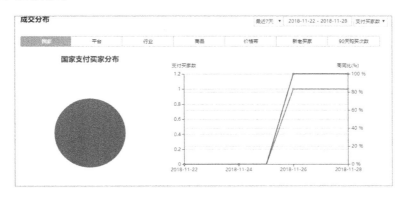

图 9-32　买家地域一成交分析

### (三)客户心理活动分析

AIDMA 理论模型,由美国广告学家 E.S.刘易斯在 1898 年提出。该理论认为,消费者从接触到信息到最后达成购买,会经历这五个阶段:A:Attention(引起注意)——I:Interest (引起兴趣)——D:Desire(唤起欲望)——M:Memory(留下记忆)—— A:Action(购买行动)。

引起顾客兴趣的首要因素就是商品详情页的响应速度。如果在短时间内页面没有响应,客户很可能会立马关掉页面。一些卖家为了商品详情页的美观性,渲染了大量动画视频,从而牺牲了页面的响应速度。还有的卖家会放好几页的企业证书和资质说明,但是这些内容都不能很好地吸引客户。我们要做的就是尽可能测试商品页面在不同国家(地区)和不同网络环境下的响应速度,通过技术手段进行优化。

跨境电商店铺的图片很重要,买家见不到实物,所以更多的是通过图片来选择产品的。因此,卖家在图片方面要重视。有研究说,产品图片越多,曝光就会越多。卖家在上传产品图片时,要尽量保证产品的细节图、正面展示图、侧面展示图及买家秀展示图来对产品进行全方位展现。另外,要关注图片的质量问题,如果卖家没有专业的美工的话,自己也要学着对图片进行一些简单美化处理,主图清晰度要高,能够吸引人,要让买家一眼看到后就会点击进入商品详情页面。

在确认顾客需求时,很多卖家都喜欢把自己总结出来的商品卖点罗列出来,但是他们总结的很多卖点往往并不是客户所需要的。例如,在制作一款运动鞋的详情页时,与其展示高端的模特图和展示图,不如加入鞋底防滑测试。因为这类商品的客户很可能注重的并不是鞋的美观性,而是实用性。

当买家了解到商品的特点后,可能会发出疑问:商品真实可信吗?在淘宝上,卖家通常会放上第三方质检报告、买家评论截图,甚至还有卖家的身份证信息。所有这些都是在告诉顾客:我们值得信任。国外的客户也一样,特别是当客户对"中国制造"充满疑虑和不安时,卖家更需要想尽一切办法打消国外客户的顾虑,赢得客户信任。

赢得客户的信任后,买家可能还是不会立刻下单。因为他或许认为要货比三家,或者在等待优惠活动。这时候,我们就要给顾客制造一些紧迫感。例如,通知顾客打折活动临近尾声,现在买可以低价换购,或现在立即购买即送小礼物等。

### (四)客户唤醒分析

关于用户活跃度,每家店铺都有不同的分类标准。一般的做法是:最近 30 天内有过消费记录的客户称为"活跃用户",连续 60 天内没有消费记录的客户称为"沉睡用户",超过 90 天没有消费记录的客户称为"即将流失用户"。

运营人员进行唤醒计划时,最直接的方法就是根据用户的购买记录,找到客户的手机号,进行短信营销。同时,为了提高店铺的竞争力,店铺还可以在活动页提供适当的代金券,以此来促进顾客购买。

**表 9-7　用户活跃度分析**

| 用户分类 | 客户数量/人 | 激活方案 |
|---|---|---|
| 活跃用户 | 1064 | 代金券 |
| 沉睡用户 | 2658 | 代金券、短信 |
| 即将流失用户 | 3769 | 大额代金券、短信 |
| 小计 | 7491 | |

表 9-8 是某店铺 12 个月内记录的客户数量。假如在一次大型活动中,通过短信、优惠券等激活方式,客户的挽回率在 2% 左右,也就是 7491 人中约有 150 人在活动中下单。按照客单价 500 元计算,本次活动中被挽回客户可以为店铺贡献 7.5 万元的销售额。而150 个用户几乎都使用了 30 元的代金券,店铺折损为 4500 元,使用这种方法虽然获客成本较高,但是胜在精准。更为重要的是,在本次唤醒成功后,可以使即将流失的用户在接下来的一段时间里成为"沉睡用户"甚至"活跃用户"。

### (五)客户价值分析

1. 用户特征分析(人群画像)

构建客户画像的核心工作是给用户贴"标签",通过客户的购买行为、购买地域、购买金额、购买次数等行为对客户进行特征分析。从客户画像的使用情境可以看出,客户画像适用于各个产品周期:从潜在用户挖掘到新用户引流,再到老用户的培养与流失用户的回流,客户画像都有其用武之地。

2. 客户价值识别(RFM 分析)

在众多客户关系管理的分析模式中,RMF 模型是被广泛提到的。RFM 分析定位于最具价值用户群及潜在用户群。对于最具价值用户群应提高其品牌忠诚度;对于潜在用户群要主动营销,促使其产生实际购买行为;客户价值低的用户群在营销预算少的情况下考虑不实行有针对性的营销推广。

该模型通过一个客户的 recency(近期购买行为)、frequency(购买的总体频率)及 monetary(花了多少钱)三项指标来描述该客户的价值状况。一般的分析模型 CRM(客户关系管理)着重分析客户贡献度或活跃度,RFM 则强调以客户的行为来区分客户。RFM 模型如图 9-33 所示。

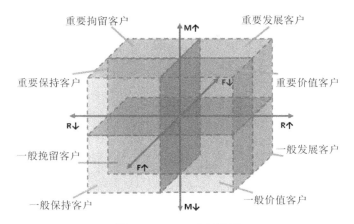

**图 9-33　RFM 分析模型**

　　如果店铺收集到了这些数据,并建立了消费者大数据库,便可通过统计和分析来掌握消费者的消费行为、兴趣偏好和产品的市场口碑现状。从而店铺可以制定有针对性的营销方案和营销策略,投消费者所好,带来积极的营销效应。值得注意的是,RFM 模型适用于商品单价相对不高,或者相互间有互补性,需要多次重复购买的必要商品,如化妆品、消耗品、小家电等;而对于购买周期长的商品则实用性不强。

## 七、订单漏斗分析

　　在店铺经营销售的过程中会出现大量的销售数据,这些数据根据用户的行为会划分成一个漏斗状数据层,其中和订单量数据相关的漏斗状数据层称为订单漏斗。
　　订单漏斗分析特别适用于业务流程比较规范、周期较长,且各流程环节涉及其他复杂业务的情况,通过这种分析方法,可以非常直观地发现这一流程中用户的流失情况,影响转化率的主要页面与环节,进而有的放矢地分析可能存在的关键问题。

### (一)漏斗模型

　　漏斗模型主要用于分析多步骤过程中每一步的转化与流失情况。举例来说,用户购买商品的完整流程可能包含以下步骤。
　　(1)在主站里搜索需要的商品。
　　(2)查看商品。
　　(3)将商品添加进购物车。
　　(4)生成订单,结算购物车中的商品,选择送货地址、支付方式。
　　(5)点击并完成付款。
　　我们可以将如上流程设置为一个漏斗,分析整体的转化情况,如图 9-34 所示。但是,根据单一的漏斗图还无法评价各步骤中转化率的高低,还需要将各步骤转化率与行业数据、环比数据、同比数据等进行对比分析。

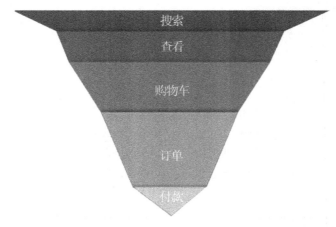

**图 9-34  订单漏斗**

### （二）漏斗指标

在进行电商运营数据分析时，可以根据漏斗模型的行为轨迹和 AIDMA 心理暗示的方向，归纳出用户在发生购买行为时的一系列操作，梳理出各个指标之间的逻辑关系。图 9-35显示了根据上述行为划分的分析指标框架。

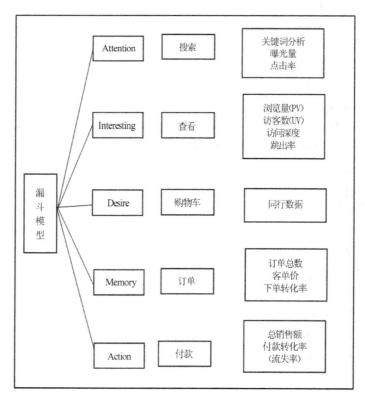

**图 9-35  漏斗模型指标**

1. 搜索

如果商家经营着一家电商店铺,但是却不知道有多少用户访问自己的产品,也不知道访问用户和购买用户之间的比例是多少,那么这个店铺在行业里不会生存太长时间。因此,需要关注以下内容。

(1)关键词分析

搜索引擎关键词优化是获取用户的一个好方法,但是仅仅做好搜索引擎优化还不够。有的时候为了吸引更多的用户,还需要一定的资金投入。当单品曝光量很低的时候,卖家应该考虑有效关键词的精度问题和推广问题。

(2)曝光量

经验丰富的卖家都知道:关键词重复次数越多曝光率越低。有卖家一开始在标题里面放 2～3 个自己想要有排名的关键词,结果这个产品始终没有什么流量,最后将标题里的核心关键词全部调整为 1 个,店铺流量反而增加了很多。

(3)点击率

点击率与商品详情页设计、促销活动有重大关系,它反映了网店商品对每一个访客的吸引力。商品点击率高不一定意味着商品的销售情况好,点击率高也可能是因为同行访问、促销活动导致的;但是低点击率一定意味着店铺需要对产品进行优化之后才能考虑利润问题。

2. 查看

当用户关注到店铺中的产品时,便会在店铺内"随意逛逛",他们会在首页、详情页、活动页等页面之间来回跳动。此时的流量追踪是非常困难的,并且用户在随意逛逛的过程中,随时都有可能逛到其他的同类店铺中。如果用户对某一产品感兴趣,他会在该产品详情页仔细观看商品详情和用户评论。但是如果用户对某一产品不感兴趣,用户会在快速浏览后迅速关闭该页面,于是就造成了大量的"跳失"。在顾客内部跳转的过程中,会造成大量的冗余流量,给数据分析增加了成倍的困难,此时针对某一个页面的某一项指标进行分析和解读的意义不大。该环节可重点关注以下内容。

(1)跳出率

跳出率是访问一个页面后离开网站的次数占总访问次数的比例。跳出率高绝对不是一件好事,找出跳出率高的原因才是关键。在一些推广活动中,商品的跳出率都会很高,跳出率高意味着人群不精准,或者本身的访问页面有问题。

(2)页面停留时间

这是指访客浏览单页面所花费的时长,计算公式为

$$页面的停留时长=进入下一个页面的时间-进入本页面的时间$$

3. 购物车

当用户看好了意向的商品时,便会将商品加入"购物车"。客户把产品加入购物车后,就证明该用户对商品非常心仪,在考虑是否购买本产品。当然,也有少部分用户会不经过"购物车"而选择"立即购买",直接跳到下订单环节。

在顾客将商品加入购物车的时候,大多数顾客并不会急着下单,而是转到其他的店铺搜索相关同类产品,将商品的款式、质量、价格、服务等进行综合比较后才会选择下单。在

这个阶段里,店家应该十分关注自己店铺在所有商铺中的竞争能力。

4. 订单

用户下订单后,基本已经可以预判为成交状态,此时的数据对于网店的总销售额基本相差无几。

客单价与商品定价、促销活动等有重大关系,反映了每个客户(订单)的购买金额。在订单数量基本稳定的情况下,提高客单价就可以提高网店的销售额;反之销售额下降。

5. 付款

付款是用户购买流程的最后一步,但是不管如何,只要用户没有"付款成功",便永远存在客户流失的风险。当用户单击了"付款"按钮,会被重新定向到付款页面,然后用户突然放弃了购买,这中间到底发生了什么? 这时我们就需要了解付款转化率。付款转化率计算公式为

付款转化率= 付款客户数/下订单客户数=(1-流失率)

通过分析未完成付款的订单,能够了解到用户最终为何放弃购买。例如,一商家发现一个用户在很短的一段时间内,放弃购买了5件产品,对此十分奇怪。通过调查后发现,原来是页面不接受来自加拿大的订单。

### (三)电商总销售额分析

在电商行业,总销售额公式是所有电商数据分析的基础,其计算公式为

总销售额 = UV×转化率×客单价= 展现量×点击率×下单转化率×付款转化率×客单价

分析总销售额,一方面可以监测店铺运营状态,当发现网店销售过程中存在问题时,应及时调整。在电商店铺的持续经营过程中,以上指标应该是一个相对稳定的数值,如果什么时候数值突然增大或者变小了,便一定是店铺在运营中出现了某些异常行为。店铺UV环比下降了,会有很多种原因导致这种结果,例如网页服务器产生了故障,广告投放存在问题,或者上个月的大型活动本月没有参加。

另一方面,总销售额公式还可以用来做销售回顾和销售预测,制定年度销售目标。从数学的角度分析,总销售额公式是一个乘法公式,任何微小的变化都会使总销售额变化巨大。利用这个原理,我们可以根据各项指标的趋势来预测来年的销售额,然后与财务目标及店铺的推广策略进行匹配,便能大致预测我们的销售增长是否符合公司预期。

在整理和分析了目标数据后,可以大概得出导致总销售额波动的主要指标数据。然后,对该指标数据的各个方面影响因素进行仔细分析,即可得到大致的变动原因,并以此为依据,进行优化调整,再观测数据,最后再次进行调整。

### 📦 习题

1. 简述速卖通平台店铺流量的来源。

2. 简述在速卖通平台中商品转化率与店铺转化率的区别。

3. 简述在速卖通平台中商品销售分析可以分析哪些方面。

# 第十章

# 平台营销推广数据分析

平台营销推
广数据分析

企业里设有市场推广、市场营销等类似岗位，帮助企业推广产品，拓展市场占有率。但是对于电子商务网站来说，主要销售平台就是网站，做好互联网营销推广工作是一个网上商家的重中之重，我们可以先从电商的发展来了解营销推广的重要性。

国内电商起步很早，业内一般将 2003 年淘宝网的成立称为电商发展的元年。图 10-1 为从 2003 年至今，国内电商的发展阶段。

| 2003年 | 2008年 | | 2013年 | 2017年 | 至今 |
| --- | --- | --- | --- | --- | --- |
| 电商 1.0 时代 | | 电商 2.0 时代 | | 电商 3.0 时代 | 电商 4.0 时代 |

**图 10-1　国内电商发展阶段**

在电商 1.0 时代，主张"流量为王"，电商处于 C2C(customer to customer，消费者对消费者)模式，主要以草根卖家为主，运营方式也以刷单、打爆款、砸推广这样简单粗暴的手段为主。原创设计师品牌迎来了绝佳的发展期。

电商 2.0 时代，主张"数据化运营"，电商正式跨入 B2C(business to customer，企业对消费者)时代。在这一阶段，快时尚品牌快速进入发展期，小众风格品牌迅速滑坡。天猫平台随着国外大牌"正规军"的进入，开始根据服装行业的特性，推出"双 11"大促。

电商 3.0 时代，口号为"内容营销"，结合了视频直播、VR(virtual reality，虚拟现实)技术、网红等多种形式，为卖家拓展了新兴思路。内容营销使卖家更加注重自己店铺的视觉效果，店铺页面布局结构、顾客访问路径等方面都有了较大幅度的优化。

电商 4.0 时代，以"去品牌化"为目标，将一切技术忘掉，一切造假欺诈忘掉，回归商业的本质，电商进入 F2C(factory to customer，从厂商到消费者)模式。这是一个强调品牌电商的时代：一个具备工匠精神的品牌，应专注做好产品，剩下的其他环节通过众筹、众包、众利等模式推动。从聚合式竞争思维，转向分布式思维，从掠夺式占有资源，变成去中心化共享核心资源。

在进行营销推广数据分析之前，我们先了解一下营销推广术语。

CPM(cost per thousand impressions)：每千次展示费用。根据每 1000 个广告展示量收费。

CPC(cost per click)：每次点击的费用。根据点击量收费。

CPA(cost per action)：每次行动的费用。根据推广转化收费,如按照每张订单收费。

CPS(cost per sale)：按推广带来的销售额收费。

# 一、直通车数据分析

淘宝直通车是专职为淘宝和天猫卖家量身定制的,按点击付费的效果营销的工具,帮助卖家实现宝贝的精准推广。卖家可以针对每个竞价词自由定价,并按实际被点击次数付费,即按 CPC 计价。

淘宝直通车的优势,在于可以更加精准地对商品进行发布和推广,不仅可以增加商品的曝光量,还可以更精准地让目标顾客看到商品,从而吸引买家进入店铺。作为付费流量最大的入口,直通车的数据分析是非常关键的。我们可以通过简单的方法来分析直通车推广的投入产出比。只有投入产出比高了,直通车推广的效果才能达到最好。

## （一）直通车策略

### 1.标品与非标品

标品和非标品在直通车推广上的主要区别表现在对推广时段的控制及关键词选词策略的不同上。

标品的关键词长年不变,用直通车辅助搜索来做销量是很稳定的,比如数码家电类产品。

非标品在选词时需要注意以下两点。

(1)与产品属性相关的关键词可以长年跟进。

(2)与季节性相关的词语,如春夏秋冬、加厚、冬天、薄、短袖、长袖等。对于季节性相关词语,卖家可以先进行养词(即通过点击率、人气、收藏和热卖程度来提高关键词的质量得分,使原本排不上名次的关键词排上名次),这样带有季节性关键词的商品才能够在相应季节达到销量爆发值。

### 2.针对新建计划策略

在考评市场推广能力时,一般会采用 ROI(return on investment,投入产出比)、付费用户销售额、付费流量转化率三个指标。ROI 可以衡量店铺从一项投资性商业活动的投资中得到的经济回报,公式为

$$投入产出比＝ 店铺利润/投资总额$$

现有一个单品需要进行推广,如果商品本身已经有比较好的转化,比如 ROI 最近都在 2 以上,单品转化率不错,新增加宝贝时,可以在原来的计划上增加产品推广。如果是 ROI 比较差的计划,建议重新构建计划。

在实际操作中,许多店铺会采用单一的 ROI 来考核市场推广能力。这样一来,经验不够丰富的推广团队在把 ROI 做到理想值以后,便会止步不前,为此浪费掉后续推广费用带来的市场份额和潜在客户。

假设店铺在推广 Z 产品时有以下两种推广方案可供选择。

方案 1：投入 3 万元的推广费用，预估收益为 6.0 万元。

方案 2：投入 3.5 万元的推广费用，预估收益为 6.5 万元。

如果商铺选择了方案 1 作为推广方案，很明显 ROI（方案 1）＞ ROI（方案 2）。但是如果商铺选择了方案 2 进行推广，虽然 ROI 相对较低，但是商铺能多获得 0.5 万元的纯利润，也能够把购买这部分商品的新客户转化为老顾客。

3. 选词差异化策略

关键词第一次被增加到单品计划中，与搜索标题、直通车标题匹配比较好的词，质量得分会相对高。质量得分总分是 10 分，关于质量得分的重要性，将在以下内容中给予说明。

第一次加词时，我们要保留高分词（一般来说 8 分以上），删除低分词。加词之后，接下来要考虑保持高质量分，其次做转化。第二步我们根据转化率对关键词根据转化率优胜劣汰，要跟进目前保留的质量得分高的词做转化优化。

做直通车时，最终还是围绕关键词来进行的。因此在选出相关关键词后，店家应根据最有可能转化的词，在商品详情页做直通车创意。首先，卖家可以根据搜索词对应的搜索进行展示，做创意文案；其次，卖家需要根据其他直通车图片的色系进行差异化操作。

（二）直通车质量得分优化

**首先我们来看一个直通车扣费公式**

直通车扣费＝下一名出价人出价×[下一名出价人质量得分（原始分）/自己质量得分（原始分）]＋0.01 元

单独看该公式，可能会觉得很绕，因此用下例来解释直通车扣费公式，如表 10-1 所示。

表 10-1　直通车扣费示例

| 产品 | 关键词 | 出价 | 质量得分（原始分） | 质量得分（标准处理分数） | 综合排名得分 | 综合排名 | 最终扣费 |
|---|---|---|---|---|---|---|---|
| A | 小脚 牛仔裤 | 0.67 | 1500 | 10 | 100500 | 1 | 0.64 |
| B | 小脚 牛仔裤 | 0.72 | 1320 | 10 | 95040 | 2 | 0.67 |
| C | 小脚 牛仔裤 | 0.8 | 1105 | 9 | 88400 | 3 | 0.65 |
| D | 小脚 牛仔裤 | 1.2 | 600 | 7 | 72000 | 4 | |

套用一下我们上边讲到的公式，假设 A 款宝贝是我们自己的，计算可得

A 扣费＝0.72（B 出价）×[1320（B 质量得分）/1500（A 质量得分）]＋0.01＝0.72×（1320/1500）＋0.01≈0.64（元）

在上述例子中可以看到，直通车质量得分（标准处理分数）是 1～10 分的分数，但这个分数并不是关键词的真实质量得分，而是被标准化处理后的分数。如产品 A 和产品 B，虽然两个关键词都是 10 分，但 A 关键词真实分数是 1500 分，B 关键词真实分数是 1320 分。

同时，上述例子还表明直通车费用直接受质量得分影响。也就是说，关键词质量得分越高，直通车扣费费用越低。因此优化直通车质量得分是十分必要的，以下将从相关性、创意质量、买家体验三个维度来分析如何提高直通车质量得分。

1. 直通车相关性

相关性受以下三个因素影响：产品的类目性、关键词和标题的契合程度、关键词和创

意标题的契合程度。所以把产品类目要求,关键词和标题、创意标题的契合度都统一起来,这样才能最大限度地提高产品的相关性,把质量得分提升到最大值。比如,关键词是韩版发夹,那么标题和创意区的标题有"韩版发夹"的字眼会是最优契合。

### 2. 直通车创意质量

创意质量主要指点击率,这个指标跟直通车图和文案的展现点击有关。如果一个词的点击率达不到理想状态的话,那么质量得分也会受很大影响,所以必须要关注点击率。在直通车的创意位置可以共设置 4 张创意图,通常情况下创意图的点击率越高,创意质量指标的星级就会越高。所以我们要时常关注点击率,多做主图测试、文案测试,及时更换点击率不高的直通车图。

### 3. 直通车买家体验

买家体验指标星级主要是跟成交转化率有关。简单来说,买家通过搜索关键词,点击直通车并下单购买,通过直通车的直接或间接转化率越高,该部分星级的得分就会越高。这个指标就要求该商品具有不错的转化能力。买家定位是否精准、售前售后服务是否到位,物流、买家评价、晒图好评是否优于同行等因素,都会影响买家体验,从而影响质量得分。

## 二、淘宝客数据分析

随着淘宝的发展,淘宝开始扶持直通车,淘宝客也渐渐落寞。后又因为京东的发展,淘宝客又重新回到了大众的视线。因为它独特的收费方式——成交之后才扣费,淘宝客依然受到很多卖家的喜爱。

淘宝客,是一种按成交计费的推广模式,也指通过推广赚取收益的一类人。简单说,淘宝客就是指帮助卖家推广商品并获取佣金的人。淘宝客只要从淘宝客推广专区获取商品代码,任何买家经过淘宝客的推广(链接、个人网站、博客或者社区发的帖子)进入淘宝卖家店铺完成购买后,就可得到由卖家支付的佣金。

但是对于淘宝客来说,他们会选择一些有一定信用的店铺来推广,这样可以提高成交量,提高他们的收入。所以,信用分不高的店铺不容易找到淘宝客。

### (一)淘客群

店铺在做淘宝客的时候,如果只和复读机一样拉人刷广告,那么只有一个结果:建立的是死群。要提高淘宝客的收益,建立淘客群时需要注意以下几点。

第一,不要主动去加人,因为此时完全不知道谁是微商、谁是精准客户、谁是不活跃用户的,谁是"僵尸粉",也就是不要盲目地去乱加人。

第二,要想办法让精准客户自发地访问链接,也就是如何把自己的微信号放到那些精准客户群里面。这是个技巧,也是种能力。

第三,要注重平时客户的积累,还要去各专业网站、论坛、博客等地方有目的地加入精准人群。

**1.定位精准客户**

一些人基本上每天都不怎么购物,因为他所关注的点不在产品上面。所以即使淘宝客天天在群里发商品,他压根就不感兴趣,自然也产出不了什么收益。

这两类人群已喜欢网上购物并且是淘宝的常客。做淘宝客,如果想要自己的淘客群内好友产出高,就必须要找到这类泛精准人群。

新手妈妈和未婚年轻女性来说,她们的大多数时间是在寻找更实惠的生活用品,或让自己变美变时尚的产品。淘宝客需要精准利用这类人群的消费心理。

**2.管理淘客群**

淘客群想要提高转化率,就要迎合消费者的口味。如果大多数消费者都是新手妈妈或未婚年轻女性,那么淘宝客可以去找母婴论坛或时尚论坛去发帖子,分享干货。久而之,潜在客户会形成依赖心理,有什么问题都会询问。此时淘宝客适时进行推荐,就能起到精准推广的作用。

另外,可把潜在客户引到微信上,并经常和她们互动,朋友圈多发一些她们感兴趣的文字、知识,分享一些福利,淘宝客也可以在适当时候给潜在客户物质上的鼓励。

## (二)淘宝客设置

**1.基础设置**

店铺可以点击新增主推商品来增加淘宝客推广的商品,也可以选择"编辑佣金比"来修改给淘宝客的佣金。不同类目佣金的上限和下限都不一样,一般来说,女装的佣金比是5%～50%。

**2.通用计划排名**

影响通用计划排名的因素有以下三点。

(1)排名权重

主要指收藏数、动态评分。

(2)自然搜索基础权重

主要指销量权重、转化率、人气点击率。

(3)淘客权重

收入比例、月推广量、月支出佣金。

当商品权重比较薄弱的时候,可以设置 20%～30% 的佣金略微帮助商品提升权重,淘宝客也愿意帮助推广。

**3.定向计划**

定向计划是寄生于通用计划的,顾名思义就是手动设置的 DIY(do it yourself)计划。

点击新建定向计划后,商家就可以开始设置了,比如定向计划的名称、简介、持续时间及佣金。由于定向计划的佣金设置可以突破行业类目限制,设置到 70%,所以对于淘宝客来说更具吸引力。

由于定向计划添加了一个审核机制,当设置成手动审核的时候,所有的淘宝客申请之后都会经过商家自己来进行一个审核,所以,虽然定向置换来的流量比较少,但是却是所有计划中流量最精准的,而定向计划招募到的淘宝客,建议各位卖家,进行长期的合作与维护,这样他们给店铺带来流量才会源源不断,转化率也会高于其他的淘宝客计划。而定向计划,建议前一两个月做高佣金吸引,通过高佣金吸引了一批固定的淘宝客之后,到后期再逐渐降低佣金水平,控制产品成本,这样才能真正地通过淘宝客盈利。

## 三、天天特价数据分析

天天特价定位为淘宝网小卖家扶持平台,专门扶持有特色货品、独立货源、一定经营潜力的小卖家。天天特价将是店铺需要长期去策划的活动,并且里面的类目活动不限库存,为小卖家提供流量增长、营销成长等方面的支持。其报名、审核、排期和展现均为系统自动化,不收取任何费用。

### (一)访客分析

店铺评级下到三颗心,上到三皇冠,均可以参加天天特价活动。这意味着我们店铺无论是刚起步的小店铺,还是有一定规模的企业店铺,均可免费报名这个流量上万且计入权重的天天特价活动,这无疑为中小卖家提供了一种免费长期盈利的渠道。

从图 10-2 中我们可以看到,在店铺未开始参加天天特价活动时,访客数不足 100 人。天天特价活动当天,访客数高达 2 万人,迅速达到访客高峰。天天特价活动结束后,店铺的访客数为每天平均 1000 人,远远超过参加活动前的访客人数。

活动当天流量大,客服系统可能会瘫痪,店铺需要提前增加客服、编辑好快捷短语和自动回复。订单量暴涨的时候,店铺还要考虑订单打印是否及时、打包人数是否足够、订单是否对好、尺码颜色是否配对,以及个别颜色库存不够时是否想好对应方案等问题。活动售出的商品发货的时候,发货可能不够及时,错发漏发也许不可避免,但是店铺仍然需要联系好快递收件时间和快递预估的数量。

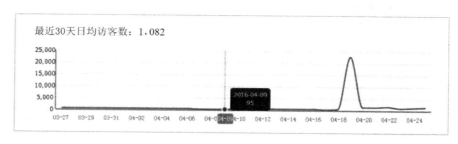

图 10-2 天天特价始末访客数

### (二)坑位分析

图 10-3 是笔者通过内部软件统计天天特价美食特产类目所有宝贝的数据(2018 年 12 月 22 日—12 月 26 日),加粗的是三级类目"传统糕点",这个子类目坑位最多,平均每天 10 个坑位左右(另外,最上面一条不是美食特产,属于其他类目,请忽略)。

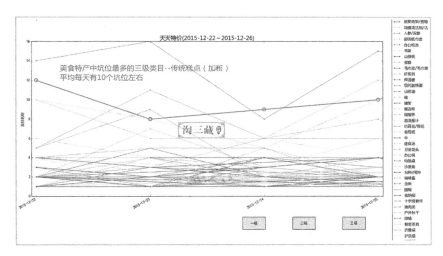

**图 10-3　天天特价坑位分析**

图 10-3 说明该阶段我们用传统糕点类的商品去报名相对容易过审。原因可能是快过年了，系统对传统糕点子类目给出的坑位比平时多，这就是所谓的应季坑位。相反地，如果 3、4 月份用龙井茶这类商品报名几乎不会通过，因为没有坑位。而随着时间的推移，某个节日过后系统给出的坑位又会变化。

### （三）产品选择

在天天特价中，一款好产品应有以下几个特点。

第一，受众度要广。任何平台活动款的选择需要保证受众人群很广，也就是访客很多。例如，店铺选择的产品是冬瓜荷叶茶，卖点提炼为：清肠通便、刮油去脂、减肥瘦身。这款产品的受众人群非常广，所有想减肥的或是想保持身材的人都有需求，特别是女性，而且女性的购物冲动又比男性强。为了减肥，还是会有很大一部分人愿意一试的。但如果你选择的一款产品受众度很小，那么不管怎么样操作可能销量都不好。

第二，卖点要吸引人。例如刚才已经提到的冬瓜荷叶茶的卖点是：肠通便、刮油去脂、减肥瘦身。特别是减肥瘦身的卖点，对于减肥族是非常有吸引力的，谁都想瘦身，而一个好的页面描述和一些攻心评价都是提高转化率的必备因素。

第三，价格要适应平台购物人群。天天特价平台不是聚划算这种高端平台，一般来天天特价买东西的人相对比较初级，所以价格贵的商品转化率会很差，例如美食特产类目定价一般在 10～15 元相对会有好的销量。

### （四）天天特价通过率

店铺报名参加了天天特价，结果不但销售额上不去，店铺评分也下降，这是任何店铺都不想看到的结果。做天天特价活动的店铺，要想获得上万的流量，首先需要观察天天特价一周内，那些活动当天订单量高的款式，总结出这些款式的共同点，制作一张如表 10-2 所示的表格。

图 10-4　天天特价数据收集表示意

天天特价报名通不过的原因有两种：一种是店铺综合排名不够，另一种就是店铺多次报名天天特价后效果不理想。综合排名不够的问题，解决办法就是按照表 10-2 所示的数据表格进行收集整理，提炼出优秀商品的经营特点。快速提升商品权重的方法我们在之前的章节中提过，在这里我们可以用淘宝自带的数据分析工具"生意参谋"的"市场行情"搜索词查询的相关词，找出竞争小的词，然后根据竞争小的关键词做直通车等营销推广活动。

## 四、聚划算数据分析

淘宝聚划算是阿里巴巴集团旗下的团购网站，淘宝聚划算是淘宝网的二级域名。聚划算对于店铺和商品都有一定的要求，原则上要求单个报名商品的数量在 1000 件及以上（部分情况可酌情降低）。

报名聚划算需要一定费用，还需要高于同行商家的竞争力，因此聚划算不适合刚刚起步的店铺。

### （一）聚划算流量分析

表 10-2　聚划算流量分析

| 端口 | 来源名称 | 访客数量/人 | 支付买家数量/人 | 成交转化率/% | 访客占比/% |
|---|---|---|---|---|---|
| 电脑 | 聚划算 | 45651 | 705 | 1.54 | 9.06 |
| | 女装会场 | 48733 | 916 | 1.88 | 9.68 |
| | 其他来源 | 36400 | 146 | 0.40 | 4.83 |
| 小计 | | 130784 | 1767 | 1.35 | 23.57 |
| 移动 | 聚划算 | 101890 | 156 | 0.15 | 25.80 |
| | 手淘首页 | 211563 | 15 | 0.01 | 50.63 |
| 小计 | | 313453 | 171 | 0.05 | 76.43 |
| 总计 | | 444237 | 1938 | 0.44 | 100 |

通过表 10-3，我们可以发现以下信息。

第一，移动端的访客占比为 76.43%，但是转化率却远远低于电脑端，因此这家店铺应该优先想办法提高移动端潜在客户的质量，提高移动端成交转化率。

第二,在电脑端,聚划算访客数约占电脑端全部访客数的 1/3,支付买家数量约占电脑端全部支付买家数量的一半,可以看出电脑端聚划算能明显为店铺带来流量,可以继续增加聚划算流量。

第三,在移动端,虽然聚划算积累的访客数量也占移动端全部访客的 1/3,但是聚划算几乎是移动端支付买家数量的全部来源,因此,可以重点提升移动支付买家数量。

### (二)聚划算展位分析

屏效是指电商店铺的页面在电脑(或者手机)打开后,每个电脑(手机)屏幕所能产生的销售贡献。以某店铺为例,打开某店铺的聚划算页面,如图 10-5 所示,我们现在可以看到在当前页面中呈现了两款商品。屏效就是指这两款商品给店铺整体业绩所带来的贡献率。

在电商店铺中,虽有没有"店铺面积"的说法,但是存在"有效陈列面积"。我们知道,一般用户的浏览习惯是一拉鼠标或者滑动屏幕,会滑动 3~5 个屏幕的内容,这 3~5 个屏幕面积就是有效陈列面积。

**图 10-5　屏效分析示例**

有效陈列面积能够陈列的商品有限,所以应该陈列的商品数取决于屏效商品数与有效屏幕数的乘积,大概也就是 6~7 个商品。因此只有尽量利用好每一个坑位的陈列机会,展现恰当的商品,才能达到更好的销售业绩。而屏效,就是用来评价有限陈列面积位置的利用率的:屏效高,则证明有限陈列位置的商品的利用率高;屏效低,则证明有限陈列位置的商品的利用率低。

### (三)聚划算商品分析

在实际的分析场景中,商品的主推是有逻辑的。譬如在某一场聚划算活动中,卖家会提前定制 20 个主推款。针对这 20 个款,卖家会仔细设置它的资源位图、详情页、关联搭配等。一般情况下,在大促活动中的主推款会承担 30％～50％的店铺流量。

作为主推款商品,这类商品要保证具有高库存和高转化率(保障转化率＞2％),因为这类商品既畅销,又需较深的库存作为保障。另外,在选择主推款商品时,应做好该产品的流量测试,保证商品的访客数不能太低。否则高转化率数据可能会是"伪高转化率",即访客数低,但是成交量较高。

从活动预热开始,我们就必须挑选好本次活动的主推款,每天实时监测主推款的预热情况是否理想。为了更好地分析主推款数据,首先需要建立首推款的预热追踪表,如表 10-3 所示。

表 10-3　首推款预热追踪表

| 货号 | 活动价/元 | 折扣率/％ | 现有库存/件 | 订单数量/件 | 加购倍率/％ |
| --- | --- | --- | --- | --- | --- |
| A10 | 199.98 | 51 | 621 | 3298 | 531 |
| A11 | 225.59 | 35 | 876 | 497 | 57 |
| A12 | 464.64 | 45 | 434 | 495 | 114 |
| … | … | … | … | … | … |

注:表中的加购率＝订单数量/现有库存×100％。

若商品加购率低于 100％,则视为预热表现比较差;若加购率高于 100％,则可视为预热表现良好;若加购率高于 500％,则可判断为非常热销。

## 五、平台营销推广数据的推广方式及其特点

进行平台营销推广数据分析,首先要明确此次推广的目标定位,然后围绕该目标收集相关的数据,整理并分析相应的数据,找到推广中的优势与不足,最后调整相关的推广策略和推广效果。

在本章,我们主要对淘宝、天猫平台的四种主要营销推广策略进行了数据分析,分别是直通车、淘宝客、天天特价和聚划算。其中,我们介绍的几种推广方式及其特点如表 10-4 所示。

表 10-4　直通车、淘宝客、天天特价、聚划算的推广方式及特点

| 推广策略 | 计费方式 | 说明 |
| --- | --- | --- |
| 直通车 | CPC | 适用于所有天猫、淘宝卖家 |
| 淘宝客 | CPA | 适用于信用分高的店铺 |
| 天天特价 | 免费 | 适用于淘宝网刚起步的淘宝小卖家 |
| 聚划算 | CPM | 适用于具有竞争力的天猫店铺 |

## 习题

简述淘宝天猫平台中直通车、淘宝客、天天特价和聚划算的营销推广策略。

第十一章

# 商务模型综合案例

## 一、网店商品分析

### （一）商品分析的应用概述

在商品营销方面，网店运营者不仅可以使用购物篮分析进行商品的交叉销售和提升销售，还可以用客户细分的方法对客户进行一对一的营销，以提高现有客户的满意度。与购物篮分析最密切的数据挖掘技术是关联规则，关联规则可以帮助确定如何把商品销售捆绑到一起销售及预测现有客户购买不同商品的可能性，以获得最佳收益。

1. 交叉销售

交叉销售是指在同一个客户身上挖掘、开拓更多的顾客需求，也就是说服现有的顾客去购买另一种产品，这是根据客户的多种需求，在满足其原有需求的基础上实现销售多种相关的服务或产品的营销方式。

在客户交叉销售分析方面，可以利用关联分析和序列分析等技术，从同一客户或同一群体客户中挖掘和开拓更多的需求，从而进行商品设计和商品组合，以有效地实施交叉销售，满足这些客户的需求。在让客户得到更多更好的产品与服务的同时，也使店铺因销售更多的产品和提供更多的服务而获益，从而实现卖家与买家之间的"双赢"。

2. 推荐系统

随着电子商务活动的开展，跨境电商平台可以收集到大量用户相关数据，如用户交易数据、用户注册数据、用户评分数据、用户咨询数据等。这些数据中蕴含着丰富的用户偏好信息，推荐系统可以对用户行为和用户个人信息进行分析和处理，从中获取用户兴趣信息并进行推荐。

协同过滤推荐（collaborative filtering recommendation）是目前研究最多且应用最广泛的推荐算法。一般分为两类：一是基于内容的协同过滤方法，该类方法计算所有用户对商品的偏好，选择与目标用户相邻的用户群，进而根据相邻用户的偏好为目标用户进行推荐；二是基于模型的协同过滤，它根据用户历史购买记录和对商品的点击历史，计算商品之间的相似度，然后根据用户的历史偏好商品，找到类似的商品推荐给用户。协同过滤在电子商务中多用于在线动态推荐，而关联分析则常用于离线静态推荐。目前，大型跨境电子商务系统,如 Amazon 和速卖通,都不同程度地使用了电子商务推荐系统。

### (二)案例 11-1: 商品关联分析

#### 1. 商业理解

在电商店铺中,商品的摆放位置对销售起着至关重要的作用。合理的商品位置摆放不仅能节约顾客浏览店铺的时间,还能刺激顾客的购买欲望。在购物车页面中,将一些被认为没有关联的商品摆放在一起,可能会产生意想不到的销售效果。

在个性化推荐技术的关联规则分析中,最典型的例子是购物篮分析,其目标是发现交易数据库中不同商品之间的联系强度,挖掘用户的潜在购买模式,并将这些模式所对应的商品展示给用户,为其提供建议或参考,从而提高用户的满意度及购买率。例如找出顾客高频率一起购买的某两种或多种商品,为店铺的捆绑销售策略提供参考。目前很多电子商务网站都采用了这种策略进行推荐,如 Amazon 平台上的"浏览过此商品的用户还浏览过哪些商品"推荐页面。

总之,给予关联分析的交叉销售是店铺增长销售量的一大利器。其保证了店铺商品推广和营销工作的科学性、有效性和准确性,从而大大增加了交叉销售的成功率,为店铺带来了更多的经济效益。

#### 2. 数据理解

进行商品关联规则分析需要收集商品信息和客户交易数据。案例 11-1 使用的是速卖通的用户交易原始数据,其中包括商品基本信息表、商品属性表和 12 个月的订单数据表。商品基本信息表(见表 11-1)主要包括商品编码、商品名称、商品类别、SPU 数、库存数、累积销售金额;订单原始数据表(见表 11-2)包括商品编码、商品属性、用户 ID、用户会员名、订单编号、交易号等。

**表 11-1　商品基本信息 1**

| 序号 | 属性 | 属性描述 | 数据类型 |
| --- | --- | --- | --- |
| 1 | ProductCode | 商品编码 | Varchar(20) |
| 2 | ProductName | 商品名称 | Varchar(20) |
| 3 | ProductCategory | 商品类别 | Varchar(20) |
| 4 | SPU_Number | SPU 数 | Number(10) |
| 5 | Stock | 库存数 | Number(10,2) |
| 6 | Sales | 累积销售金额 | Number(10,2) |

**表 11-2　商品基本信息 2**

| 序号 | 属性 | 属性描述 | 数据类型 |
| --- | --- | --- | --- |
| 1 | ProductCode | 商品编码 | Varchar(20) |
| 2 | Attributes | 商品属性 | Varchar(20) |

续表

| 序号 | 属性 | 属性描述 | 数据类型 |
|---|---|---|---|
| 3 | UserID | 用户 ID | Number(10,2) |
| 4 | UserName | 用户会员名 | Varchar(20) |
| 5 | OrderNumber | 订单编号 | Varchar(20) |
| 6 | SaleNumber | 交易号 | Number(10,2) |
| 7 | OrderTime | 创建时间 | Time |
| 8 | PayTime | 付款时间 | Time |
| 9 | OrderPrice | 订单总价 | Number(10,2) |
| 10 | Address | 收货地址 | Varchar(20) |
| 11 | Receiver | 收货人 | Varchar(20) |
| 12 | PhoneNumber | 收货人手机号 | Varchar(20) |
| 13 | ProductNumber | 商品数量 | Number(10) |
| 14 | DeliveryStatement | 发货状态 | Char(1) |
| 15 | ReceiveStatement | 收货状态 | Char(1) |
| 16 | Score | 店铺评分 | Char(10) |

原始数据集包含了 2000 条的用户交易记录,经过统计分析,这个数据集包含的商品类别有 80 种,部分商品的统计分析如图 11-1 所示。从图 11-1 中可以看出,大部分商品都出现得比较频繁,稀疏数据较少,因此可以进行较为有效的关联规则挖掘。

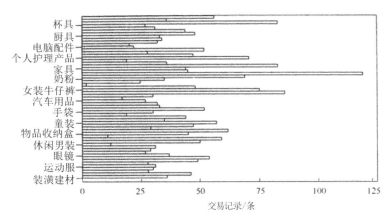

**图 11-1　商品数量统计**

3. 数据准备

案例 11-1 分析的是顾客的每次交易数据,其中涉及一个或者多个商品。为了分析需要,首先,对该店铺销售数据进行预处理,主要包括合并数据表、删除无用的属性、处理冗余的数据、空值和零值等。

其次,我们需要明确订单中商品的类别,根据商品类别进行不同商品间的关联分析,因此在案例 11-1 中,我们将商品基本信息表和订单原始数据表进行链接,用商品基本信息表中的商品类别属性代替订单原始数据表中的商品编码属性。采用商品类别进行分析,这是因为商品种类繁多,如果直接对商品名进行分析,会导致置信度和支持度过低而难以获得具有指导性意义的结果。

订单原始数据表中的客户相关属性和订单相关属性都与商品间的关联分析影响很小,同时为了保护顾客的隐私,过滤掉用户相关属性(用户 ID、用户会员名、收货人、收货地址、收货人手机号)、订单相关属性(订单编号、交易号、创建时间、付款时间、订单总价、发货状态、收货状态、店铺评分)和与商品关联分析相关性较小的属性(商品编码、商品属性、商品数量)。最终我们只保留了每个订单中商品的类别属性,并且添加了交易号属性来唯一标示顾客的每一次交易。处理后的数据见表 11-3。

表 11-3　部分处理后的属性

| 交易号 | 商品类别 1 | 商品类别 2 | 商品类别 3 | 商品类别 4 |
| --- | --- | --- | --- | --- |
| 1 | 女装 T 恤 | 短裙 | — | 连衣裙 |
| 2 | 女装 T 恤 | 短裙 | — | — |
| 3 | 女装 T 恤 | 短裙 | 高跟鞋 | 连衣裙 |
| 4 | 女装 T 恤 | 短裙 | 高跟鞋 | — |
| 5 | 女装 T 恤 | 短裙 | 高跟鞋 | — |
| 6 | 女装 T 恤 | 短裙 | 高跟鞋 | 洗发水 |

案例 11-1 借助关联规则的 Apriori 算法分析商品之间的关联性,并找出推测商品关联的原因。利用关联规则建模节点(即 Apriori 节点)进行建模,通常有两种格式:一种是布尔矩阵形式,即每行表示一条交易记录,列中的 T/F 值表示该商品是否在相应的交易记录中出现过(T 表示有出现,F 表示没有出现),表 11-4 列出了根据表 11-3 转换后的前三条记录信息;另一种是事务处理格式,即每行对应一个交易号和一个商品项,在案例 11-1 中,将交易号作为 ID,商品类别作为目标变量,表 11-5 列出了前三个事务对应的事务处理格式。

表 11-4　布尔矩阵格式数据集

| 交易号 | 女装 T 恤 | 短裙 | 高跟鞋 | 连衣裙 |
| --- | --- | --- | --- | --- |
| 1 | T | T | F | T |
| 2 | T | T | F | F |
| 3 | T | T | T | T |

表 11-5　事物处理格式数据集

| 交易号 | 商品类别 |
| --- | --- |
| 1 | 女装 T 恤 |
| 1 | 短裙 |

续表

| 交易号 | 商品类别 |
|---|---|
| 1 | 连衣裙 |
| 2 | 女装 T 恤 |
| 2 | 短裙 |
| 3 | 女装 T 恤 |
| 3 | 短裙 |
| 3 | 高跟鞋 |
| 3 | 连衣裙 |

4. 数据建模

利用 Apriori 算法进行关联规则分析，设定最小支持度为 1%，最小置信度为 50%，输入为布尔矩阵个数的交易数据，输出为商品的关联规则及相应的支持度、置信度和提升度信息，如表 11-6 所示。表中显示，高跟鞋和洗发水，童装和玩具、文具经常被一起购买。

表 11-6　Apriori 算法运行结果

| 规则 ID | Consequent（规则后件） | Antecedent（规则前件） | Support /%（支持度） | Confidence /%（置信度） | Lift /%（提升度） |
|---|---|---|---|---|---|
| 1 | 高跟鞋＝T | 洗发水＝T | 1.1 | 72.727 | 15.474 |
| 2 | 童装＝T | 玩具＝T 文具＝T | 1.5 | 73.333 | 11.865 |
| 3 | 家具＝T | 地毯＝T | 2.0 | 50.000 | 11.364 |
| 4 | 玩具＝T | 童装＝T 文具＝T | 2.2 | 50.000 | 10.638 |
| 5 | 童装＝T | 玩具＝T | 4.7 | 59.574 | 10.452 |
| 6 | 女装 T 恤＝T | 短裙＝T 高跟鞋＝T | 1.2 | 50.000 | 10.417 |

5. 模型评估

构建模型时，我们将支持度设置为 1.0%，设置较低的支持度是考虑到数量繁多的商品对关联规则产生的影响。如果提升支持度，可能会过滤掉一些有意义的规则，或者阈值太高得不到规则。同时，对于成千上万种商品，较低的支持度也具有一定的意义，可以得出强关联规则。另外，表格中列出的规则的提升度都大于 1.0%，说明规则前、后件的相关性还是比较强的，所以分析得出的关联规则还是具有较好的指导意义的。从表 11-6 中，我们选取以下的关联规则向用户进行推荐。

规则 1：洗发水→高跟鞋。

规则 2：（玩具、文具）→童装。

规则 3：地毯→家具。

规则 4：(童装、文具)→玩具。

规则 5：玩具→童装。

规则 6：(短裙、高跟鞋)→女装 T 恤。

除了从支持度、置信度和提升度的角度来评估关联规则外，我们还需要人工合并某些规则，例如可以对规则 2{(玩具、文具)→童装}和规则 5{玩具→童装}进行合并，以规则 5 的形式呈现。同时，规则更需要涉及生活常识，从店铺卖家的角度去看待这些关联规则是否符合店铺经营规律。举例如下。

第一，表格中所有规则的提升度都在 10％以上，是强关联规则。提升度超过 1％说明商品之间具有相关性，提升度越大则说明商品的关联性越强。

第二，规则 5 和规则 4 是一对可以相互转化的规则，而且它们很好理解。对于有小孩的家庭来说，玩具和童装必不可少，因此，妈妈爸爸们往往会一站式购齐这两类商品。

第三，规则 1 是一个非常有用的规则，因为规则 1 中涉及的洗发水和高跟鞋看起来没有太多的相关性，而且支持度在以上规则里也并没有很突出，但是它的置信度达到了72.727％，提升度高达 15.474％。这个强关联规则看似在电商店铺中难以实现，但它为商家合作时提供了十分有用的参考。

6. 部署阶段

通过以上得出的关联规则，店铺就可以得到商品销售的一些合理匹配参考，进而设定相应的推荐策略。如在顾客购买了地毯后，如果店铺中还经营家具类商品，可以向其推荐家具类商品；或者经营童装的商家可以在童装商品详情页添加"买童装赠送玩具"的宣传语，以此来吸引顾客注意；洗发水商家和高跟鞋商家可以在大型活动中相互合作，如在高跟鞋店铺中推出"满额送洗发水"的活动，或者在洗发水商家推出"下单前 10 名送顶尖品牌高跟鞋"活动。

### （三）案例 11-2：协同过滤技术在商品推荐上的应用

1. 商业理解

在案例 11-2 中，关联规则分析主要是从大量的商品评论记录中提取出稳定的商品间的关联规则，它表示对应的商品经常被同时评价，这个组合通常是稳定的，一般可用于捆绑推荐等静态推荐。而协同过滤则是结合当前用户及其他用户的交易或打分记录进行推荐。例如，对于指定用户的商品评分记录，可找到与其评分相似的其他用户，并根据这些用户对其他商品的评分来预测该用户的评分，以此推荐该用户评分较高的商品。

2. 数据理解

案例 11-2 随机选取了速卖通某大型女装店铺的部分订单数据，数据记录了 846 名用户对店铺内 1120 件服装的 80000 个评分。我们主要用到表 11-2 所示的订单原始记录表的 UserID、ProductCode 和 Score 属性，表 11-7 给出了订单部分数据示例。

表 11-7　订单原始数据表部分数据

| UserID | ProductCode | Score |
|--------|-------------|-------|
| 14044042 | 24244 | 3 |
| 25454651 | 30204 | 3 |
| 48469889 | 42544 | 1 |
| 48661655 | 41648 | 2 |
| 15644156 | 25852 | 4 |

3. 数据建模

在进行协同过滤分析时,我们主要有以下 4 个步骤。

(1) 构建模型

针对商品评分数据,构建适合分析的数据模型,以便用于存储用户、电影和评分,为此建立 DataModel 文件。为了更好地说明分析过程和原理,我们选取了 DataModel 部分数据加以简化,并进行文字说明,数据排列如表 11-8 所示。

表 11-8　用户评分

| 用户 | 服装 1 | 服装 2 | 服装 3 | 服装 4 |
|------|--------|--------|--------|--------|
| 用户 1 | 4 | 4 | 2 | 2 |
| 用户 2 | 2 | 2 | — | — |
| 用户 3 | — | 5 | 3 | — |
| 用户 4 | 3 | — | — | 4 |
| 用户 5 | 5 | 2 | 4 | — |

(2) 计算用户相似度

为了确定所分析用户的相邻用户集,要先经过用户相似度的计算。这里采用夹角余弦的相似度计算方法来计算相似度。我们定义用户 $x$ 和 $y$ 共同打过分的产品集合为: $S_{xy} = S_x \cap S_y$,用户 $x$ 和 $y$ 都用 $m$ 维向量表示,两个向量之间的相似性通过它们之间的余弦值得到,计算公式如下

$$\cos(x, y) = \frac{x \cdot y}{|x| \cdot |y|} = \frac{\sum_{s \in S_{xy}} r_{x,s} r_{y,s}}{\sqrt{\sum_{s \in S_x} r_{x,s}^2 \sum_{s \in S_y} r_{y,s}^2}} \tag{11-1}$$

其中,$r_{x,s}$、$r_{y,s}$ 分别表示用户 $x$、$y$ 对产品 $s$ 的打分;$S_x$、$S_y$ 分别表示用户 $x$、$y$ 打过分的服装集合,$S_{xy}$ 表示用户 $x$、$y$ 共同打过分的服装集合。

例如,在表 11-8 的评分数据中,用户 2 和用户 1、用户 2 和用户 3、用户 2 和用户 4、用户 2 和用户 5 共同打分的服装集合分别为:{服装 1,服装 2}、{服装 2}、{服装 1}、{服装 1,服装 2}。

用公式 12-1 计算出用户 2 和用户 1 的相似度为

$$\cos(r_1, r_2) = \frac{(r_{1,1} \times r_{2,1}) + (r_{1,2} \times r_{2,2}) + (r_{1,3} \times r_{2,3}) + (r_{1,4} \times r_{2,4})}{\sqrt{(r_{11}^2 + r_{12}^2 + r_{13}^2 + r_{14}^2) \times (r_{21}^2 + r_{22}^2 + r_{23}^2 + r_{24}^2)}}$$

$$= \frac{8 + 8 + 0 + 0}{\sqrt{(16 + 16 + 4 + 4) \times (4 + 4 + 0 + 0)}} \approx 0.894$$

（3）查找 $k$ 个相邻用户

经过用户相似度计算，接着要确定选取哪些用户为最相似用户。通常将相似度较高的用户都归到相邻用户集。在这里 $k$ 值的设定依赖于实际数据特点或主观经验。为简单起见，这里取最相似的 5 个用户作为相邻用户集。

例如，根据表 11-8 的数据，因为数据较少，我们只选取两个用户作为相邻用户。分别计算出用户 2 与用户 3、用户 4、用户 5 的相似度分别为 0.717、0.424、0.738。因此，假如我们只选择最相似的两个用户作为目标用户的相邻用户集，则用户 2 的相邻用户集为{用户 1，用户 5}。

（4）构建推荐引擎

经过前面 3 个步骤的准备，接下来开始构建推荐引擎。协同过滤的算法包括基于用户的协同过滤、基于项目的协同过滤、KNN 和 SlopeOne 等算法。这里采用基于用户的协同过滤来构建推荐引擎，即计算指定用户对其他服装的评分，进而为用户推荐服装（这里只根据预测评分的高低，为每位用户推荐前 5 件高预测评分的服装）。

例如，继续上述的例子，设 $H$ 为用户 $c$ 的相邻用户集，预测用户 $c$ 对商品 $s$ 的评价的函数形式为

$$r_{c,s} = k \sum_{h \in H} [\cos(c, h) \cdot r_{h,s}] \tag{11-2}$$

其中，$r_{h,s}$ 表示用户 $h$ 对商品 $s$ 的评价，$k$ 为标准化因子，通常为

$$k = \frac{1}{\sum_{h \in H} |\cos(c, h)|} \tag{11-3}$$

接下去考虑用户 2 对服装的评价。从上面的公式计算得出，$H = \{$用户 1，用户 5$\}$，$\cos(r_2, r_1) = 0.894$，$\cos(r_2, r_5) = 0.738$。用公式 12-3 计算标准化因子 $k = 0.613$，由公式 12-2 计算出用户 2 对服装 4 的评分为

$r_{用户2, 电影4} = 0.613 \times (0.894 \times 2 + 0.738 \times 0) \approx 1.10$

类似地，用公式 12-2 可以计算出用户 2 对服装 3 的评分为

$r_{用户2, 电影} = 0.613 \times (0.894 \times 2 + 0.738 \times 4) \approx 2.91$

因此，用户 2 对服装 3 的预测评分高于他对服装 4 的预测评分，因此可简单地将服装 3 推荐给用户 2。

通过以上 4 个步骤，可以简单地构建一个基于用户协同过滤的推荐引擎，并为每个用户提供电影推荐，推荐结果如表 11-9 所示。

表 11-9　前 6 个用户评分最高的 5 件服装推荐

| UserID | （Top5）UserID&Score | | | | |
|---|---|---|---|---|---|
| 11111111 | 8815.00 | 8804.00 | 2924.00 | 3014.00 | 3154.00 |
| 22222222 | 1165.00 | 835.00 | 1795.00 | 85.00 | 1725.00 |
| 33333333 | 1724.67 | 1744.67 | 224.67 | 894.67 | 504.50 |
| 44444444 | 895.00 | 984.50 | 3184.50 | 794.50 | 4744.05 |
| 55555555 | 3475.00 | 3294.50 | 2424.50 | 3104.00 | 2994.00 |
| 66666666 | 2924.50 | 3134.50 | 3284.33 | 2884.25 | 8724.01 |

4. 模型评估和部署

如何对构建的推荐引擎进行评估,使评价推荐的物品与实际相符,这是推荐系统另外需要考虑的问题。一方面,要考虑推荐的多样性:一般从单用户的角度查看系统给出的推荐是否具有多样性,或者从系统多样性的角度(也称覆盖率)查看系统是否能够提供给所有用户丰富的选择。另一方面,要考虑推荐的精度:习惯的做法是利用一部分数据作为训练集,而留出另一部分实际用户评分数据作为测试集,通过预测评分与实际评分之间的均差、均方根等大小来评估。通常得到的值越小,说明推荐的情况和实际值越接近,若其值为 0 说明完全吻合。实际操作的推荐评估往往比较复杂,这里不做详细介绍。

通过数据准备、建模和评估,能够得到可行的推荐引擎模型,但最后要进行整合部署。这一阶段,包括将输入模块、推荐模块和输出模块等整合成完整的推荐系统,从而为用户提供交互式的推荐平台。

# 二、客户行为分析

客户行为分析

## (一)客户行为分析的应用概述

在跨境电商店铺的经营中,如何更深入地理解客户行为、如何预测客户的流失、如何挖掘潜在客户、如何推出适合客户消费特点的产品及服务,这些已经成为店铺经营者为了提高店铺利润,所必须面对的问题。

1. 客户细分

客户细分是店铺有效实施营销策略的基石。店铺通过客户细分,一方面能够识别出具有价值的客户,并针对他们做个性化的营销服务;另一方面可以有效地识别店铺的潜在客户,并有针对性地开展新客户的获取工作。

对跨境电子商务行业而言,不同的客户群对店铺创造的价值会有所不同,如不同国家(地区)的顾客对食品的偏好存在差异。聚类是划分客户群体的常用数据挖掘技术,在对客户进行聚类后,可以得到不同的客户群,不同客户群的客户对每个店铺创造的价值是不同的,所以需要分析每个群体的特性。

2. 客户流失预测分析

对于数据密集型的跨境电商行业来说,客户流失问题具有普遍性,且代价昂贵和难以控制,不利于店铺的发展。据统计,在一般情况下,赢得一个新客户的成本比保持一位老客户要高出 5~6 倍。

客户流失预测分析是解决客户流失问题的一种重要手段。在客户识别过程中,利用统计分析和数据挖掘中的分类算法建立预测模型。它通过在包含了一定比例的已流失和未流失的客户样本集上建立模型进行训练,得到能够区分客户是否具有流失倾向的分类器,然后将该模型用于预测客户未来的流失倾向。

3. 客户忠诚度分析

在客户忠诚度分析方面,可以利用 RFM 分析和聚类分析等数据挖掘技术将所有客户按忠诚度划分为高忠诚度客户和低忠诚度客户。对于高忠诚度客户,一方面可以采取惠赠或优惠等措施来维持这些客户;另一方面通过研究这些高忠诚度的客户所具有的一般特征,然后利用这些特征去挖掘和发现未知市场上的高价值客户,扩大高忠诚度客户群的比例。

### (二)案例 11-3: 客户细分与流失分析

1. 商业理解

客户流失预测分析的主要商业目标就是要对有流失倾向的客户进行有选择性的挽留,从而减少客户流失率。通过建立流失预测模型挖掘出有潜在流失倾向的客户,并在此基础上结合客户细分的结果,将流失客户进行细分,找出流失倾向大的客户群体,然后根据挖掘结果帮助店铺经营者制定出具体的挽留策略和价值提升策略。

2. 数据理解

为了建立客户流失预测模型,必须收集大量的客户信息资源数据,同时需要对其进行数据预处理,得到构建模型所需的格式。因此,在这个阶段需要对模型所需的历史数据(训练、数据和测试数据)进行分析和处理,以便能充分挖掘出客户的关键行为特征。

以速卖通某服装店铺的用户数据作为实验数据(包括训练、样本集和测试样本集)。该样本数据集中总共包含店铺最近 1 年内的 184623 条(流失客户记录 134626 条+正常客户记录 49997 条)记录,每条记录由 7 个客户基本特征和 84 个客户行为特征及 1 个客户类别特征来刻画。

样本数据集中主要包含以下三类特征数据。

(1)客户基本特征

客户基本特征数据主要是客户资料数据,也是客户的静态数据,见表 11-10,相对来说是比较稳定的,但由于这些数据在收集时会包含大量的缺失值、不一致的值甚至是错误的数据,所以需要进行大量的数据转换和清理工作。

表 11-10　客户基本特征

| 序号 | 属性描述 | 数据类型 |
|------|----------|----------|
| 1 | 用户 ID | Number(10,2) |
| 2 | 用户会员名 | Varchar(20) |
| 3 | 电话号码 | Varchar(20) |
| 5 | 收货地址 | Varchar(20) |
| 7 | 性别 | Char(1) |
| 8 | 邮箱 | Varchar(20) |
| 9 | 客户性质 | Char(8) |
| 10 | 国籍 | Varchar(20) |

（2）客户行为特征

客户行为特征主要是客户的消费行为特征数据，每条记录包含了每个客户一年内在该服装店内的消费行为数据，包括一年中每个月的月消费总金额、月消费次数、总购买服装件数等在内的共 7 个基本消费行为特征，所以该样本数据集中包含了 84 个（12×7 ＝84）消费行为特征，详细内容见表 11-11。

表 11-11　客户消费行为特征（每月）

| 序号 | 属性 | 属性描述 | 数据类型 |
|------|------|----------|----------|
| 1 | Total_fee | 月消费总金额 | Number(8) |
| 2 | frequency | 月消费总次数 | Number(8) |
| 3 | Total_num | 总购买服装件数 | Number(8) |
| 4 | Shirts_fee | 购买衬衫费用 | Number(8) |
| 5 | Dress_fee | 购买裙子费用 | Number(8) |
| 6 | Trousers_fee | 购买裤子费用 | Number(8) |
| 7 | Coats_fee | 购买外套费用 | Number(8) |

（3）客户类别特征

实验样本数据集中包含一个能够判定类别信息的类别特征，根据类别信息可知道每个样本的基本状态，见表 11-12。在样本数据集中，客户类别特征（Class）由 0 和 1 来表示：0 表示该客户已经流失，1 则表示该客户是正常客户。

表 11-12　客户类别特征

| 序号 | 属性 | 属性描述 | 数据类型 | 说明 |
|------|------|----------|----------|------|
| 1 | class | 客户是否流失 | Char(1) | 0：客户已流失<br>1：客户未流失 |

3．数据准备

数据预处理的效果会直接影响到模型的性能及分类预测的效果。一方面，通过对数据格式和内容的调整，可以使建立的模型更加准确、简单且便于理解；另一方面，可以降低学习算法的时间和空间复杂度。这里的数据预处理主要包括数据清洗、特征构造和特征选择等几个过程。

（1）数据清洗

在客户样本数据集中有些客户的个人信息和月消费情况等数据存在空值。在处理含有缺失值的特征时，如果有些特征的有效值少于总记录数据的 1/5，则可删除此类特征；如果某记录中存在大量的空缺值，例如在原始数据中存在有些记录有连续 11 个月或 12 个月都没消费的，在案例 11-3 中将删除这些记录。

（2）数据变换

在实验数据集中，除了有表示客户类别信息的特征外，没有直接体现客户价值和客户流失倾向的特征。在本实验数据集中，消费行为特征中只包含了 12 个月的消费行为，这几个特征不能充分体现客户在季度和年度的消费情况。根据需要可以构造以下特征。

①年度总费用：一年内 12 个月的费用总和，表示为 Year_total fee，计算公式为

$$Year\_total\_fee = \sum_{i=1}^{12} total\_fee \tag{11-4}$$

②月消费率：指下一个月与上一个月的总费用比值。根据这一原理可构造 11 个月消费率特征。用符号可表示为

$$rate_i = \frac{total\_fee_{i+1}}{total\_fee_i}(1 \leqslant i \leqslant 11) \tag{11-5}$$

根据客户在一个年度内的消费情况可构造未消费月份数 None_fee，此特征可反映样本客户消费情况及流失情况。同时为了体现不同类别客户群体之间的消费差别，我们还需要构造 4 个不同的消费行为特征，分别为年度购买衬衫费用、年度购买裤子费用、年度购买裙子费用、年度购买外套费用。

通过构造新特征，该样本数据集中总共包含了 56 个消费行为特征，即

84（原始行为特征）＋4（季度总费用）＋1（年度总费用）＋11（月消费率）＋3（季度消费率）＋1（None-fee）＋5（构造行为特征）

在样本数据集中，我们可以根据客户的年度总费用来判断客户的价值，以季度总消费、季度消费比率、月消费比率及未消费月份数来判断客户的潜在价值，采用构造消费特征总费用识别不同客户群体的消费倾向。

考虑到要对数据进行聚类分析，而聚类算法中要求对各连续型数据进行规范化，使得各连续数据的取值范围为 [0,1]。因此，需要对所有连续特征数据进行规范化，规范化地采用最大最小值规范化方法。具体方法如下。

假设 $s$ 和 $s'$ 分别表示规范化之前的值和规范化之后的值，max_s 和 min_s 分别表示该属性的最大值和最小值，则

$$s' = \frac{s - \min\_s}{\max\_s - \min\_s} \tag{11-6}$$

（3）特征选择

经过数据清理和数据变换后，接下来就要进行特征选择。特征选择的效果会直接影

响到分类预测模型的性能。通过特征选择，可以减少样本的维度，大大减少计算量，降低时间和空间复杂度，简化学习模型。

例如，该样本数据集中用户ID和用户会员名的相关性很强，我们可以认为它们之间存在冗余性，则可删除与目标特征相关性小的特征，即用户会员名字段被删除掉。通过特征选择，用户会员名、电话号码、收货地址、邮箱4个基本特征被删除，购买衬衫费用、购买裤子费用、购买裙子费用、购买外套费用4个行为特征被删除。

经过数据预处理，实验数据集中最后留下的客户基本特征和行为特征分别为1个（用户ID、性别）和61个（36个行为特征和25个构造特征），最后该数据集中保留下来的特征总数为62个。

为保证实验数据的分布能够很好地与现实情况相吻合，我们定义浓度这个概念来进行解释，其目的是使训练出来的预测模型能尽可能地抓住流失客户的特征。所谓浓度就是训练集中流失客户与正常客户的比例。如果训练集中的正常客户与流失客户的比例为1∶1，那么就说该训练集的浓度为1∶1。通过观察，我们注意到，数据分布不平衡现象广泛存在于现实生活中。一般地，对绝大多数跨境电商店铺来说，客户流失率都比较高，也就是说，正常客户与流失客户的分布是不平衡的，每月流失的客户总是多数，而正常稳定客户只占少数。

经过上述分析，我们需要调整正常和流失数据的分布比例。我们在实验中，取实验训练集的浓度约为1∶2（正常客户数∶流失客户数）。经过数据预处理，有效的正常客户样本记录数为38564条，结合预先定义的训练集浓度（1∶2），我们在样本集随机选取77128条正常样本与流失样本共同组合成训练数据集，最后用于实验数据集的样本总记录数为115692条。

4. 数据建模

这里采用一趟聚类算法作为客户细分的基本方法。在一趟聚类算法实验中，我们选取聚类阈值 $r$ 在 $[EX, EX+0.8×DX]$ 中随机选取，得到的最后聚类结果为训练集被聚成17个簇，聚类精度为96.81%，其中簇大小占总样本比例超过1%的只有9个簇，其他8个簇占总样本数目都没有超过1%，相当于小簇。

在聚类结果中，17个簇的正常样本和流失样本分布、平均未消费月份数、各簇样本数占总客户总体的比例及各簇的年度消费平均值如表11-13所示。

表 11-13　客户聚类分析结果

| 簇标号 | 簇大小 | 类别分布<br>（1/0） | | 各簇年度总费用<br>平均值/元 | 平均未消费的<br>月份数 | 占总体客户的<br>比例/% |
|---|---|---|---|---|---|---|
| 1 | 73485 | 16953 | 56532 | 2543 | 0.017 | 63.52 |
| 2 | 465 | 0 | 465 | 3460 | 4.331 | 0.40 |
| 3 | 3950 | 0 | 3950 | 4032 | 4.706 | 3.41 |
| 4 | 3682 | 0 | 3682 | 3820 | 5.110 | 3.18 |
| 5 | 1268 | 0 | 1268 | 7801 | 4.622 | 1.10 |
| 6 | 106 | 86 | 20 | 179521 | 1.482 | 0.09 |

续表

| 簇标号 | 簇大小 | 类别分布<br>(1/0) | | 各簇年度总费用<br>平均值/元 | 平均未消费的<br>月份数 | 占总体客户的<br>比例/% |
|---|---|---|---|---|---|---|
| 7 | 540 | 0 | 540 | 4350 | 6.528 | 0.47 |
| 8 | 6462 | 6462 | 0 | 3006 | 4.741 | 5.59 |
| 9 | 236 | 0 | 236 | 5047 | 5.010 | 0.20 |
| 10 | 168 | 0 | 168 | 14520 | 2.724 | 0.15 |
| 11 | 1954 | 0 | 1954 | 9014 | 4.389 | 1.69 |
| 12 | 635 | 480 | 155 | 4167 | 6.814 | 0.55 |
| 13 | 12816 | 9520 | 3296 | 8494 | 0.079 | 11.08 |
| 14 | 6235 | 5023 | 1212 | 18906 | 0.001 | 5.39 |
| 15 | 962 | 0 | 962 | 15170 | 4.436 | 0.83 |
| 16 | 2578 | 0 | 2578 | 7610 | 4.403 | 2.23 |
| 17 | 150 | 0 | 150 | 5483 | 4.986 | 0.13 |
| 合计 | 115692 | 38564 | 77128 | — | — | 100% |

从各簇的类别分布情况来看,有 5 个簇(簇 6、簇 8、簇 12、簇 13 和簇 14)的客户基本上都是由正常客户组成的,其他 12 个簇的客户基本上是由流失客户组成的。

依据客户对店铺所创造的价值,可以将消费过的客户分为价值最大的 VIP 客户群(簇 6,约占总客户数的 0.1%)、能够为店铺提供较高利润的主要客户群(簇 10、簇 14、簇 15,约占总客户数的 6.4%)、消费额一般的普通客户群(簇 5、簇 11、族 13、簇 16,约占总客户数的 16.1%)和数量大但价值小的小客户群(簇 1、簇 2、簇 3、簇 4、簇 7、簇 8、簇 9、簇 12、簇 17,约占总客户数的 77.4%)。

依据上述分析,可以得出如下结论:价值最大的 VIP 客户群(Ⅰ)、能够为企业提供较高利润的主要客户群(Ⅱ)、消费额一般的普通客户群(Ⅲ)和数量大但价值小的小客户群(Ⅳ)等四个类别的客户为店铺创造的价值是依次递减的[呈金字塔形,如图 11-2(a)],而他们的数量却是呈指数式增长[呈倒金字塔形,如图 11-2(b)]。

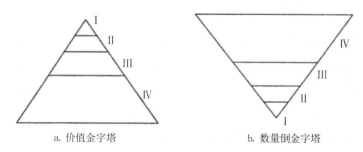

a. 价值金字塔          b. 数量倒金字塔

**图 11-2 价值(数量)金字塔**

根据表 11-9 所示结果可以发现,VIP 客户群的客户数据在整个聚类空间中应该是一个异常簇,其各特征空间的特征值较其他簇相应的特征值有非常大的差别,但是该部分客户群 1268 簇 5 的流失率也比较小,只有 18.87%。另外,在主要客户群中的客户,其平均年度消费总费用基本在 15000 元左右。这类客户的客户类型主要由正常客户(簇 14)和流失客户(簇 10 和簇 15)构成,其客户流失率达到 31.80%。在普通客户群中的客户,其平均年度消费总费用维持在 7000~10000 元的范围内,该客户群由 3 个流失簇(簇 5、簇 11 和簇 16)及一个正常簇(簇 13)组成,流失客户比例高达 48.86%。而在数量大但价值小的小客户群中,其客户簇多样,由 9 个簇组成,其平均年度消费额基本在 5000 元以下,且流失的客户被划分成了多种类型。

除分析客户的基本构成以外,还需要对每个客户群的具体消费行为进行分析。为了简化分析,我们以普通客户群为例,分析该客户群中不同簇的消费差异。如图 11-3 所示,该客户群中 4 个簇的月平均消费比率分别用 4 条不同类型的线条来表示。根据 4 条线的趋势可以看出,簇 13 的客户每月的消费比较平稳,而其他 3 个簇的客户消费不稳定,且最后几个月其消费水平呈直线下降趋势。

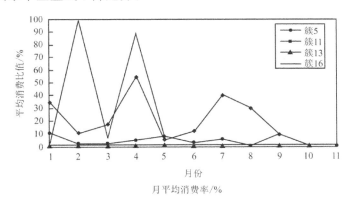

**图 11-3　普通客户群各簇在 11 个月内的消费情况**

图 11-4 描述了普通客户群中不同簇的消费行为状况。其中,由于簇 13 没有代表性就没有刻画。从图 11-4 中可以看出,簇 5 用户偏向于购买裤子,簇 11 用户主要倾向于购买外套,而簇 16 则热衷于购买裙子。

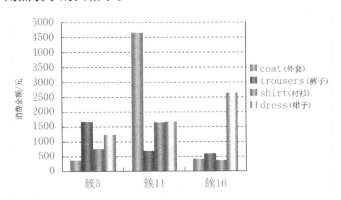

**图 11-4　普通客户群中流失客户的具体消费行为比较**

在其他客户群中的客户消费偏向及消费行为等可以用类似的方法进行分析。特别是对消费额度比较大的客户群体，如果对这些客户进行有效的识别和分析，则能为店铺运营者带来更多的效益。

5. 建立分类预测模型

客户聚类作为预测的基础，目标是将客户划分为不同的类别，这样可以使预测分析在不同的客户群体上进行，也就是说可以根据各记录的簇标号判定客户的类别。因此，需要将每条记录所在簇编号作为一个新特征的特征值增加到实验数据集中。用于分类建模的数据集中包含了 63 个特征（61 个基本特征＋1 个聚类标号＋1 个目标特征）和 115692 条记录样本。实验根据各种分类算法的特点，选择解释比较方便的决策树进行建模。

本实验采用决策树的 C4.5 算法进行分类预测。在实验中，对数据集采用随机选取 92320 条数据用于训练，剩余的数据作为测试集。经过分类分析后，得到混淆矩阵（见表 11-14）。

从表 11-14 中可得该模型判断客户是否流失的精确率为 61362/62227≈98.6％，召回率为 61362/61830≈99.2％，非流失的精确率为 29625/30093≈98.4％，召回率为 29625/30490≈97.2％，总的精确率为（61362＋29625）/92320≈98.5％，可见该分类的性能较好。从图 11-5 中可得，当决策树剪枝后的叶子结点为 80 时，误分率最低，约为 3.4％。

表 11-14　C4.5 分类后的混淆矩阵

|  | 流失 | 非流失 | 总计 |
|---|---|---|---|
| 流失 | 61362 | 468 | 61830 |
| 非流失 | 865 | 29625 | 30490 |
| 总计 | 62227 | 30093 | 92320 |

决策树从顶部开始，直到获得最佳分类结果时才停止分支。当其达到最佳结果并获得按同一规则分类的客户时，便在底部出现叶节点。通过决策树的树形可视化，可以了解每个叶节点的分类规则所需的最重要的变量。在树中，未消费月份数被认为是最重要的变量，接着是 2019 年 4 月总费用与 2019 年 3 月总费用的比值、2019 年 3 月总费用及年度本地通话总费用等。

分类后得到的部分分类规则如图 11-5 所示。

根据图 11-5 所显示的规则，具有以下特征的客户基上是流失客户。

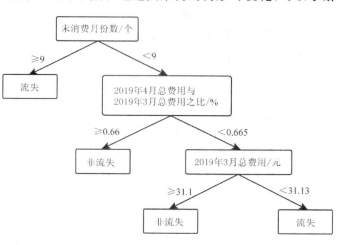

图 11-5　部分决策树规则示意

（1）年度内未消费的月份数大于等于 9，也就是说未消费的月份较多。

（2）2019 年 4 月总费用与 2019 年 3 月总费用的比值小于 0.665，且 2019 年 3 月消费总额小于 31.13 元。

6. 评估阶段

聚类和分类预测模型所挖掘的是基于不同层面的知识，两个模型的用途和作用也不同。但是由于选取的数据可能存在一定的偶然性和必然性，不能保证挖掘出的知识就是正确和适用的，因此需要对挖掘出的模型进行评估和检验。在评估和检验的分析结果的基础上对模型进行调整和优化，以保证所挖掘的知识更有效、更适用，更能准确地反映出市场状况。

在数据建模过程中都会得出一系列的分析结果、模型，包括聚类及分类预测模型，它们是对目标问题的多个侧面的描述。但要形成最终的决策支持信息，还需要对这些结果和模型进行综合解释和分析。

（1）聚类模型评估

对于聚类模型来说，它可以反映客户群的整体特性。通过对客户的合理划分及对客户簇群的特征进行分析，可以从中判断出该客户群不同客户的消费偏好及消费特点。

除此之外，聚类结果的优劣还会影响客户分类预测模型的性能。所以，必须对聚类模型进行评估及优化。对训练集上聚类结果的评估可采用聚类精度及簇个数来评价其性能。一般来说，越少的簇个数、越高的聚类精度，聚类的性能就越好；反之性能就越差。但是，无论是在理论上还是在具体实践中，聚类精度和簇个数这两个指标很难达到平衡，往往不能同时满足要求。所以，我们在评价聚类性能的时候还需要结合商业知识或解释来判断聚类模型的性能。通常情况下，可以根据实际情况来尽量满足或提高一个指标的要求，而对另一个指标则可根据具体商业知识来确定。

例如，在案例 11-3 中，该模型得到的聚类精度是 96.81%，簇的个数为 17。这个结果对于电商行业来说是可以接受的，因为不同的客户群体中都存在着不同程度的客户流失现象，并且在同一个消费水平的客户群体中也会存在不同消费特点的小客户群，所以聚类精度不可能达到 100%，而簇个数也基本上能够反映出各客户群的消费水平及消费特点。在模型优化方面，可以通过调整聚类阈值的大小来改变聚类精度及簇个数。在实验中通过调整不同的聚类阈值发现，当阈值略小于案例 11-3 实验取值时，聚类精度会有少量提高，但是簇个数增长幅度非常大，这样不便于分析客户群的整体特性。而当聚类阈值略大于案例 11-3 取值时，聚类精度下降幅度大，簇个数明显减少，但这种情况下很难依据各簇的特点来分析各客户群的消费特性及消费偏好。

综上所述，对聚类模型进行评估与优化是电商运营者必须做且必须做好的工作。

（2）分类预测模型的评估

针对分类模型的检验方法是对已知客户状态的数据利用模型进行预测，再将得到模型的预测值和实际的客户状态进行比较的方法。分类预测模型评估主要是在测试集上进行验证，评估分类预测模型的主要指标有分类准确率（accuracy）、召回率（预测覆盖率，recall）、分类精度（预测命中率，precision）及 F-measure 值等。关于这几个指标值的定义在前面的相关章节中已有说明。总的来说，这几个指标值越大，说明模型的预测效果越好。从表 11-15 所示的混淆矩阵结果中可以看出,该模型的预测性能是比较理想的,能够用于店铺运营的分类预测。

对于决策树分类模型来说,主要的优化方法是调整树的结构,比如设定树的最大层数和每个节点的分支数量等。这些方法可以在一定程度上优化模型的构建效率及简化模型输出。

在案例 11-3 中,除了使用上述常用的决策树模型优化方法以外,我们将每条记录在聚类后所产生的簇编号作为新增特征添加到原始数据集中来优化模型的预测性能。表 11-15 给出了聚类前后的数据集在分类预测模型上的测试结果。其中预测精度、预测召回率及 F-measure 值表示正常客户类别的测试结果,分类准确率则表示正常及流失客户类别的整体分类性能。从测试结果上可以看出,Dataset2 比 Datasetl 无论在总体分类性能上,还是在流失客户识别上都表现出了一定的优势(Dataset2 比 Datasetl 增加了一个新特征,即每条记录所在簇编号)。说明增加聚类结果作为新特征能够优化分类预测模型的性能。

表 11-15　模型优化前后结果比较

| 数据集 | 分类准确率/% | 预测精度/% | 预测召回率/% | F-measure 值/% |
| --- | --- | --- | --- | --- |
| Dataset | 97.1 | 97.3 | 90.0 | 93.9 |
| Dataset | 98.5 | 98.4 | 97.2 | 97.8 |

### (三)案例 11-4: 客户忠诚度分析

1. 商业理解

跨境电商店铺在对新品进行营销时,店铺会通过邮件或者短信给潜在客户发送信息或者邮件,以此促进购买率。在案例 11-3 中,某跨境电商化妆品店铺上新了一款高档面霜,想通过邮件营销给客户忠诚度高的顾客发送新品信息并给以优惠折扣,因此需要运用 RFM 分析原理挖掘不同忠诚度的客户。由于忠诚度高的顾客购买产品的可能性要比忠诚度低的顾客大,店铺在针对忠诚度高的顾客进行新品营销时,既可以节约营销成本,又可以提高单品点击率和购买率。

2. 数据理解

我们选取了该化妆品店铺 1 年内的客户数据集,数据集中每行(或者每个事例)对应着一个测试客户的记录,每一列是一个变量,这些变量名称及其描述见表 11-16。

表 11-16　店铺数据的变量名称及含义

| 序号 | 变量名 | 数据类型 | 描述 |
| --- | --- | --- | --- |
| 1 | Seq# | 连续 | 在数据划分中的序号 |
| 2 | UserID | 连续 | 用户 ID |
| 3 | Gender | 离散 | 性别:0＝男,1＝女 |
| 4 | M | 连续 | Monetary——在店铺中 1 年内的消费总额 |

续表

| 序号 | 变量名 | 数据类型 | 描述 |
|---|---|---|---|
| 5 | R | 连续 | Recency——距离最后一次购买的月数 |
| 6 | F | 连续 | Frequency——1 年内总的购买次数 |
| 7 | FirstPurch | 连续 | 1 年内第一次购买至今的月数 |
| 8 | New | 离散 | 1 表示该顾客已经购买了新品面霜<br>0 表示该顾客没有购买新品面霜 |

从表 11-16 中可以看到,表中已经包含 RFM 模型所需要的 3 个变量,即 R(距离最后一次购买的月数),F(1 年内总的购买次数),M(1 年内总的消费金额)。因此,可以直接用这 3 个变量进行 RFM 模型分析。此外,变量 New 的值表示顾客是否已经购买该新品面霜,可以作为决策树模型的目标变量,其他变量则作为决策树模型的输入变量以构建模型。

3. 数据准备

(1)属性选择

在构建模型之前,通常要对原始数据进行数据导入、数据清洗、属性选择等数据准备工作,以便为模型提供完整、有意义的训练数据。从表 10-16 中可知,属性 Gender 和 New 是分类型数据,其他属性全部为连续型数据。为构建分类模型,必须确定输入属性及输出属性,输入属性用来训练模型,而输出属性则为此分类模型最终要分析预测的属性。案例 11-3 分类模型的输出属性是 New 字段,并具有两个值:0(没有购买新品面霜)和 1(购买了新品面霜),代表着店铺需要分析预测顾客是否将会购买新品面霜。

此外,一个数据集中往往会存在一些对分析处理及构建模型没有任何意义的属性,这些属性需要过滤掉,否则将会影响后面的分析和模型预测的准确度。这里的 Seq♯仅对数据记录进行标号,而没有实际意义,所以把它舍去。其余有意义的属性都作为分类模型的输入属性。

(2)数据审核

在数据理解阶段,仅是对原始数据进行业务上的理解和基本认识。要想更加了解数据特征及分布情况,可以利用数据审核功能对数据进行处理。数据审核可以对所有属性数据分别进行最值、平均值、标准差、偏度、有效值及分布情况描述,从而更加清楚地了解数据的特征,以便为接下来的分析工作提供依据。表 11-17 显示出目标属性 New 各值的分布比例,明显看出 New 属性值 0 和 1 的分布极不平衡,虽然这与实际情况非常吻合——就是因为购买新品的人比较少,才需要进行营销。但是这种不平衡数据分布会对构建分类模型产生不良影响,模型会倾向于值为 0 的预测,实际上店铺需要的是预测值为 1 的情况。因此需要对此类数据进行平衡处理,适当提高训练集中值为 1 的比例,以提高分类模型对值为 1 的预测性能。

在数据平衡处理中,样本比例的调整则要结合模型和具体情况反复测试。表 11-18 显示目标属性 New 各值在性别上的分布比例,直观地看,会发现在历史顾客中,女性和男性购买新品的人数占总人数的比例分别是 12.68% 和 3.40%,而占该性别总人数的相对比例分别为 15.82％和 17.14％,可见女性顾客购买新品面霜的可能性较大。这点有可能为后面分析预测提供一定的线索。总的来说,数据审核会帮助分析者全面了解数据基本特征,从而有利于后续的分析工作。

表 11-17　New 各值分布比例

| 值 | 计数/人 | 比例/% |
| --- | --- | --- |
| 0 | 5035 | 83.92 |
| 1 | 965 | 16.08 |
| 合计 | 6000 | 100 |

表 11-18　New 各值在性别上的分布比例

| Gender 值 | New 值 | 计数/人 | 比例/% | 相对比例/% |
| --- | --- | --- | --- | --- |
| 0 | 0 | 986 | 16.44 | 82.86 |
| | 1 | 204 | 3.40 | 17.14 |
| 1 | 0 | 4049 | 67.48 | 84.18 |
| | 1 | 761 | 12.68 | 15.82 |
| 合计 | — | 6000 | 100 | — |

(3)训练集、测试集与验证集

该化妆品店铺已经给从顾客数据库中随机选择的 6000 个顾客发了邮件。顾客的回复已经和过去购买记录做了关联。这些数据被随机地分成以下三部分。

①训练数据(2500 个顾客)用来拟合响应数据模型。

②验证数据(2000 个顾客)用于比较不同响应模型的表现。

③测试数据(1500 个顾客)用于选定最终模型后,估计使用模型时的准确性。

(4)平衡训练集

经过数据审核可知,目标变量 New 的属性值 0 和 1 的分布极不平衡,没有购买新品面霜的顾客（83.92％）比例远多于有购买新品面霜的顾客比例（16.08％）,因此对训练集中变量 New 取值为 1 的数据进行平衡处理,设置其平衡因子为 3.0,使这些数据的比例增加 3 倍,以便在训练分类模型时更好地发现和挖掘潜在的规则。

至此,数据准备工作已经完成,接下来进行 RFM 分析和分类建模。

4. 数据建模

(1)RFM 分析

由于案例 11-4 数据中已经存在 R、F、M 这三个属性,因而可以直接把它们分别作为 RFM 分析中的 R 变量(recency)、F 变量(frequency)和 M 变量(monetary),然后把 R 变量、F 变量和 M 变量的权值分别设为 20、50、30,箱数设置为 5,并且设置分箱后可以根据实际情况去调整每个分箱中的上限和下限的实际值,接着进行分箱工作。表 11-19 为各变量的分箱情况。

**表 11-19　RFM 分析中各变量的分箱情况**

| 变量 | R | | | | | F | | | | | M | | | | |
|---|---|---|---|---|---|---|---|---|---|---|---|---|---|---|---|
| 分箱 | 1 | 2 | 3 | 4 | 5 | 1 | 2 | 3 | 4 | 5 | 1 | 2 | 3 | 4 | 5 |
| 下限 | >10 | >8 | >6 | >3 | ≥1 | ≥1 | ≥2 | ≥3 | ≥4 | ≥8 | ≥15 | ≥110 | ≥179 | ≥238 | >299 |
| 上限 | ≤12 | ≤10 | ≤8 | ≤6 | <3 | <2 | <3 | <4 | <8 | ≤12 | <110 | <179 | <238 | <299 | ≤479 |

经过 RFM 分析后,从中挑选出 RFM 得分最高的顾客,此类顾客即为通过 RFM 分析得到的具有较高忠诚度的顾客。显然,RFM 代码为 555 的顾客比 RFM 代码为 111 或者其他的顾客显得更有价值,该店铺可以挑选 RMF 代码为 555 的顾客进行营销。注意,设置不同的权值,所得到的 RFM 分数也不一样。表 11-20 显示 RFM 得分为 500 的部分记录数据。

**表 11-20　RFM 得分为 500 的部分记录数据**

| UserID | Gender | New | R 得分 | F 得分 | M 得分 | RFM 总分 |
|---|---|---|---|---|---|---|
| 14764 | 1 | 0 | 5 | 5 | 5 | 500 |
| 15795 | 1 | 0 | 5 | 5 | 5 | 500 |
| 21658 | 1 | 0 | 5 | 5 | 5 | 500 |
| 21986 | 1 | 0 | 5 | 5 | 5 | 500 |
| 23565 | 1 | 0 | 5 | 5 | 5 | 500 |
| 24665 | 0 | 0 | 5 | 5 | 5 | 500 |
| 28965 | 1 | 0 | 5 | 5 | 5 | 500 |
| 29765 | 1 | 0 | 5 | 5 | 5 | 500 |
| 31565 | 1 | 0 | 5 | 5 | 5 | 500 |
| 33478 | 1 | 0 | 5 | 5 | 5 | 500 |
| 35795 | 1 | 0 | 5 | 5 | 5 | 500 |
| 40564 | 1 | 1 | 5 | 5 | 5 | 500 |

就化妆品店铺这个例子来说,尽管用 RFM 模型分析得出的 RFM 总分能够得出对该店铺的忠诚度比较高的顾客。但是,如果要想知道这些忠诚度较高的顾客的普遍特征,然后根据这些特征去预测潜在顾客或者未来顾客的忠诚度,那么仅用 RFM 模型去分析是不够的。因为它无法详细地根据某些规则对潜在或者未来顾客进行分类。可见,RFM 模型的最大缺点就是只能对历史数据进行简单的等级评价,即把顾客划分到自定义的等级中,而不能充分说明这些等级里的数据具有的相同或者相似的特征。

因此,很多时候大型跨境电商平台除了使用 RFM 模型对顾客进行评分外,还运用分类模型(如决策树模型)分析顾客信息,然后根据产生的规则对顾客进行分类。这样,就可以得到每一类别的顾客的共同特征,然后根据这些特征来做相关预测工作。在该化妆品店铺的例子中,也可以用决策树模型分析已经购买新品面霜和没有购买新品面霜的所有客户的相关信息,然后利用客户数据构建训练模型,产生相关规则集,再根据这些规则集去预测哪些顾客会购买该面霜。

（2）决策树模型分析

在前面的步骤中，已经用 RFM 模型将这 6000 个历史顾客划分了等级，分析出哪些顾客的忠诚度较高，哪些顾客的忠诚度较低。如果想进一步了解已经购买了新品的顾客具有哪些特征，然后利用这些特征去预测未来顾客的购买期望，那么就可以用决策树模型来分析研究。这里选择了二元分类器（CART）、C5.0 CRT 进行模型训练，然后用训练集分别对这 3 种分类模型进行训练。其中，训练的目标属性为 New。

在训练完模型之后，需要对这 3 种分类模型进行预测准确度的分析比较，并从中选择出预测准确度较高的模型作为测试评估阶段的目标模型。现在，用测试集对各分类模型的预测结果进行比较，表 11-21 显示的是各分类模型的预测准确度及绩效评价，从表 11-21 中可以看出，二元分类器的预测准确度在 3 个模型中最高，达到 91.51%，其目标属性 New 属性值 1 的绩效评价也达到 1.716，说明它比 C5.0、CRT 决策树模型的预测性能较好，因此选择 CART 作为测试评估阶段的目标模型。

表 11-21　各分类模型的预测准确度和绩效评价

| 分类模型 | 预测准确度/% | 绩效评价 | |
| --- | --- | --- | --- |
| | | 0 | 1 |
| C5.0 | 79.46 | 0.037 | 1.398 |
| CRT | 85.46 | 0.050 | 0.876 |
| 二元分类器 | 90.64 | 0.008 | 1.716 |

5. 评估阶段

在建模阶段，经过训练和测试各分类模型，选择预测准确度和绩效评价最高的 CART 模型。在本阶段，将会用验证集对该 CART 模型进行进一步评估，看看该模型在验证集中的预测性能是否和测试集中一样好。表 11-22 显示的是 CART 在测试集和验证集的预测准确度和绩效评估的对比。可以看出，CART 在测试集的预测性能也表现得比较好，因此把该模型作为最终的预测模型。

表 11-22　CART 在验证集和测试集的预测准确度和绩效评估的对比

| 数据集 | 预测准确度/% | 绩效评价 | |
| --- | --- | --- | --- |
| | | 0 | 1 |
| 测试集 | 90.54 | 0.008 | 1.716 |
| 验证集 | 93.01 | 0.008 | 2.156 |

6. 部署阶段

回顾案例 11-3 的整个数据挖掘过程，首先是对原始数据进行属性选择和数据审核，在对数据有了初步了解之后，分别用 RFM 分析技术和决策树模型对数据进行分析和预测，这不但识别出跨境电商店铺中忠诚度较高的历史顾客，而且在已知目标分类（是否购买过新品）的情况下用店铺历史客户数据构建分类模型，建立相关规则，旨在预测出未来顾客是否会购买该新品，从而为店铺提高顾客响应度，以增加新品销量。而在建模和评估阶段,根据预测准确度和绩效评估这两个指标得出 CART 的预测性能较好,因此店铺可将 CART 作为最终的预测模型,为店铺营销提供预测信息。

在本阶段,主要是把最终的预测模型运用到实际的操作中,然后根据模型的分析结果来确定店铺营销的对象。

## 三、订单数据分析

订单数据
分析

### (一)订单分析的应用概述

随着速卖通平台业务量的不断扩大,速卖通面临着处理海量交易数据的问题。这些海量数据,如果不加以利用,则只能堆放在数据仓库,沦为数据垃圾。引入数据挖掘技术使速卖通店家可以有效地分析海量业务数据,改善其服务质量。

### (二)案例 11-5:订单时间分析

1. 商业理解

通过分析客户订单数据可以知道订单之间存在的规律,以下将针对客户订单数据进行几个方面的分析。

(1)客户订单有地区性的不同

不同国家(地区)的客户偏爱不同的商品。在店铺商品已定的情况下,卖家可以选择在特定的市场内销售不同的商品。卖家需要根据目标客户所在的国家(地区),选择适合销售的产品,提高成交转化率。同时,卖家还可以根据顾客的所在地合理安排优化物流方式,提高整体竞争力。

(2)客户订单有时间性的不同

速卖通平台面对全球的买家,而不同国家(地区)的时差是不同的。我们在设置店铺活动时,起始时间要尽量匹配买家的购物高峰时期。因为活动在开始时有搜索加权,可以让店铺的销量更好。

2. 数据理解

案例 11-5 使用的客户订单数据源自速卖通某大型食品店铺,该店铺经营零食、甜点、西餐和中餐等一系列食品。其中,我们选取了该店铺 3 个月的订单明细,共有 10 万多条记录。在分析中还需要其他辅助信息的数据,如客户基本信息和辅助文件。

(1)订单明细数据

每一个订单明细记录都是由平台对每一次消费进行的详细记录,每条记录保存的信息如表 11-23 所示。因为客户的订单量非常大,所以订单明细记录也非常大。

表 11-23　订单明细数据

| 序号 | 属性 | 属性描述 | 数据类型 |
|---|---|---|---|
| 1 | ProductCode | 商品编码 | Varchar(20) |
| 2 | Attributes | 商品属性 | Varchar(20) |
| 3 | UserID | 用户 ID | Number(10,2) |
| 4 | UserName | 用户会员名 | Varchar(20) |
| 5 | OrderNumber | 订单编号 | Varchar(20) |
| 6 | SaleNumber | 交易号 | Number(10,2) |
| 7 | OrderTime | 创建时间 | Time |
| 8 | PayTime | 付款时间 | Time |
| 9 | OrderPrice | 订单总价 | Number(10,2) |
| 10 | Address | 收货地址 | Varchar(20) |
| 11 | Receiver | 收货人 | Varchar(20) |
| 12 | PhoneNumber | 收货人手机号 | Varchar(20) |
| 13 | ProductNumber | 商品数量 | Number(10) |
| 14 | DeliveryStatement | 发货状态 | Char(1) |
| 15 | ReceiveStatement | 收货状态 | Char(1) |
| 16 | Score | 店铺 | Char(10) |

（2）客户基本信息

除了订单明细记录外,案例 11-5 还需要客户基本信息表,如表 11-24 所示。由于部分信息是客户注册时采取自愿方式注册的,所以含有较多的缺失值。

表 11-24　客户基本信息表

| 序号 | 属性描述 | 数据类型 | 说明 |
|---|---|---|---|
| 1 | 用户 ID | Number(10,2) | |
| 2 | 用户会员名 | Varchar(20) | |
| 3 | 电话号码 | Varchar(20) | |
| 4 | 收货地址 | Varchar(20) | 可填多个 |
| 5 | 性别 | Char(1) | 1:男;0:女 |
| 6 | 邮箱 | Varchar(20) | |
| 7 | 国籍 | Varchar(20) | |
| 8 | 客户性质 | Char(1) | 1:超级会员<br>0:普通会员 |

（3）辅助文件

由于是跨境电子商务平台,因此在订单明细记录的预处理和分析中,通常不需要通过借的代码和时差参考。我们补充各个国家(地区)的辅助文件,如表 11-25 所示。

**表 11-25　国家(地区)代码及对应国家(地区)列表**

| 序号 | 属性 | 属性描述 | 数据类型 |
|---|---|---|---|
| 1 | Country_eng | 国家英文名 | Varchar(20) |
| 2 | Country_chi | 国家中文名 | Varchar(20) |
| 3 | Cnt_code | 国家代码 | Number(8) |
| 4 | Timediff | 时差 | Number(8) |

### 3. 数据准备

高质量的决策必须依赖于高质量的数据。要使数据挖掘技术能更有效地挖掘知识,就必须为它提供干净、准确、简洁的数据。然而,实际的跨境电商收集到的原始数据极易受噪声数据、空缺数据和不一致性数据的侵扰,这些数据可能会影响甚至改变数据挖掘的结果,导致无效或错误的决策。因此在进行数据挖掘之前,应使用数据预处理技术,提高数据挖掘模式的质量。

### 4. 建模阶段

(1)订单时段分析

分析订单明细数据中不同时段的订单数,店铺经营者可以从中得知哪个时段是购物的高峰时段,以制定活动优惠策略、避免在大型活动中由于订单数暴涨造成库存不足和客服人员不够的情况。

不同时段可能造成客户购买的食品种类不同,通过分析每个时段中订单种类的比例,可以知道零食(snacks)、甜点(desserts)、主食(staple foods)的主要时段分布情况。

案例 11-5 通过订单明细记录的创建时间,按照每天中的各个小时做出直方图,并以 1 小时作为时段的长度,最终构造一张包含订单创建时间、食品种类的数据图,如图 11-6 所示。

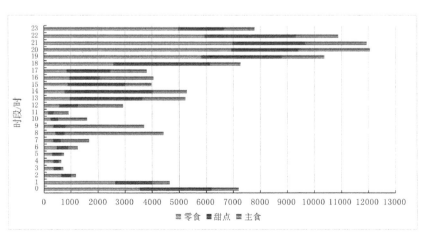

**图 11-6　订单时间分布**

图 11-6 显示的是标准化后的一天内的数据,将 3 个月的订单数据全部按照订单下单时间进行分类,再整合到 24 个时段,即表格所示的 1 天实际包括了 3 个月的订单数量。在进行时间分类时,需要考虑时差问题——我们均按照每个国家(地区)当地时间对订单进行分类,如来自美国的客户在美国时间 7 点下了订单,则把该订单计入 7 点的订单数中。

通过对每小时内的订单数量和分类进行分析后,发现了一些有趣的模式。一般来说,用户在晚上和凌晨(19:00—24:00)下单的数量很多,在 2:00—6:00 下单的数量最少。随着一天的流逝,大约在 10:00 到 11:00 时,或 15:00—17:00 时会有一个有趣的下单低谷——人们在上班时间段很少会下订单,而每天的午休会产生一个小高峰。这些说明用户下订单的时间和作息时间是正相关性的。

同时,它显示了在一天中,什么时候客户会偏爱什么类型的食品。在一天中,购买主食的最佳时段在上午 8:00—9:00,因为该阶段大多数用户还没开始上班,并未吃早饭,对主食比较感兴趣。而在晚上时段,尤其是 18:00 到次日 1:00 客户更加偏爱购买零食。

(2)订单区域分析

在店铺商品已定的情况下,卖家可以选择在特定的市场内销售不同的商品。分析不同客户来自的国家(地区)分类和不同国家(地区)客户的喜好,卖家需要根据目标客户所在的国家(地区),选择适合销售的产品,提高成交转化率。

不同国家(地区)的客户偏爱不同的商品,为了研究不同国家(地区)的客户对食品的偏好,案例 11-5 中分别对零食、甜点、主食三个类别的订单分别进行国家(地区)比例分析。在分类时,考虑到有些顾客在注册时未填写国籍,我们以订单发货地址所在地划分国籍,构建出包含国家(地区)和食品分类的饼图,分别如图 11-7、图 11-8、图 11-9 所示。

从图 11-7 中可以看出,在购买了主食的所有订单中,中国买家购买的主食最多,占比高达 22%,其次是俄罗斯,占比为 21%。另外,可以看出日本买家在该店铺购买的主食较少。

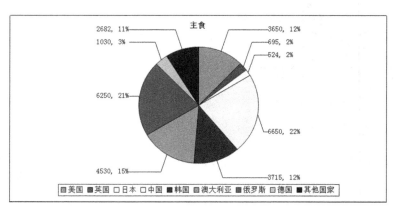

**图 11-7　订单国家(地区)分析(主食)**

在图11-8中,饼图所示为所有购买了零食类别产品的订单和国家(地区)分布。除了未单独计订单数的国家(地区),英国、美国和中国买家对零食的需求最为强烈,占比分别为21％、19％和17％,另外澳大利亚人也偏爱购买零食。

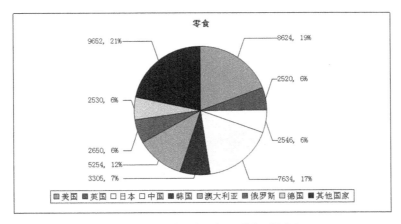

**图11-8　订单国家(地区)分析(零食)**

在图11-9中,依然是美国和中国的用户购买甜点的订单比较多,两个国家的订单总数占总订单数的比例近45％,意味着将近一半的甜点订单都是发往美国和中国,其他国家对甜点的需求比例比较均匀。

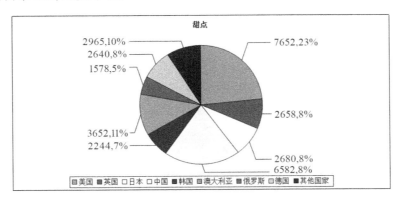

**图11-9　订单国家(地区)分布(甜点)**

5. 评估和部署阶段

从时间角度来看,一般来说,买家的购物时间主要集中在当地时间的下班时段,尤其在晚间19:00—23:00达到高峰。因此,买家可以在当地时间的夜晚阶段设置折扣活动,以迎合顾客的需求。

从地域角度来看,作为卖家,首先要分析客户属于哪个国家(地区),这样才能够分析出客户的主要购物倾向和购物时间。对于不同地区的客户,店铺应该根据订单的区域分布合理安排商品库存,如在美国和中国这两个订单数庞大的国家,可以分配较多的库存,防止库存不够的情况。

客户服务
分析

# 四、客户服务分析

## （一）客服分析的应用概述

客服服务对于店铺影响非常大,不只会影响店铺客服评分,还会影响店铺的流量、成交转化率甚至物流评分。但随着店铺规模越来越大,客服数量逐渐增多,客服短板也会随之凸显。如何留住客服、用好客服,是一门非常大的学问。对于店铺管理者来说,优秀的客服团体不但可以节约运营成本,还可以给店铺带来实质性的收益提升。

## （二）案例 11-6: 客服工作时间与人员配置分析

因为在某些网购高峰时段,很多用户都会扎堆选择在此时网购,以至于客服人员都应付不过来,而有些时段却几乎没有顾客咨询,店铺由此为闲置的客服数量浪费了不少资金。因此,店铺希望通过对订单数据的分析挖掘、发现顾客的购物时间规律,为客服人员和服务配置等工作提供决策参考。

### 1. 商业理解

顾客的购物模式能很好地反映店铺所在地区的顾客的行为特征。购物模式有地区性和时间性的不同,通过分析购物时段可以了解不同地区内顾客的行为特征及店铺的闲时和忙时,从而帮助店铺更好地进行人员配置,达到服务顾客与节约成本的统一。

### 2. 数据理解与准备

案例 11-6 使用的原始数据与案例 11-5 的案例的数据相同,是速卖通某大型食品超市从 2018 年 4 月到 2019 年 4 月间的所有订单数据,其中有效订单记录总共有 106779 条。我们选取接受过客服引导后顾客再进行购买的订单,经过数据准备与整合,共筛选出 8135 条接受过客服引导的订单数据,数据用 TransactionID 唯一标识。

在案例 11-6 中,提取分析需要的属性包括交易标识编码 TransactionID 和订单付款时间 PayTime。而原始数据中,交易时间的格式为"DD-MM-YYYY HH:MM:SS",抽取交易时段"HH"生成新的属性值 Hour,具体结构见表 11-27。

**表 11-26 属性值 Hour**

| 序号 | 属性 | 属性描述 | 数据类型 |
|------|------|----------|----------|
| 1 | TransactionID | 订单标识 | 标称变量 |
| 2 | PayTime | 交易时间 | 标称变量 |
| 3 | Hour | 交易时段 | 标称变量 |

### 3. 建立模型

分析订单数据中不同时段顾客的购物频率(即订单的笔数),店铺可以从中得知哪个时段是繁忙时段或空闲时段。案例 11-6 通过读取订单数据的交易时间,按照每天各个时段做出随时间变化的折线图,并以 1 小时作为时段的长度。

**4. 模型评估与部署**

图 11-10 显示了一天中用户购物时段的模式。通过对每小时内的购物行为进行分析后,发现了一些有趣的模式。

(1) 该店铺客服的营业时间为 8:00—24:00。

(2) 随着一天时间的流逝,用户购物次数明显增加。大约 17:00—23:00 会有一个有趣的峰值——人们一般在下班后进行网购;而每天的早上 9:00—11:00 会产生一个低谷,同时 15:00—17:00 这个时间段的购物次数也明显偏低。这些说明购物时间与作息时间是正相关性的。

由以上得出的购物模式,店铺可以得到顾客的购物行为,进而制定相应的客服人员及服务配置策略。如在 20:00—23:00 的时间段,可适当增加客服人员的数量以引导顾客购物,从而提高顾客的满意度和忠诚度;在 9:00 以前或 11:00—13:00,可以减少客服人员的数量以节约客服的人力成本。

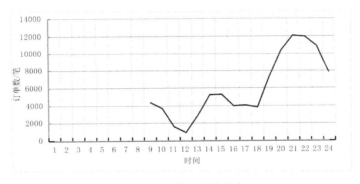

**图 11-10　购物时段分布**

**5. 不同时段的商品销售规律**

由图 11-10 可知,该超市最忙碌的时间段为 19:00—23:00。抽取交易时段 Hour 满足"19 ≤ Hour ≤ 23"条件的记录,按照同样的原理方法,可得到该店铺在 19:0—23:00 的商品的关联规则列表,如表 11-27 所示。

**表 11-27　19:00—23:00 的商品部分关联规则**

| 规则 ID | 规则 | 支持度/% | 置信度/% | 提升度/% |
|---|---|---|---|---|
| 1 | 禽类熟食→肉类熟食 | 1.115 | 22.749 | 10.193 |
| 2 | 果粒酸奶→其他酸奶 | 1.285 | 28.125 | 9.537 |
| 3 | 散装零食和进口食品→进口甜味饼干 | 1.573 | 25.932 | 7.793 |
| 4 | 水果味零食和进口食品→进口甜味饼干 | 1.019 | 21.992 | 6.608 |
| 5 | 桶装薯片→其他一般饼干 | 1.187 | 22.472 | 5.885 |
| 6 | 营养饼干→其他一般饼干 | 1.221 | 20.742 | 5.432 |
| 8 | 酸菜/泡菜/腌菜类咸菜→水果味食品 | 1.059 | 22.922 | 5.188 |
| 9 | 干果和其他一次性用品→各种水果类食品 | 1.189 | 21.076 | 4.776 |
| 10 | 家禽肉味即食桶面→猪肉火腿 | 1.698 | 29.199 | 4.634 |

从表 11-27 可以看出,在店铺的繁忙阶段 19:00—23:00,关联规则所涉及的商品更具时间性,如禽类熟食、肉类熟食、水果味零食、咸菜,以及和进口甜味饼干、桶装薯片、营养饼干、酸奶等零食。这与该时间段人们的生活习惯息息相关,再次说明购物时间与生活作息时间具有正相关性。

因此,该店铺可在店铺展览主页适当增加即食类食品和零食的上架量,并将其摆放于相对显眼的位置,吸引顾客的眼球,方便顾客购买商品。再者,也可缓解因顾客购买量过大而造成的商品库存不足和客服人员不足问题,做到未雨绸缪,提高服务质量与顾客满意度和忠诚度。

6. 时段与商品的销售规律

在该项实验中,基于 Apriori 关联规则的模型建立中使用定制设置 Product Subcategory 为前项,Hour 为后项:设置最低支持度为 1.0%,最小置信度为 10.0%,由此可得到该店铺时段与商品的关联规则列表,如表 11-28 所示。

表 11-28　时段与商品部分关联规则

| 规则 ID | 规则 | 支持度/% | 置信度/% | 提升度/% |
|---|---|---|---|---|
| 1 | 牛肉味即食杯面→19:00 | 1.372 | 21.122 | 1.861 |
| 2 | 肉类熟食→10:00 | 1.493 | 12.253 | 1.805 |
| 3 | 绿茶饮料→15:00 | 1.335 | 10.088 | 1.651 |
| 4 | 牛肉味即食杯面→20:00 | 1.372 | 19.032 | 1.547 |
| 5 | 猪肉火腿→20:00 | 2.084 | 19.005 | 1.545 |
| 6 | 猪肉火腿→19:00 | 2.084 | 17.104 | 1.507 |
| 7 | 水果类食品→10:00 | 2.706 | 10.178 | 1.499 |
| 8 | 饮料→20:00 | 3.485 | 17.452 | 1.419 |
| 9 | 牛肉味即食杯面→18:00 | 1.372 | 17.437 | 1.394 |
| 10 | 肉类熟食→22:00 | 1.496 | 10.886 | 1.358 |
| 11 | 酸奶→20:00 | 1.338 | 16.601 | 1.349 |

从表 11-28 可以看出,商品的销售与顾客的购物时段具有一定的相关性。如通过规则 1、4 和 9,可以发现顾客很有可能在 18:00—20:00 时间段购买牛肉味即食杯面,因此建议该店铺在该时间段适当增加牛肉味即食杯面的上架量,并将其宣传照片摆放于店铺首页显眼的位置,吸引顾客的眼球,方便顾客购买商品。但关联规则的提升度都不大于 2,说明两者的关联性不强。

### 习题

1. 简述电商店铺的商品关联分析方法及实践步骤。

2. 简述电商平台中客户细分与流失分析的方法及实践步骤。

3. 简述电商平台中客户忠诚度的分析方法及实践步骤。